ETIQUETA PARA TODOS

Um Guia Completo de Habilidades
Sociais e Maneiras Adequadas

Etiqueta para Todos

Copyright © **Riad Nofal**, 2024

Primeira edição publicada em 2025
pela **Khayat Publishing House**

Tradução do inglês para o português por **Jaqueline Jaqueline**

Ilustrações internas de **Karam Warour**

Todos os direitos reservados e protegidos.

Nenhuma parte desta publicação pode ser reproduzida, distribuída ou transmitida de qualquer forma ou por qualquer meio, incluindo, mas não se limitando a, fotocópias, gravações ou outros métodos eletrônicos ou mecânicos, sem a prévia autorização por escrito do editor. Isso se aplica tanto a reproduções físicas quanto digitais da obra.

Existem exceções a essa limitação, como citações breves incorporadas em resenhas críticas e aplicações específicas não comerciais permitidas pela legislação de direitos autorais. No entanto, mesmo nessas circunstâncias excepcionais, é fundamental fornecer o devido reconhecimento à fonte original do material.

Para solicitações de permissão ou dúvidas sobre direitos de publicação, entre em contato conosco.

Library of Congress Control Number: 2024949616

ISBN: 9781961420403

KHAYAT®
Publishing House

WASHINGTON, DC
UNITED STATES
info@khayatpublishing.com
www.khayatpublishing.com

DR. RIAD NOFAL

ETIQUETA PARA TODOS

Um Guia Completo
de Habilidades Sociais e Maneiras Adequadas

Uma Palavra de Apreciação | 1

À primeira vista, o título do livro, "Etiquette for All" (Etiqueta para todos), parece ser uma escolha pouco convencional. É geralmente aceito que a etiqueta e o protocolo são distintos e exclusivos de grupos sociais específicos, sejam eles oficiais e diplomáticos, como no caso de cerimônias de Estado, ou sociais, caracterizados por costumes que foram intencional ou inadvertidamente usados para se diferenciar dos outros.

Não é apenas o título do livro que chama a atenção, mas também os tópicos que são tão importantes e que cobrem de forma abrangente vários aspectos de nossas interações humanas.

Apesar do fato de que, como mencionado anteriormente, a etiqueta tem sido restrita a determinados grupos, todos nós, por natureza, temos o desejo de lidar adequadamente com os outros. Acredito que esse seja um dos objetivos do autor ao abordar tópicos de forma tão minuciosa.

Além da abrangência dos temas, com base na experiência do autor em trabalhos diplomáticos e acadêmicos por mais de três décadas, também fiquei impressionado com o estilo de redação fácil de entender, que simplifica muitos conceitos e termos.

De acordo com os princípios da honestidade científica, é evidente que o autor, com seu extenso histórico de engajamento diplomático e acadêmico em vários institutos diplomáticos e universidades, transmitiu habilidosamente o ponto culminante de sua vasta experiência. Isso é perceptível desde a introdução, antes mesmo de nos aprofundarmos nas páginas do livro. Espera-se que este livro sirva como um recurso valioso não apenas para indivíduos envolvidos em funções oficiais, mas também para o público em geral em suas interações sociais. Além disso, espera-se que ele funcione como uma referência confiável para acadêmicos de áreas relacionadas.

Embaixador Qais Shqair
Chefe da Missão da Liga dos Estados Árabes no Brasil

Uma Palavra de Apreciação | 2

Em um mundo cada vez mais globalizado, onde as interações entre diferentes culturas se tornaram inevitáveis, a importância da etiqueta transcende a mera formalidade e assume um papel essencial na construção de relações saudáveis e respeitosas. Este livro, "Etiqueta para Todos", convida-nos a refletir sobre como pequenos gestos e atitudes podem fortalecer laços, evitar mal-entendidos e promover um convívio social mais harmônico e inclusivo.

A etiqueta não deve ser vista como um conjunto de regras rígidas reservadas a elites ou ambientes protocolares, mas sim como uma ferramenta de entendimento e conexão entre pessoas. Em sua essência, trata-se de um código de respeito mútuo, capaz de facilitar a interação entre diferentes povos, crenças e tradições. Saber saudar, agradecer, se portar em uma refeição ou respeitar os costumes de um país estrangeiro são elementos que nos aproximam e demonstram empatia.

O autor, com sua vasta experiência como diplomata e professor, apresenta de forma clara e acessível os princípios da etiqueta em diversos contextos, do cotidiano às situações mais solenes. Ao longo das páginas, fica evidente que o conhecimento e a aplicação dessas práticas vão além da simples formalidade, sendo fundamentais para a convivência pacífica e respeitosa em sociedades multiculturais.

A história do autor adiciona uma dimensão ainda mais profunda à sua obra. Impelido a deixar a Síria devido à guerra devastadora que assolou seu país, causando incontáveis perdas humanas e materiais, ele encontrou no Brasil um refúgio para recomeçar sua vida ao lado de sua família. O acolhimento que recebeu aqui o inspirou a escrever este livro, não apenas como um gesto de gratidão ao povo brasileiro, mas também como um guia para outros refugiados que, assim como ele, se deparam com uma cultura nova e diferente. Seu desejo de compreender e respeitar as tradições do país que agora chama de lar reflete um profundo senso de boa vontade e disposição para a integração harmoniosa.

Mais do que um manual de boas maneiras, este livro é um convite à reflexão sobre como nossos gestos podem impactar positivamente o outro. Ao respeitarmos diferenças culturais, evitamos equívocos e criamos oportunidades para um diálogo mais autêutico e enriquecedor. A final, compreender e respeitar as particularidades de cada cultura não significa abrir mão da própria identidade, mas sim encontrar pontos de conexão que nos permitam crescer enquanto sociedade.

Que esta leitura inspire a todos a cultivarem a cortesia e o respeito, pois é através dessas pequenas ações que construímos um mundo mais acolhedor e harmonioso.

Dra. Patricia Guarnieri
professora e pesquisadora da Universidade de Brasília - UnB

Uma Palavra de Apreciação | 3

Ao ler o livro, é fácil perceber o quanto ele é valioso e necessário para todos, pois o autor conseguiu combinar sua vasta experiência como diplomata com sua longa carreira acadêmica.

De fato, não é sempre que encontramos um livro sobre etiqueta que abranja uma gama tão ampla de tópicos e responda a tantas perguntas que possamos ter. Este livro fez exatamente isso.

O autor conseguiu apresentar ao leitor um livro único, capaz de tornar a etiqueta uma realidade, não apenas para a elite, mas para todos, como sugere seu título ("Etiqueta para Todos"). Assim, o autor reformulou o tema da etiqueta, transformando-o em algo mais popular e acessível a todos.

Observei que no parágrafo de agradecimento ele expressou sua gratidão pelo nosso país, o Brasil. É um gesto comovente que demonstra o tato do autor que escolheu o Brasil como uma segunda pátria para viver com sua família.

Mohammad Mourad
Secretário Geral da Câmara de Comércio Árabe-Brasileira

Uma Palavra de Apreciação | 4

Afirmo que me interesso por etiqueta e já li muitos livros e artigos nessa área. Embora eu não subestime a importância de nenhum desses textos, achei que este livro se distingue por sua profundidade e atenção aos detalhes, fornecendo exemplos e explicações, e ilustrações expressivas. Mesmo nas interessantes notas de rodapé do livro, encontrei o compromisso do autor com a credibilidade e a aderência à pesquisa científica rigorosa.

É comum encontrar em livros de etiqueta capítulos sobre etiqueta em jantares, trajes formais e informais para homens e mulheres, etiqueta feminina, escolha e oferta de presentes, estilos de discurso e conversação e muitos outros tópicos que esperamos desse tipo, mas encontrar esses tópicos nesse livro, juntamente com uma cobertura abrangente de capítulos sobre etiqueta para pessoas com necessidades especiais, etiqueta em viagens e transporte público, etiqueta do paciente, leitura de livros, etiqueta em relação à obesidade e à dieta, etiqueta de dança, etiqueta nas cartas de baralho, etiqueta do animal de estimação e muito mais, acredito que seja uma exceção e outro aspecto que faz deste livro uma verdadeira referência e um guia, como seu título indica.

O autor nos forneceu um trabalho abrangente e profundo que é digno de sua longa experiência diplomática e acadêmica. Ao mesmo tempo, é uma leitura suave e simples, dedicada a todas as pessoas e não a uma classe específica.

Conheço pessoalmente o autor, mas posso garantir que essa não é minha motivação para escrever estas linhas. Em vez disso, é minha convicção na excelência desse livro que fez com que a Biblioteca do Congresso dos EUA, a maior e mais renomada biblioteca do mundo, não hesitasse em atribuir-lhe um número de série e listá-lo como um de seus itens.

Fabiana Ceyhan
jornalisata

Índice

- **Seção Um**
  - Comunicação e Comportamento — 3
  - Protocolo — 5
  - Etiqueta — 7
  - Relação entre Etiqueta e Polidez — 11
  - Relação entre Protocolo e Etiqueta — 15
- **Seção Dois**
  - Títulos — 23
  - Ordem de Precedência — 25
  - Introdução e Apresentação — 27
  - Cartões de Visita — 31
  - Saudações — 33
  - Abraços e beijos — 41
- **Seção Três**
  - Etiqueta de roupas — 47
  - Ordens, condecorações e medalhas — 69
- **Seção Quatro**
  - Etiqueta telefônica — 77
  - Etiqueta de conversa e diálogo — 81
  - A virtude do silêncio — 89
  - As virtudes da desculpa e do perdão — 91
  - Etiqueta de correspondências — 93
- **Seção Cinco**
  - Etiqueta do teatro — 107
  - Etiqueta de museus e galerias de arte — 111
  - Etiqueta de dança — 113
  - Etiqueta dos livros emprestados — 117
  - Etiqueta de jogos de cartas — 119
- **Seção Seis**
  - Etiqueta de lugares religiosos — 125
  - Etiqueta dos funerais — 129
- **Seção Sete**
  - Etiqueta de presentes — 135
- **Seção Oito**
  - Etiqueta Feminina — 143
  - Etiqueta para idosos — 149
  - Etiqueta para pessoas com necessidades especiais — 151
  - Etiqueta do paciente — 163
  - Etiqueta em relação à má conduta — 167
  - Etiqueta em relação à inimizade — 171
  - Etiqueta para visitantes e estrangeiros — 173
- **Seção Nove**
  - Etiqueta policial — 179
  - Etiqueta Secretarial — 181
  - Etiqueta dos locais de trabalho — 185
  - Etiqueta do elevador — 191
- **Seção Dez**
  - Etiqueta da viagem e dos transportes — 199
- **Seção Onze**
  - Etiqueta do banquete — 211
  - Etiqueta da alimentação infantil — 239
  - Etiqueta do café — 241
  - Etiqueta do vinho — 245
  - Etiqueta para fumar — 257
  - Etiqueta em relação à obesidade e às pessoas que fazem dieta — 261
- **Seção Doze**
  - Etiqueta do animal de estimação — 267
  - Referências — 271
  - Riad Nofal — 275

Agradecimento

Por meio do meu trabalho como professor, instrutor e diplomata, deparei-me com muitas questões e temas que, em diversos casos, pareciam controversos, colocando-me diante de desafios e responsabilidades que me impulsionaram a escrever sobre esses assuntos e condensá-los em um livro abrangente. A conclusão desta obra exigiu mais de cinco anos de esforço, incluindo a verificação de informações em uma variedade de fontes, além da aplicação da minha experiência acadêmica e prática acumulada ao longo de muitos anos.

Devo aqui reconhecer a calorosa recepção e o ambiente acolhedor que o Brasil proporcionou a mim e à minha família, um país belíssimo, cuja grandiosidade e esplendor, por vezes, são desconhecidos até mesmo por muitos brasileiros. Em reconhecimento a essa hospitalidade e no espírito de reciprocidade e gratidão, tenho o prazer de apresentar este livro como uma modesta oferta ao Brasil e ao seu povo amigável e surpreendente. Nesse sentido, gostaria de expressar minha gratidão à minha esposa e meus filhos pelo apoio e assistência. Sou também profundamente grato aos meus estimados amigos Sheri Smith e ao renomado artista Nasr Warour, que deram o seu melhor para que esta obra se tornasse realidade.

Introdução

A questão da escrita - O que é? Por que é que o fazemos? Para quem? - tem sido objeto de discussão desde há muito tempo. Apesar do ceticismo implícito nesta questão, a escrita continua, e os escritores, "os pobres intelectuais", continuam em sua divertida miséria. Essa pergunta pode ter várias respostas que diferem de acordo com a visão de cada pessoa em relação à escrita. Alguns consideram-no como uma forma de auto-expressão e outros podem considerá-lo como os pulmões através dos quais podem respirar.

Embora ainda não tenha a certeza das razões específicas que me levam a escrever, tenho a certeza do meu desejo sincero de o fazer. Sem querer, me pego seguindo o que o grande escritor e filósofo Gibran Khalil Gibran disse: "O desejo pela metade é a metade da vida, mas a indiferença é a metade da morte". É um desejo e, ao mesmo tempo, é "uma preocupação consigo mesmo e uma necessidade de escrever para liberar uma energia oculta que busca ressoar com os outros"[1]. Além disso, considero que a escrita, tal como muitas outras formas de arte, é uma reflexão sobre a experiência associada à responsabilidade de revelar uma parte intensa do pensamento.

Talvez eu me sentisse culpado se não apresentasse aos leitores um resumo do que tenho em mente com base no meu percurso de vida. Tive a oportunidade de combinar duas experiências ricas. A primeira é a carreira profissional, já que trabalhei por cerca de três décadas e meia em relações públicas e departamentos de protocolo no Parlamento Sírio, no governo e no Ministério das Relações Exteriores. A segunda é a carreira acadêmica, que não parou ao longo desse período, atuando como professor em diversas universidades, institutos diplomáticos e centros de treinamento na Síria, além de ser professor visitante em vários outros países.

Considero-me afortunado por ter tanto ensinado quanto aprendido. Tive a oportunidade de visitar mais de um terço dos países do mundo (cerca de 60), onde testemunhei e vivenciei, embora por curtos períodos, muitas culturas, costumes, tradições e tipos de comportamento.

Sendo obcecado por etiqueta, busquei uma pesquisa detalhada na área, especialmente porque raramente encontramos referências relevantes e confiáveis que forneçam respostas satisfatórias para aqueles que ficam perplexos em algumas situações sobre etiqueta, maneiras ou até mesmo vestimenta.

Embora não tenha a pretensão de ser um pioneiro neste assunto, tentei simplificar os conceitos e princípios, ao contrário daqueles que intencionalmente associaram a eti-

---

1 Citação de um artigo escrito para a Saraya News Agency por meu estimado colega, S.E. o Embaixador Qais Shqair, Chefe de Missão da Liga Dos Estados Árabes no Brasil. O artigo é intitulado "Por que escrevemos?"

queta apenas às elites, dando muita ênfase às distinções de classe e atribuindo-lhes uma falsa estima.

Neste trabalho, espero ter conseguido remodelar este tema da etiqueta, tirando-o de uma torre de marfim e tornando-o mais popular e indiscriminadamente acessível. A etiqueta deve ser utilizada na vida quotidiana de todas as pessoas, e não apenas dos habitantes dos palácios, dos diplomatas e dos altos funcionários de "colarinho branco", que muitas vezes se habituaram ao privilégio da elegância, ainda que acompanhada de complexidade e rigor.

A vida é rica e bela se for simples. Pesada se for complicada. Este é o meu desejo e a minha esperança. E, como Fyodor Dostoyevsky disse uma vez, "Quando a esperança se perde, a vida para".

Riad Nofal

Seção Um

Comunicação e Comportamento

"O comportamento humano flui de três recursos principais: desejo, emoção e conhecimento."[1]

A comunicação é uma prática importante para os seres humanos e para os não-humanos, tal como se verifica nos grupos animais. Sem comunicação, os seres humanos seriam seres anormais, doentes ou retraídos, vivendo num mundo limitado.

Através da comunicação e das relações, as diversas sociedades moldam seus costumes, tradições e concepções e regulam a maneira como se comportam e lidam umas com as outras, tanto como indivíduos quanto como grupos. Daí a relação entre comunicação e comportamento.

Segundo os especialistas em educação, sociologia e psicologia, o comportamento humano não é estático. Isso varia de acordo com os costumes e tradições do ambiente em que as pessoas vivem. Quando falamos sobre um ambiente, nos referimos ao conjunto de condições reais em que o indivíduo vive, interage e desenvolve sua ética e valores. Isto inclui lealdade, honestidade, humildade, justiça, coragem e respeito. Inclui também o comportamento de uma pessoa em várias situações.

> *Os valores de um indivíduo, por um lado, e os comportamentos, por outro, podem ser considerados o código de protocolo e etiqueta.*

---

1 Platão (427-347 a.C.), um filósofo grego, que foi aluno de Sócrates e professor de Aristóteles. Ele fundou a Academia em Atenas, que foi a primeira instituição de ensino superior do mundo ocidental.

Protocolo

*"Não estou habituado
ao protocolo."*[2]

- **Etimologia e significado:**

Originalmente, a origem de "protocolo" é a palavra grega bizantina "prōtókollon", que era a primeira folha colada em um manuscrito. É formado a partir de πρῶτος (prôtos, "primeiro") + κόλλα (kólla, "cola").

Em francês, a palavra gradualmente evoluiu para significar "relato oficial", depois "registo oficial de uma transação", depois "documento diplomático" e, finalmente, "fórmula de etiqueta diplomática". Em inglês, "protocol" foi emprestado do francês em 1896 para significar "regras diplomáticas de etiqueta". Mais tarde, começou a transmitir o sentido geral de "conduta correcta convencional". Robert Anson Heinlein disse:

" Quem considera o protocolo sem importância nunca lidou com um gato. "

- **Significados da palavra:**

Com o tempo, essa palavra adquiriu vários significados:

- **'Protocolo' como um documento:**

Um protocolo pode ser um tipo de acordo, como uma convenção, tratado ou tratado internacional. É menos importante que os outros acordos, embora esteja sujeito aos mesmos procedimentos de assinatura, ratificação e conclusão.

---

2 Juan Evo Morales Ayma (nascido em 1959). Presidente da Bolívia de 2006 a 2019. É o primeiro presidente do país oriundo da população indígena..

- **'Protocolo' como administração/departamento:**

É um dos departamentos dos palácios reais ou presidenciais, primeiros ministérios, ministérios das relações exteriores, parlamentos etc. É responsável por:

– Assegurar a correta aplicação das regras de cortesia.
– Organizar reuniões e visitas.
– Cuidar dos privilégios e imunidades diplomáticas.
– Preparar os procedimentos de assinatura de acordos, bem como os preparativos de entrega de medalhas, condecorações e brindes oficiais.Na verdade, sem a aplicação do protocolo, o caos e a confusão podem prevalecer em qualquer atividade oficial.

'Protocolo' como conceito diplomático:

Nas relações entre os Estados e seus representantes, o protocolo desempenha um grande papel na preservação das normas de dignidade e soberania dos Estados.

Qualquer omissão; intencional ou não (mesmo por ignorância), de qualquer regra do protocolo pode ser considerada um insulto deliberado ou uma violação dos princípios de cortesia e boa conduta.

No campo diplomático, 'Protocolo' pode referir-se a:

– O conjunto de procedimentos, regras de precedência, costumes e tradições que devem ser observados nas relações internacionais e diplomáticas.
– O conjunto de procedimentos que devem ser aplicados em ocasiões oficiais como reuniões, visitas, banquetes formais, recepções.
– O conjunto de procedimentos aplicados na concessão e uso de ordens, condecorações e medalhas.
– As correspondências oficiais.
– As atas que incluem os resumos das discussões.
– Os procedimentos de convocação de reuniões e conferências regionais e internacionais.

Etiqueta

"Etiqueta e boas maneiras são reagir diretamente ao mau comportamento e às más maneiras do outro."[3]

- **Etimologia e significado:**

"Etiqueta" é uma palavra francesa (originalmente do latim). No antigo francês, era estiquette, que significa "rótulo ou bilhete", e depois passou a ser utilizada para se referir a pequenos cartões com instruções sobre como se comportar adequadamente; mas, desde 1750, "etiqueta" passou a significar "comportamento prescrito".

Mais tarde, "etiqueta" foi usada para se referir também aos cartões que circulavam nos palácios reais e eram distribuídos às pessoas que se reuniam com o rei, príncipes e ministros, incluindo instruções sobre como aparecer e como se comportar na presença deles. Desde então, a palavra "etiqueta" passou a ser associada ao comportamento, ou ao que algumas pessoas tendem a chamar de "comportamento bom ou sofisticado".

Para evitar discussões infindáveis e controversas sobre conceitos abstratos como "bom" ou "sofisticado", para os quais cada um tem sua opinião e visão, prefiro dizer que etiqueta é simplesmente como se comportar.

Historicamente, não há documentação real que mostre quem primeiro falou sobre etiqueta, e nem quando e onde isso aconteceu; mas alguns tendem a considerar que o mais antigo aviso escrito sobre etiqueta foi em 2560 a.C., no qual um egípcio deu algumas instruções de orientação para seu filho sobre como se comportar adequadamente com os outros.

---

3 O autor.

- **Início da etiqueta baseada em padrões:**
  - **Etiqueta espanhola:**

A evolução fundamental dos padrões e normas de etiqueta começou na Europa. Apesar de alguns princípios da Etiqueta francesa e inglesa terem prevalecido, a verdadeira etiqueta originou-se na Espanha, principalmente durante o reinado do Rei Carlos V (1500-1558), que iniciou muitos procedimentos que sugeriam poder e autoridade, inclusive, por exemplo, quem tinha o direito de usar certos tipos de roupas, cores e joias. Além disso, durante seu reinado, os preparativos para viagens de caça e visitas reais estavam sujeitos a procedimentos especiais e vinculativos.[4]

  - **Etiqueta francesa:**

A etiqueta francesa básica remonta à dinastia Bourbon, e não à antiga etiqueta espanhola. Era uma etiqueta rígida[5], mas já começava a desaparecer e a perder seu ímpeto. Durante o reinado do rei Luís XIV[6] (1643-1715), a verdadeira etiqueta francesa apareceu e foi estritamente aplicada até a Revolução Francesa em 1789. Depois dessa revolução, muitas das normas, valores e princípios de etiqueta anteriores foram alterados.

Na verdade, algumas práticas desapareceram e outras novas práticas surgiram. O evento mais proeminente, neste contexto, foi o que aconteceu durante a coroação de Napoleão Bonaparte em 1804.[7]

  - **Etiqueta inglesa:**

Com base na etiqueta espanhola e francesa, a etiqueta inglesa desempenhou um papel fundamental no desenvolvimento da etiqueta em geral. Pode ser considerada a mais rigorosa, que começou a se impor na Europa e se tornou a principal fonte confiável de práticas diplomáticas e comerciais na maioria das regiões do mundo, especialmente nos países anglo-saxões.

---

4 O que se segue é um exemplo de uma situação trágica e engraçada, o que mostra até que ponto a etiqueta era estrita e obrigatória. As instruções estipulavam que a rainha nunca deveria ser tocada, exceto pelos príncipes próximos da família real. Uma vez, a rainha caiu do cavalo, mas seu pé ficou preso no fuso. Enquanto o cavalo corria, ninguém ousou se aproximar e tocar na rainha para salvá-la, por medo de cometer um crime que exige punição. Para sua boa sorte, dois príncipes estavam lá e correram para salvá-la.

5 Quando o cardeal Richelieu (primeiro-ministro da França entre 1624 e 1642) adoeceu e o rei Luís XIII veio visitá-lo em sua cama, foi trazida outra cama para o rei se deitar, pois não era comum o rei ficar de pé enquanto outros estavam sentados.

6 Durante o reinado do rei francês Luís XIV, o administrador-chefe dos jardins do Palácio de Versalhes colocou cartões escritos em alguns dos pontos dos jardins, proibindo as pessoas de passar pela grama recém-plantada, mas os nobres ignoraram isso. Ele recorreu ao próprio rei, que emitiu uma decisão real proibindo e advertindo aqueles que passassem a grama e as cartas se tornassem obrigatórias. Os jardineiros costumavam dizer àqueles que ignoram as cartas: "Por favor, cumpra a etiqueta". Desde então, a palavra "Etiqueta" se tornou sinônimo de ação e comportamento de acordo com condutas e maneiras específicas.

- **Etiqueta Russa:**

A etiqueta russa tinha um caráter próprio, derivado da Igreja Ortodoxa e influenciado tanto pela cultura eslava quanto pelo legado do Império Bizantino. Continuou a existir nos palácios cesáreos até o reinado de Pedro, o Grande[8] (1672-1725), quando a etiqueta russa começou a ser influenciada cada vez mais pela francesa.

- **Etiqueta Americana:**

Ao contrário da etiqueta na Europa, que foi derivada, em grande parte, da herança real, eclesiástica e cultural, a etiqueta nos Estados Unidos da América foi uma mistura dos princípios de etiqueta europeus.

Ela ainda está, em geral, ligada aos negócios e às pessoas com influência financeira.

---

8 Pedro, o Grande (1672-1725), o imperador Russo que governou de 1682 até sua morte em 1725. Por meio de uma série de guerras bem-sucedidas, ele expandiu o czarismo em um império muito maior. Ele liderou uma revolução cultural que substituiu alguns dos sistemas sociais e políticos tradicionais e medievais por outros que eram modernos, científicos e baseados no Iluminismo. As reformas de Pedro tiveram um impacto duradouro na Rússia, e muitas instituições do governo russo remontam a seu reinado. Ele também é conhecido por fundar e desenvolver a cidade de São Petersburgo, que permaneceu como capital da Rússia até 1917.

Relação entre Etiqueta e Polidez

"Aprenda boas maneiras de quem não as têm."[9]

Alguns podem descrever a polidez como um tipo de comportamento adquirido, enquanto eu diria que um bom comportamento é uma polidez inata que nos leva a agir adequadamente para a satisfação dos outros e evitar perturbá-los o máximo possível. Na verdade, gestos e comportamentos educados contam e nunca deixam de impressionar.

Como a etiqueta corresponde a costumes e tradições, ela também está amplamente interligada com a polidez. Etiqueta e polidez não podem ser separadas sem cair em um erro. Além disso, ambas constituem um tributário da lei e a complementam.

A polidez e a etiqueta podem abordar algumas questões éticas e morais que não são cobertas por lei. Por exemplo, a lei não pode punir alguém que olha ou encara para outra pessoa com desdém ou desrespeito, enquanto a etiqueta e a polidez mostram que esse comportamento é errado e merece ser descrito pela sociedade como um comportamento vulgar. Por isso é possível dizer que a etiqueta é complementar ao direito e intervém na chamada 'zona cinzenta', onde a lei não tem um papel claro.

Não há dúvida de que filósofos, intelectuais, os vários sistemas educacionais e as diferentes heranças culturais glorificam e encorajam as pessoas a se comportarem bem. Jean Jacques Rousseau[10] disse: "Que sabedoria você pode encontrar maior do que a bondade?". No entanto, existem grandes diferenças a esse respeito. As pessoas em

---

9 Provérbio persa.

10 Jean-Jacques Rousseau (1712-1778), um filósofo e escritor francófono suíço cujos pensamentos e filosofia política influenciaram amplamente a Revolução Francesa e contribuíram para o desenvolvimento da política e da educação modernas.

algumas sociedades podem se comportar em uma determinada situação de maneira estranha em comparação com outras sociedades, dependendo da origem social, dos costumes e tradições e da herança cultural. Não é surpreendente, portanto, que o comportamento considerado normal em uma certa região possa ser desaprovado, impolido ou até mesmo ultrajante em outra. Por exemplo, "arrotar" é um comportamento impróprio e embaraçoso para a maioria das pessoas em muitos países do mundo e requer um pedido de desculpas, embora seja comum e muito natural na China, em várias regiões do Sudeste Asiático e em alguns países africanos.

Portanto, qualquer comportamento não pode ser considerado adequado ou impróprio se for retirado de seu contexto e de seu próprio ambiente.

Ao falarmos sobre etiqueta e polidez, nós nos deparamos com a questão de qual é o comportamento ideal, se ocorrer uma incoerência entre os requisitos da etiqueta e da polidez. De que lado ficamos? Uma resposta a esta pergunta pode ser encontrada na seguinte fábula:

"Quando suas férias acabaram, ele pegou o avião de volta para seu país. Ao lado dele, a bordo, estava uma senhora que parecia uma simples camponesa. Os passageiros foram servidos com refeições que incluíam vários itens, incluindo um pedaço de sobremesa branca. A mulher pegou aquele pedaço e começou a comê-lo com um pedaço de pão, pensando, pela cor branca, que era um pedaço de queijo. Ao descobrir seu erro, ela se sentiu muito envergonhada. O homem ao lado dela fingiu não notar seu erro e depois de alguns segundos pegou seu pedaço de sobremesa e comeu com um pedaço de pão também. A velha riu. Ele disse a ela "por que você não me disse que era sobremesa?" Ela disse "eu também pensei que era um pedaço de queijo".

Certamente, ele sabia que o que foi servido na refeição foi um pedaço de sobremesa, não um pedaço de queijo, mas seu bom senso o levou a ser educado e a não seguir a etiqueta, a fim de não constranger aquela senhora. Para mais esclarecimentos, vamos repassar outra fábula::

> *" Um líder foi servido com uma xícara de chá em uma bandeja. Ele a pegou, mas com o pires de uma xícara de café (não o pires de uma xícara de chá) depois de perceber que duas mulheres perto dele, por ignorância, o fizeram antes dele. Para ser cortês com elas, ele violou a etiqueta intencionalmente. "*

Ele agiu de acordo com os requisitos de polidez, e não com os requisitos de etiqueta. Não se comportou como líder, mas como um homem educado, levando em consideração os sentimentos dos outros. Ele ignorou alguns dos erros simples que poderiam ser superados.

O comportamento adequado, às vezes, exige a quebra de algumas regras rígidas de etiqueta. Deve-se adaptar seu comportamento, tanto quanto possível, para acompanhar os comportamentos predominantes em seu próprio ambiente. Não é justo impor algumas regras de etiqueta de forma repentina. Algumas dessas regras precisam de mais tempo para serem mudadas e se tornarem aceitas. As regras de etiqueta não podem ser impostas por leis e decretos. São leis não escritas que se arrastam lentamente em nossa consciência, antes de se tornarem uma corrente dominante reconhecida pela maioria das pessoas em uma sociedade.

É por isso que dizemos que a polidez precede a etiqueta e deve ser considerada primeiro, até que surja a oportunidade de adotar ambas. Assim, se alguém, por infortúnio, acabar acompanhado de pessoas ingênuas e barulhentas, deve demonstrar prazer em vez de desgosto diante de algumas de suas ações. Depois, poderá se afastar discretamente, sem ferir seus sentimentos. Bismarck[11] disse: "Mesmo em uma declaração de guerra, observam-se as regras da polidez".

A seguir, lembrarei alguns dos valores que podem ajudar a manter a coerência entre etiqueta e a polidez.

> ### Dicas de etiqueta:

- Com a família, é importante observar as disposições e o temperamento dos familiares, além de ser um bom exemplo para as crianças.
- Na comunidade, as palavras, as expressões e o comportamento de uma pessoa estão entre as normas mais importantes pelas quais ela será avaliada e considerada.
- Quanto mais uma pessoa consegue controlar suas emoções, mais respeito ela conquista. Pelo contrário, ficar repentinamente com raiva, imprudente e nervoso é a maneira mais rápida de perder o respeito e a confiança das pessoas.
- O respeito não vem apenas do estilo ou da aparência, mas também do comportamento, do caráter e da forma de pensar. Para isso, é essencial ser honesto, educado e interagir positivamente com os outros.
- Sem bom senso, alguém pode agir de forma civilizada em um momento e de maneira oposta em outro. Um jovem que vai a um show de rock pode dançar e gritar, mas em uma ópera, biblioteca ou local de culto, deve manter a compostura. É o bom senso que guia esse comportamento adequado a cada situação.
- Cada um tem sua privacidade e seus segredos, e não gosta que os outros interfiram nisso. Em troca, ele não deve interferir na vida privada e nos negócios dos outros; e não emitir julgamentos arbitrários a este respeito.
- Ser pontual, cumprir compromissos e cumprir prazos refletem um aspecto fundamental da personalidade e o respeito pelos outros.
- Quanto mais uma pessoa for modesta, instruída e culta, mais evitará atitudes de superioridade ou a pretensão de ser melhor do que os outros em qualquer aspecto.
- Quando estiver acompanhado, olhar repetidamente para o relógio pode sugerir impaciência e fazer os outros se sentirem indesejados. Se houver convidados em casa, esse gesto pode indicar que o anfitrião quer que eles se retirem.
- Bocejar, estalar os dedos ou bater na mesa quando estiver com outras pessoas são comportamentos inadequados, pois podem demonstrar desinteresse ou indiferença.

---

[11] Otto von Bismarck: (1815–1898) um estadista prussiano que foi o primeiro Chanceler do Império Alemão entre 1871 e 1890

- Ao caminhar, deve-se adotar um passo normal, sem exageros ou ostentações.
- Dar ordens e instruções de maneira imperativa não reflete a força e autoridade de alguém; pelo contrário, prova sua falta de autoconfiança e leva ao ressentimento dos outros.
- Deve-se ter moderação ao comer e beber. O excesso demonstra ganância e não tem relação com boas maneiras.
- Certos hábitos, como mexer no cabelo, limpar os dentes ou colocar o dedo no nariz na presença dos outros, são considerados desagradáveis.
- Oferecer ajuda a uma mulher, evitando que ela tenha que arrastar uma cadeira para se sentar ou abaixar-se para pegar um objeto caído, é um gesto de cortesia compatível com a etiqueta.
- Respeitar a privacidade alheia é fundamental. Entrar em um cômodo sem bater na porta ou ler mensagens no celular de outra pessoa sem permissão são atitudes inadequadas e desrespeitosas.

Relação entre Protocolo e Etiqueta

*"Aplicar etiqueta e
seguir protocolos não custa nada."*[12]

Pode-se dizer que o protocolo geralmente está relacionado a procedimentos, enquanto a etiqueta está relacionada ao comportamento, à aplicação dos detalhes desses procedimentos e a como cumpri-los. Se o protocolo exige, por exemplo, o uso de trajes formais em um evento formal, a cor, o estilo e a qualidade da vestimenta são detalhes que pertencem às exigências da etiqueta.

Portanto, a relação entre protocolo e etiqueta é próxima e interativa.

- **As regras de protocolo e etiqueta são definitivas, fixas e não mudam?**

Como o protocolo e a etiqueta fazem parte dos costumes e tradições, e como esses costumes e tradições evoluem e mudam de acordo com o tempo, o lugar e as circunstâncias, o protocolo e a etiqueta também passam pelo mesmo processo de transformação. Além disso, é certo que o protocolo e a etiqueta mudam de um período para outro na mesma região. Homens nos países orientais, por exemplo, costumavam

---

[12] O autor.

andar na frente de mulheres (um comportamento que ainda é comum em muitas áreas rurais), mas isso quase mudou em cidades onde as mulheres têm o privilégio de entrar em portas e serem atendidas primeiro.

> **" De qualquer forma, a única regra imutável nesse contexto – que, paradoxalmente, reforça o conceito de mudança e diversidade – é bem expressa pelo provérbio: "Quando em Roma, faça como os romanos. "** [13]

Isso significa que, ao estar em Roma, deve-se agir e se comportar como seus habitantes. Roma, nesse caso, é uma metáfora para qualquer lugar do mundo. Assim, um comportamento considerado adequado em Damasco pode não ser apropriado em Pequim, e vice-versa. Portanto, no contexto internacional, espera-se, de modo geral, que qualquer pessoa siga as regras de protocolo e etiqueta vigentes na região em que se encontra, independentemente de sua opinião sobre essas regras.

■ Onde aplicar regras de etiqueta e protocolo?

Como mencionei antes, por muito tempo, a etiqueta e o protocolo eram considerados exclusivos para palácios reais e presidenciais, para classes altas e ricas. Essa foi uma suposição errada adotada por algumas classes sociais e elites. É fácil provar que grupos simples como beduínos em suas tendas, por exemplo, têm um tipo de protocolo e regras de etiqueta que governam seus próprios comportamentos, assim como a forma como interagem com os outros. O protocolo exige, por exemplo, que os beduínos árabes recebam e hospedem convidados, conhecidos ou desconhecidos, por três dias antes mesmo de perguntar o motivo da visita. A etiqueta, por sua vez, determina que o anfitrião beduíno sirva café árabe aos seus convidados assim que chegam.

O modo como o café é oferecido inclui rituais interessantes e detalhes de etiqueta, como quem deve beber primeiro, qual mão deve ser usada para entregar e receber a xícara, quando se deve recusar a bebida, entre outros.[14]

---

13 "Quando estiver em Roma, faça como os romanos", é um provérbio ou ditado frequentemente abreviado para "Quando estiver em Roma...".
Diz-se que Santa Mônica e seu filho Santo Agostinho (de Milão) planejaram visitar Roma num sábado do ano de 1777, para descobrir que, ao contrário do caso de Milão, era observado como dia de jejum em Roma. Então, consultaram Santo Ambrósio que lhes disse: "Quando estiverem em Roma, façam como o Papa faz". Na verdade, quando estou em Milão, não jejuo aos sábados, mas em Roma jejuo aos sábados. Diz-se que essa resposta deu origem ao ditado ou provérbio "Quando estiver em Roma, faça como os romanos", o que significa que o melhor é seguir as tradições ou costumes dos locais visitados.

14 Etiqueta do café árabe: O anfitrião e o hóspede usam apenas as mãos certas para oferecer e tomar a xícara de café. Depois de tomar a primeira ou segunda xícara de café (como o hóspede deseja), o convidado sacode a xícara, com um movimento meio circular, esquerda e direita antes de devolvê-la ao hospedeiro, como um sinal de satisfação (caso contrário o hospedeiro continua a adicionar café ao hóspede). É uma espécie de linguagem não verbal. Se o hóspede pega o copo e o coloca na frente dele sem tomar o café, é um gesto que indica que o hóspede

- **Algumas aplicações de etiqueta "incomuns:**

• Após comer, um convidado esquimó passa a língua pelos lábios, na frente do anfitrião, para indicar satisfação com a refeição.

• Para as tribos Inuit, uma boa refeição é elogiada ao se deixar um pouco de comida no prato depois de terminar de comer.

• No Oriente Médio, as pessoas costumavam comer quase em silêncio, aplicando a regra de etiqueta "Não falar enquanto se come". Agora a situação mudou drasticamente.

• No Tibete, as pessoas costumam estirar a língua, como um método tradicional de saudação e despedida.

• Em muitos países asiáticos, incluindo o Sri Lanka, o branco é a cor do luto.

• No Japão e nas Filipinas, a cor amarela (não a branca) é a cor da alegria e felicidade.

• Lavar os pés é uma tradição muito comum em diferentes culturas na Índia. Em algumas, os pais da noiva lavam os pés do noivo, enquanto em outras, a própria noiva realiza esse gesto.

• No Afeganistão, quando o pão cai no chão, ele é levantado e beijado.

• Na China, um anfitrião pode perceber que seu convidado apreciou a refeição se houver bagunça ao redor do prato.

• Na China, deixar apenas um pouco de comida no prato mostra que ele está satisfeito.

• Na China, é rude deixar arroz no fundo da tigela.

• Na China, arrotar é uma maneira de elogiar o anfitrião pela comida e não é considerado rude.

• Em Gana, um homem pode deslizar levemente a túnica do ombro para cumprimentar outras pessoas.

• No Egito, supõe-se que o copo do convidado seja reabastecido quando necessário, mas nunca é aceitável reabastecer seu próprio copo.

• Em muitos países árabes e muçulmanos, não é apropriado sentar-se de pernas cruzadas na presença de idosos, alguns dignitários e clérigos.

• Na Inglaterra, o vinho do Porto é continuamente passado para o lado esquerdo da mesa até que termine.

• Na Etiópia, é praticada uma tradição chamada "Gursha", na qual as pessoas dão comida na boca de outras pessoas sentadas à mesma mesa como símbolo de amor, amizade e lealdade.

• Na França, o pão pode ser usado como utensílio para pegar a comida do prato e levá-la à boca.

• Na Geórgia, o brinde leva tempo, pois todos na mesa andam em um círculo fazendo brindes antes de esvaziar seus copos em um grande gole.

• Os georgianos só brindam com vinho ou vodka, ou com cerveja se quiserem o azar de alguém.

• Na Áustria, não é comum fazer o "brinde" com copos de cerveja.

• Na Itália, se a pizza servida não tiver parmesão, não convém pedir.

---

tem um certo pedido, e o anfitrião deve levá-lo em consideração. Se o hóspede é distinto e de alto nível, depois de beber o café oferecido a ele, o anfitrião pode quebrar a xícara diretamente. É um gesto honorífico que indica que ninguém mais merece beber novamente do mesmo copo

- No Japão, chupar, geralmente quando se come macarrão ou sopa, é um sinal de apreço pelo chef. Quanto mais alto o barulho, maior o agradecimento.
- Na Coreia, para ser sociável, deve-se sempre dizer sim para a primeira bebida, mas sem ser o primeiro a reabastecer o próprio copo.
- Na Coreia, deve-se primeiro servir a todos antes de servir a alguém novamente.
- No México, comer um "taco" com garfo e faca é considerado esquisito e esnobe. É educado comê-lo com as mãos.
- Em algumas regiões do Oriente Médio, da Índia e em partes da África, é comum comer com a mão direita, mas nunca com a esquerda.
- Em países como Portugal e Egito, é inapropriado adicionar sal ou pimenta em um prato servido. Isso é visto como um indicativo de que a comida já está perfeita e não precisa de mais tempero.
- Na Rússia, a vodka está sempre pura. Adicionar qualquer misturador, mesmo gelo, pode alterar a natureza da vodka.
- Na Rússia, oferecer a alguém uma bebida é um sinal de amizade, e recusá-la é muito ofensivo.
- Na Rússia, mesmo que você seja convidado apenas para uma xícara de chá, é melhor não comer antes. Os russos são generosos e têm o hábito de oferecer muita comida ao hóspede.
- Em partes do Peru, Argentina, Chile e Bolívia, os comensais podem demonstrar respeito à "Pachamama" (deusa andina da fertilidade e colheita), derramando algumas gotas de sua bebida no chão.
- Na Tailândia, os garfos só devem ser usados para colocar alimentos que não sejam à base de arroz na boca.
- Na Taïlândia, os garfos são usados principalmente para empurrar os alimentos para uma colher.
- Na Tanzânia, comer em um tapete ou esteira é habitual. No entanto, mostrar as solas dos pés é visto como indelicado.
- Na Venezuela, deve-se chegar ao jantar com cerca de 15 minutos de atraso. Chegar cedo ou mesmo a tempo é considerado rude.
- No Brasil, no contexto da hospitalidade, o gesto do anfitrião de abrir a porta para o visitante sair significa o desejo de uma nova visita. Por outro lado, se o anfitrião espera que o visitante tome a iniciativa de abrir a porta, isso é percebido como um sinal de desconforto com a visita, indicando assim uma relutância em repeti-la.
- Na Alemanha, homens e mulheres entram na mesma sauna enquanto estão nus, assumindo que todos aderem à regra de não olhar para os outros.

Seção Dois

Títulos

"Não são os títulos que honram os homens, mas os homens que honram os títulos."[1]

❝ *O título, como privilégio concedido ao seu titular, é um nome oficial ou honorífico que expressa o prestígio e o respeito de seu dono.* ❞

Alguns países ainda mantêm os títulos antigos e tradicionais. O Reino Unido (UK), por exemplo, possui títulos reais e hereditários, como rainha/rei, príncipe/princesa, duque/duquesa, marquês/marquesa, conde/condessa, visconde/viscondessa, senhor/senhora e barão/baronesa, bem como títulos honorários e de ordem, como cavaleiro, comandante etc. No entanto, a maioria dos países já diminuiu ou aboliu todos os títulos e adotou, em vez disso, as formas "Sr./ Sra./ Srª." para todas as pessoas, cargos e posições.

Embora seja difícil identificar os títulos de cada país, alguns dos títulos são utilizados internacionalmente e podem ser descritos da seguinte forma:

- **Títulos comuns:**

· Um rei é chamado de "Sua Majestade" e "Vossa Majestade".

· Uma rainha: "Sua Majestade" e "Vossa Majestade".

· Um príncipe e uma princesa de uma família próxima de um rei são tratados como 'Sua Alteza Real' e "Vossa Alteza".

· Príncipe e Princesa da dinastia real "Sua Alteza" e "Vossa Alteza".

---

[1] Nicolau Maquiavel (1469-1527), um diplomata, político, historiador, filósofo e escritor italiano. Ele costuma ser chamado de pai da ciência política moderna. Sua obra mais renomada "O Príncipe" (Il Príncipe) em 1513.

Na maioria dos países, os títulos "Sua Excelência" e "Vossa Excelência" são usados para chefes de Estado, primeiros-ministros e chefes de órgãos legislativos (primeira e segunda câmaras).

Alguns países como a Índia, Paquistão, Sri Lanka, Bangladesh, Malásia e outros usam o título "Honorável" para chefes de Estado, primeiros-ministros e chefes de órgãos legislativos.

A maioria dos países usa o título "Sr./Sra." para ministros, enquanto alguns utilizam os títulos de "Sua Excelência" e "Vossa Excelência".

Para as demais posições políticas e administrativas, a maioria dos países usa os títulos "Sr. / Sra."[2]

Para embaixadores, o título usado é "Sua Excelência" e "Vossa Excelência".

Para as esposas ou maridos de embaixadores e outros membros do corpo diplomático, os títulos "Sua Excelência" não são usados.

Os títulos para oficiais militares e outras graduações militares são numerosos e variam de um país para outro, não havendo espaço para mencioná-los todos aqui.

Os títulos usados para o clero são numerosos e diferem de uma religião para outra. Além disso, às vezes eles diferem entre as seitas da mesma religião.

- **Algumas abreviações:**

  - Em inglês, "His Excellency", abreviado como "H.E".
  - Em francês, "Son Excellence", abreviado como "S.E".
  - Em espanhol, "Su Excelance", abreviado como "S.E".
  - Em português, "Sua Excelência", abreviada como " S. Ex.ª".

---

[2] Deve-se usar "Srta." (sem abreviação) ao se dirigir a meninas e jovens mulheres solteiras. "Sra." deve ser utilizado quando não se souber o estado civil de uma mulher ou se ela for solteira e preferir ser tratada com um título neutro em relação ao estado civil.

Ordem de Precedência

"Uma postagem fornece uma precedência provisória; modéstia e honestidade tornam-no permanente."[3]

Desde a Conferência de Viena (1815) e a Convenção de Viena (realizada pelas Nações Unidas em 1961), a questão da precedência continua sendo um assunto muito complexo e delicado.

De fato, nenhum evento formal ou semiformal pode ser organizado sem a aplicação do princípio da precedência.

Aplicar o princípio da precedência exige grande esforço e experiência para garantir os direitos e privilégios exatos de todas as pessoas, sem causar nenhum tipo de prejuízo a ninguém. De fato, sem a precedência, o caos prevaleceria.

A este respeito, é necessário mencionar o seguinte:

Não existe uma única ordem de precedência internacional (ou sistema), exceto para o corpo diplomático e aos países (e, consequentemente, às bandeiras dos países).

Cada país tem sua própria ordem de precedência, que pode ser escrita ou aplicada de acordo com o costume.

- **A ordem de precedência é geralmente considerada de acordo com:**

1. Cargos e posições (classificados em categorias gerais): Tais como as categorias de ministros, governadores, embaixadores, diretores etc.
2. A classificação (ou hierarquia) dentro de cada posição (categoria): No cargo de ministros, por exemplo, existe uma ordem de precedência, geralmente estipulada no(s) decreto(s) de sua(s) nomeação(s) (ou seja, a precedência de cada ministro é determinada pela sequência de seus

---
3   O autor.

nomes no decreto referente à formação do governo e suas emendas, se houver).

A ordem de precedência entre os Embaixadores é considerada de acordo com as datas de apresentação de suas credenciais.

> **Dicas de etiqueta:**

– A precedência não pode ser alterada ou transferida para outra pessoa. Quando um ministro, por exemplo, designa o deputado para substituí-lo em uma reunião ou evento, o deputado não ocupa o lugar do ministro, mas sim o seu próprio assento de acordo com a precedência. Caso contrário, o deputado pode passar à frente de outros ministros.

– Uma esposa tem precedência sobre seu marido. É um costume internacional praticado em todo o mundo. A esposa de um rei é uma rainha, a esposa de um chefe de Estado é a primeira-dama e a esposa de um governador deve ser tratada como se fosse o próprio governador e assim por diante, em todos os eventos.

– Os maridos não têm a mesma ordem de precedência de suas esposas. Os maridos das rainhas do Reino Unido, Holanda e Dinamarca, por exemplo, não são considerados reis. Da mesma forma, os maridos das mulheres ministras não são tratados como ministros. Todos eles têm sua própria precedência nas categorias ou cargos a que pertencem.

– Vale ressaltar que, independentemente da regra do protocolo anterior, os organizadores dos eventos podem sentar os maridos e as esposas lado a lado se o evento for social ou cultural, como concertos, óperas, peças de teatro e similares. Nesses casos, o marido deve sentar-se ao lado da esposa, não distante ou em outra fileira.

– Mulheres casadas têm precedência sobre mulheres solteiras, a menos que estas tenham certo status oficial.

– Crianças não se beneficiam da precedência de nenhum dos pais.

– As viúvas mantêm sua precedência anterior, ou seja, a mesma precedência que tinham antes do falecimento de seus maridos.

– Em caso de igualdade de precedência entre um homem e uma mulher, a mulher recebe prioridade.

– Um ex-dignitário mantém a precedência anterior, porém ocupa posição após o último integrante da categoria a qual pertencia.

– Ao organizar os assentos, o sistema de precedência começa primeiro por aquele que tem a maior preferência ou pelo convidado de honra.

– A pessoa do mais alto escalão (ou o convidado de honra) geralmente é colocada no centro, e os demais são distribuídos alternadamente à sua direita e à sua esquerda.

– Em determinados eventos, é possível conceder precedência ao alto dignitário responsável pela ocasião, independentemente de sua precedência usual. Quando um primeiro-ministro, por exemplo, está presente em um evento universitário, o ministro do ensino superior costuma sentar-se à sua direita e o reitor da universidade à sua esquerda, seguidos pelos demais ministros e dignitários, de acordo com o sistema de precedência.

– Membros do clero, independentemente da religião a qual pertençam, costumam receber precedência de alguma forma.

Introdução e Apresentação

"A força pura da vida está na comunicação uns com os outros."[4]

É natural que as pessoas busquem interagir com as outras, fazer amizades e construir relacionamentos. Por isso, é fundamental que saibam se apresentar, serem apresentadas e apresentarem terceiros.

A forma como alguém se apresenta aos outros, assim como o modo como ele realiza a apresentação de outras pessoas, é um dos aspectos que determinam a primeira impressão. Além disso, as primeiras impressões que vêm do primeiro contato, sejam positivas ou negativas, tendem a perdurar e não são facilmente alteradas. Portanto, as apresentações interpessoais exigem um conhecimento cuidadoso das regras de etiqueta que governam esse assunto delicado.

- **Algumas considerações e regras de etiqueta:**

  ▷ **Comunicação visual:**

  Em todos os casos de apresentação, o contato visual com a pessoa a quem somos apresentados deve ser mantido. Caso contrário, o comportamento pode ser interpretado como falta de interesse.

  ▷ **Títulos e ocupações:**

  Os títulos civis, religiosos, militares ou honoríficos precedem os nomes. Por exemplo, "Os dois empresários e irmãos Bassam e Hanna Massouh", "Professor Marcos Mendonça"; "Capitão Renato

---

4 Paulo Coelho de Souza (nascido em 1947), letrista e romancista brasileiro e ganhador de inúmeros prêmios internacionais. Ele é o escritor com o maior número de seguidores de mídia social.

Gomes"; "Dra Prof. Shaza Jarar"; "Jornalista Fabiana Ceyhan"; "Advogado Dr. Eduardo José de Casdtro".

Mencionar títulos e ocupações das pessoas, durante a apresentação, ajuda os outros a descobrirem os tópicos das conversas.

▷ **Apresentação dependendo da idade:**

A pessoa mais jovem deve ser apresentada ao mais velho.

▷ **Apresentação conforme o status ou posição:**

Uma pessoa de status inferior deve ser apresentada a uma pessoa de status superior. Não é fácil saber o status e as classificações de todas as pessoas, o que requer uma experiência. No entanto, a não aplicação dessa regra pode causar confusão e até constrangimentos.

A seguir, um exemplo de apresentação entre duas pessoas com status profissionais diferentes (uma é um ministro e a outra é um professor). O título do ministro é utilizado para captar a sua atenção: "Sr. Ministro, gostaria de lhe apresentar a Sra. Camila Oliveira Macêdo, que é uma professora de Português." Em seguida, eu diria à Sra. Camila: "Este é S.E. o Sr. George Touma, Ministro da Educação."

Além disso, ao apresentar duas pessoas, é fundamental garantir que ambas estejam dispostas a esse encontro. Caso contrário, pode causar constrangimento, especialmente, se houver desavenças entre elas.

▷ **Apresentação de estrangeiros:**

O país de origem de um estrangeiro deve ser mencionado, por exemplo, "Sra. Maria das Graça Dalvi, do Brasil, economista e assessora executiva de uma empresa", "Sr. Eduardo Thomas, do Chile, ele é gerente de produto".

▷ **Apresentação conforme o gênero:**

Os homens devem ser apresentados às mulheres e não o contrário. Por exemplo: "Sr. Pedro, deixe-me apresentá-lo à Sra. Jaqueline e à Sra. Mery".

No entanto, caso os homens possuam um status elevado, seja ele político, administrativo, religioso, social, cultural etc., ou se forem idosos, as mulheres podem ser apresentadas a eles.

▷ **Apresentação de membros da família:**

A posição da pessoa na família deve ser mencionada antes de seu nome, sobrenome e ocupação. Por exemplo:
- "Meu marido, Paulo Luís, é engenheiro".
- "Minha esposa, Nof Nofal, é médica, especializada em medicina de familia".
- "Minha prima, Ousseima Imad, escreve os roteiros de suas peças. Ela as dirige e atua nelas".

▷ **Apresentação rápida:**

Ao apresentar duas pessoas com idade ou status semelhantes, caso o nome de uma delas ou de ambas tenha sido esquecido, pode-se recorrer a uma introdução breve para evitar constrangimentos. O intermediador da apresentação pode dizer: "Acredito que vocês já se conhecem" ou "Eu não acho que eu preciso apresentar vocês um ao outro".

▷ **Erros durante a apresentação:**

Qualquer erro na identificação de nome, sobrenome e profissão, poderá ser corrigido de maneira gentil e educada, sem constranger quem fez a apresentação. Além disso, tais equívocos podem ser ignorados ou corrigidos posteriormente.

▷ **Elogios durante a apresentação:**

É desejável que a apresentação seja acompanhada de expressões de agradecimento que realcem as conquistas ou contribuições da pessoa em áreas como ciência, administração, sociedade, entre outras (de maneira clara e breve P. ex. Meu amigo Nelson Pementa da Silva, um dos melhores alfaiates de Brasília DF).

▷ **Apresentando a si mesmo:**

Uma pessoa pode se apresentar a outros que tenham status ou posição social semelhantes ou superiores.

▷ **Apresentação de pessoas jovens:**

Para meninos e meninas, é suficiente apresentá-los mencionando seus nomes iniciais ou completos.

▷ **Apresentação em jantares e banquetes:**

Enquanto estiverem sentados à mesa, cada pessoa deve se apresentar aos outros ao seu lado, à direita e à esquerda, e tentar conversar igualmente com ambos.

▷ **Encontrar alguém por acaso:**

Se você encontrar alguém que conhece, mas não vê há muito tempo e perceber que a pessoa não se lembra de você, não há necessidade de dizer: "Adivinha quem sou eu". Este tipo de apresentação (humor impróprio) não é aceitável. Em vez disso, lembre-a do seu nome e do lugar onde vocês se encontraram antes.

▷ **Apresentação em coquetéis e recepções:**

É responsabilidade do anfitrião/anfitriã apresentar os convidados ao convidado de honra (se presente) e ao cônjuge.

Se um convidado chegar atrasado para uma recepção ou coquetel, e o anfitrião e a anfitriã já estiverem circulando, o convidado deve se apresentar às pessoas com quem encontrar e, em seguida, procurar o anfitrião e a anfitriã para cumprimentá-los.

O convidado não deve interromper duas pessoas envolvidas em uma conversa importante ou particular, apenas para se apresentar.

Alguém pode ser apresentada a uma pessoa famosa, da qual nunca ouviu falar antes. Nesse caso, o convidado nunca deve mostrar desconhecimento sobre a fama da pessoa; pois isso pode machucá-lo e causar-lhe desconforto.

Cartões de Visita

*"Seu cartão de visita reflete parte
da primeira impressão sobre você."*[5]

É amplamente reconhecido que os cartões de visita se tornaram uma ferramenta essencial de comunicação, sendo frequentemente utilizados no dia a dia.

▷ **Uso dos cartões de visita:**

Os cartões de visita são usados nos seguintes casos:
- Apresentar-se ao outro.
- Retribuir um cartão de visita oferecido por outra pessoa.
- Acompanhando um buquê de flores enviado como presente em determinada ocasião.
- Com um presente enviado em uma ocasião formal ou pessoal.
- Para agradecer.
- Para parabenizar.
- Para expressar condolências.
- Para recomendar uma pessoa.

▪ **Cartões de visita formal:**

Falando formalmente, um cartão de visita é majoritariamente branco ou bege, simples e sem adornos ou enfeites.

A bandeira, o símbolo ou o emblema do Estado não deve ser impresso nos cartões de visita, a menos que a pessoa ocupe um cargo de alta hierarquia, como ministro, vice-ministro ou similar.

Um diplomata não deve imprimir em seus cartões de visita a bandeira, símbolo ou emblema do país, a menos que seja chefe de uma missão diplomática.

▪ **Frases que podem ser gravadas nos cartões de visita:**

Era costume nas tradições diplomáticas (e mesmo sociais) que um diplomata pudesse registrar algumas frases ou suas abreviaturas em seus cartões enviados a outras pessoas ou diplomatas do Ministério das Relações Exteriores do Estado em que está credenciado. Essas abreviações estão em francês, mas são usadas internacionalmente da seguinte forma:

– Para agradecer, (Pour remercier), abreviado como "p.r".

– Para apresentação, (Pour Presenter), abreviado como "p.p".

– Para felicitações por aniversários, (Pour fêter), abreviados como "p.f".

– Para um primeiro contato, (Pour faire Connnaissance), abreviado como ''p.f.c''.

– Para felicitações de Ano Novo, (Pour fêter nouvelle année), abreviado como "p.f.n.a".

– Para condolências, (Pour Condolances), abreviado como "p.c".

– Para obter notícias, (Pour prendre nouvelles), abreviado como "p.p.n".

E outras frases..

* Nota:
É aconselhável escrever todas as frases acima mencionadas a lápis.

Ao enviar o cartão de visita com um presente, o diplomata deve apagar sua ocupação com um lápis (não uma caneta).

<u>*Isso garante que o presente seja percebido como uma iniciativa pessoal do remetente, e não como um ato oficial em nome do país ou da embaixada.*</u>

- **Cartões de visitas para mulheres casadas:**

Normalmente, independentemente de sua posição (diplomática, científica, empresarial, cultural ou qualquer outra), a mulher casada escreve seu nome no cartão de visita, acompanhado de seu sobrenome e do sobrenome do marido.
Por exemplo: Dalin Attum Michel.

- **Cartões de visita de viúvas:**

É costume que o cartão de visita de uma viúva mencione seu estado civil, seguido do nome e sobrenome do marido, sem incluir endereço ou número de telefone.

- **Cartões de visita de mulheres divorciadas:**

Uma mulher divorciada escreve seu nome no cartão de visita junto com o sobrenome de sua família de origem, sem mencionar endereço ou telefone.

- **Cartões de visita de mulheres solteiras:**

Uma mulher solteira escreve seu nome no cartão de visita com o sobrenome do pai, sem mencionar a palavra "senhorita" ou o endereço e o telefone.

Nos países da América Latina, em seus cartões de visita, homens e mulheres ou mães solteiras escrevem (como nos documentos oficiais) o nome acompanhado do sobrenome da mãe e depois do sobrenome do pai.

* Nota:
Não é bom que uma mulher casada ou solteira envie o seu cartão de visita a um funcionário ou a outra pessoa, a menos que ela mesma seja funcionária e a necessidade profissional exija isso. Não é adequado que um homem peça o cartão de visita da mulher. É a própria mulher que decide fazer isso ou não.

Em países como China, Japão, Coreia, Malásia e outras nações do Leste Asiático, os cartões de visita devem ser entregues e recebidos com ambas as mãos, como sinal de respeito.

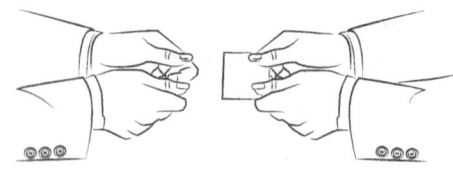

Saudações

*"Você não pode apertar as mãos
com o punho cerrado"*[6]

" De acordo com várias culturas, existem muitos tipos de saudação usados em várias partes do mundo, como apertar a mão, fazer uma reverência, "Namaste", tirar o chapéu etc. "

- **Aperto de mão:**[7]

O aperto de mão, como um gesto mútuo entre duas pessoas, é o tipo de saudação mais comum entre quem já se conhece, e é a chave para o primeiro contato entre pessoas que estão se conhecendo.

O primeiro exemplo documentado da prática de um cumprimento com aperto de mão é representado por uma escultura mural de 851 a.C., que retrata o rei babilónico Marduk-Zakir-Shomei apertando as

---

6 Indira Gandhi (1917-1984), uma líder política indiana que foi a primeira e, até o momento, a única primeira-ministra da Índia. Ela era filha de Jawaharlal Nehru, o primeiro primeiro-ministro indiano após a independência.

7 Acredita-se que o costume de apertar as mãos remonta à Idade da Pedra, quando o homem tinha de estar armado com um pau grosso que transportava na mão direita, muitas vezes para combater animais selvagens ou caçar animais para se alimentar. O homem era inimigo do seu semelhante e, quando começou a aprender ou a experimentar como fazer amizade com os vizinhos, teve de arranjar uma forma de mostrar aos seus amigos que era pacífico. A melhor maneira era atirar o pau para o chão e estender a mão direita, livre das armas de combate.

mãos com rei assírio Shalmaneser III, em um gesto de aliança entre os dois reinos.[8]

Uma escultura de parede em exposição no Museu do Iraque em Bagdade, Iraque.

Dependendo da forma como é realizado, o aperto de mão pode ser um fator positivo ou negativo no processo de comunicação. Portanto, não é apenas um movimento manual, mas também um importante gesto de linguagem corporal para transmitir os sentimentos de segurança e consentimento.

Embora o aperto de mão seja frequente e um hábito diário entre funcionários, colegas, amigos e familiares em algumas comunidades, especialmente no Oriente Médio, não ocorre com a mesma frequência nas sociedades ocidentais. Isso não significa falta de interesse, mas sim um reflexo das diferenças culturais.[9]

> **Dicas de etiqueta:**

– É inadequado ignorar a mão estendida de outra pessoa para um aperto de mãos.
– O mais jovem começa a cumprimentar o mais velho, a menos que o jovem ocupe um cargo ou status superior (político, administrativo, social ou religioso).
– É importante destacar que, em algumas regiões, especialmente nas áreas rurais, ainda se observa a prática de cumprimentar os mais velhos, independentemente do cargo ou status.
– Quando uma pessoa com um status inferior cumprimenta alguém com um status superior, a pessoa com um status inferior não deve iniciar o gesto de estender a mão. A pessoa do status superior decide isso. Se isso acontecer e uma pessoa de status inferior estender sua mão primeiro, por engano, a pessoa de status superior não tem o direito de recusar essa mão estendida. Esse comportamento, de forma alguma, corresponde às normas de etiqueta.
– A pessoa que chega a um local com várias pessoas cumprimenta e avança para cumprimentá-las com um aperto de mão (exceto se a pessoa tiver um status muito alto).
– Se alguém aperta a mão de um ou mais, ele deve continuar apertando a mão de todas as pessoas presentes, independentemente de conhecê-las ou não.
– Ao contrário das mulheres, o homem não pode fazer aperto de mãos enquanto está de luvas, mesmo que esteja ao ar livre e a temperatura seja muito baixa.
– Homens apertam as mãos de homens, mulheres, jovens e velhos, sempre em pé.
– Os homens devem se aproximar das mulheres para apertar as mãos, e não o contrário.
– Uma mulher pode apertar a mão de um homem enquanto está sentada, a menos que ele seja de alto status; neste caso, ela tem que apertar as mãos de pé.

---

8 Introdução à História das Civilizações Antigas, de Taha Baqer.

9 Em épocas de algumas pandemias como a Covid 19, é importante e obrigatório evitar o aperto de mãos, bem como abraços e beijos, além de manter distância dos outros e usar máscaras.

- **Aperto de mão correto:**

<u>Ao cumprimentar apertando as mãos, as duas pessoas devem ter contato visual direto. A comunicação com os olhos é muito importante neste caso.</u>

– Os óculos de sol devem ser retirados durante um aperto de mão para poder estabelecer contato visual, o que é muito importante na comunicação.

– Não se pode dar um aperto de mão em alguém enquanto olha e fala com outra pessoa. Esse comportamento será interpretado de forma negativa.

– Não há violação de regras quando uma mulher se levanta para apertar a mão de um homem, na verdade, isso é uma espécie de respeito adicional.

– Ao cumprimentar os membros do clero, as mulheres sempre devem se levantar.

– Uma mulher se coloca de pé enquanto aperta a mão de outra mulher.

– Não é necessário que uma mulher mais velha se levante para apertar a mão de uma jovem.

– É muito educado que mulheres jovens se levantem para cumprimentar outras pessoas (homens e mulheres).

– Uma anfitriã deve se levantar para cumprimentar seus convidados, mulheres e homens (seja o evento interno ou externo).

– Durante as festas, uma mulher geralmente não cumprimenta outras pessoas, exceto aquelas que são apresentadas a ela, e o faz com um leve aceno de cabeça.

– Se um homem encontra na rua uma mulher que ele conhece, ele não a cumprimenta, a menos que se encontrem cara a cara.

– Ao testemunhar na rua uma mulher que ele conhece, o homem não deve tentar chamar a atenção dela por nenhum sinal ou voz. Caso contrário, ele pode envergonhá-la.

– Quando for cumprimentar, a mão direita deve estar livre de qualquer coisa.

– Não são recomendados anéis grandes ou muitos anéis na mão direita.

– O aperto de mão deve ser feito naturalmente, estendendo a mão com a palma e os dedos abertos e o polegar para cima.

– O aperto de mão deve ser evitado se a mão estiver molhada ou suada.

– Durante o aperto de mão, uma distância de aproximadamente 50 a 60 centímetros deve ser mantida entre uma pessoa e outra. Essa distância ou espaço pessoal varia de acordo com as diferentes culturas.

– Não se deve estender a mão enquanto duas pessoas já estão realizando um aperto de mão.

– Se alguém está prestes a passar entre duas pessoas, eles devem esperar um momento antes de apertar as mãos. Caso contrário, esta pessoa será impedida de passar.

– Sinais com os dedos ou movimentos incomuns de qualquer dedo durante um aperto de mão (especialmente com o sexo oposto) devem ser evitados.

- **Tipos de apertos de mãos:**

  ▼ Aperto de mão normal / igual.

  ▼ Aperto de mão dominante e submisso.

  ▼ Aperto de mão esmagador.

  ▼ Aperto de mão flácido (o peixe morto).

  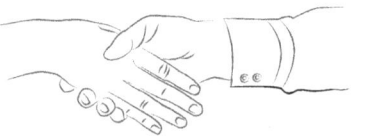

  ▼ Aperto de mão na ponta dos dedos.

  ▼ Aperto de mão em forma de luvas / tipo "sanduíche".

  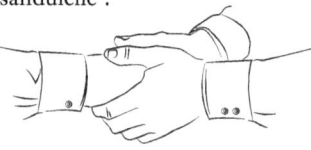

  ▼ Aperto de mão com toque adicional de braço ou ombro.[10]

- **Saudação beijando a mão:**

  É comum em muitas partes do mundo, especialmente em alguns países árabes e islâmicos, ver uma pessoa beijando a mão do pai ou da mãe. Isso demonstra respeito e gratidão.

  Em algumas sociedades ocidentais, as mãos de mulheres casadas, às vezes, são beijadas em vez de apertadas, como um gesto simbólico de maior respeito.
  É inadmissível beijar a mão de uma mulher calçando luvas. As mãos de uma menina ou de mulheres solteiras não devem ser beijadas como cumprimento.

- **Saudação Namastê:**

  Embora o aperto de mão seja comum na maioria dos países, ainda há outras formas de saudação. Na Índia, no Sri Lanka, no Nepal e, por vezes, no Bangladesh, por exemplo, "Namastê" é o estilo de saudação comum. Cada indivíduo junta as mãos e se curva de forma simples, sem qualquer contato de mãos entre as pessoas, e diz "Namastê".

- **Tirar o chapéu para saudação:**

  A prática de tirar o chapéu remonta a uma tradição antiga, quando cavalheiros em duelo costumavam levantar seus capacetes por um tempo antes da luta. Era uma forma de saudação, mas, além disso, um gesto para despertar o horror e o medo do oponente.

---

10 Apertar a mão com tapinhas adicionais no ombro da outra pessoa é impróprio, a menos que a relação seja tão amigável e permita tal comportamento.

- Um homem pode cumprimentar apenas levantando o chapéu.
- Em cumprimento à etiqueta, tirar o chapéu, em situações específicas, não é apenas uma forma de saudação, mas também uma forma de mostrar mais respeito pelas outras pessoas.
- Quando um homem encontra uma mulher que conhece ao ar livre, ele tira o chapéu e o mantém na mão esquerda para cumprimentá-la. Ele não o coloca de novo enquanto estiver falando com ela.
- Quando um homem entra em locais fechados como quartos, escritórios, casas, etc., ele tira o chapéu.
- Quando uma mulher entra no elevador, o homem tira o chapéu e o mantém na mão até sair do elevador.
- Nos elevadores de locais públicos e centros comerciais, os homens não podem tirar o chapéu. Os homens podem mostrar respeito pelas mulheres apenas dando-lhes espaço confortável, nada mais.
- Ao ar livre, uma mulher pode parar um homem de chapéu para lhe perguntar sobre um determinado local ou outra informação. Ele tira o chapéu, ou levanta-o pela cabeça, por um breve momento, ou pelo menos o toca com a mão, como se pretendesse removê-lo.
- Um homem tira o chapéu quando é apresentado a outra pessoa.
- Um homem tira o chapéu quando fala com um homem idoso.
- Um homem tira o chapéu quando agradece ou pede desculpas a alguém.
- Um homem tira o chapéu quando um hino nacional é tocado.
- Um homem tira o chapéu quando passa um funeral.

- **Fazendo uma reverência:**

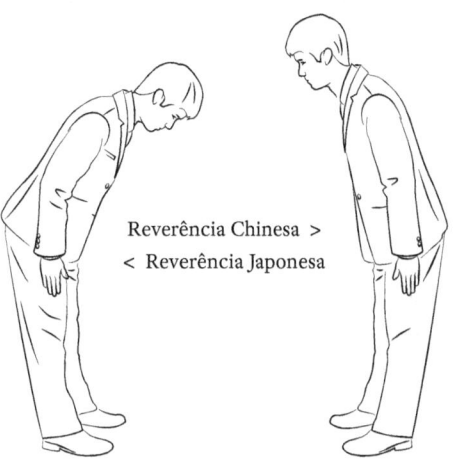

Reverência Chinesa >
< Reverência Japonesa

Fazer uma reverência é uma forma elegante de cumprimentar e também de mostrar respeito. Fazer uma reverência é um movimento realizado pelas pessoas umas em direção às outras, muitas vezes acompanhado por uma pequena flexão dos joelhos, ou tronco, ou ombros ou pescoço. Fazer uma reverência é o único tipo de saudação na China, Japão e alguns outros países vizinhos.

Os chineses fazem uma reverência inclinando os ombros e o pescoço, de forma que a inclinação tenha uma aparência simples.

Os japoneses fazem a reverência na altura da cintura, o que a torna mais evidente.

- **Casos de saudação com reverência:**

Durante as aulas de dança, os alunos são ensinados a se curvarem, tanto no início quanto no final de uma dança.

A reverência é realizada como uma forma de saudação, por um lado, e para mostrar prazer e satisfação com a atuação do parceiro de dança, por outro.

- Ao entrar numa sala ou hall, onde haja uma ou mais mulheres, é preferível fazer uma ligeira reverência como forma de pedido de desculpas, bem como de saudação.
- Ao saudar outras pessoas, é elegante que as jovens saúdem com uma leve reverência, muitas vezes acompanhada por uma leve flexão de joelhos e tocando a borda do vestido ou da saia.
- Ao almoçar ou jantar em um restaurante, um homem deve se levantar e fazer uma leve reverência a uma mulher conhecida que passe por ele.
- O homem deve fazer uma leve reverência, na rua, para cumprimentar uma mulher conhecida que passa por ele, antes de continuar seu caminho.
- Formalmente, uma mulher deve cumprimentar um homem fazendo uma reverência primeiro, antes que ele o faça.
- É apropriado que uma mulher e um homem se curvem reciprocamente, ao mesmo tempo.
- Sorrir apenas para uma pessoa que faz uma reverência é incompatível com a etiqueta. A resposta certa deve ser uma reverência.

- **Saudação esfregando os narizes:**

Os esquimós, assim como os Maoris (povos indígenas da Nova Zelândia), se cumprimentam esfregando os narizes.

Nos estados do Golfo Árabe, além de apertar as mãos, as pessoas também podem esfregar os narizes.

- **Saudação beijando os ombros:**

Em algumas regiões árabes, ao apertar as mãos, as pessoas também podem beijar os ombros.

- **Saudação dando tapinhas nos ombros:**

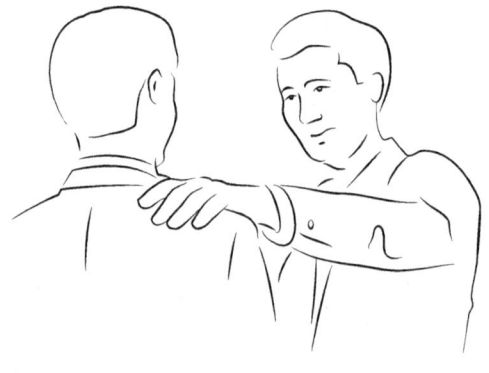

Em alguns países, como o Sudão, por exemplo, as saudações entre duas pessoas podem ser realizadas apenas com uma tapinha no ombro direito.

- **Saudação com beijo na cabeça:**

Em alguns países árabes e islâmicos, como demonstração de respeito, uma pessoa pode beijar a cabeça de um de seus pais. Isso também pode ser feito para parentes mais velhos.

- **Saudação à mão no peito:**

Nos países árabes e islâmicos, uma pessoa pode cumprimentar outra pessoa ou grupo de pessoas colocando a mão direita no lado esquerdo do peito.

- **Mostrar a língua:**

No Tibete, é diplomático que um anfitrião mostre a língua ao se despedir de seus convidados, caso esteja feliz com a visita.

- **Saudações por abraços e beijos:**

Devido aos diversos detalhes envolvidos, o próximo capítulo é dedicado a este tema.

Abraços e beijos

*"Um abraço é um grande presente;
tamanho único e fácil de trocar."*[11]

É importante saber que abraçar e beijar, como comportamento social, está sujeito a aspectos culturais, bem como a costumes e tradições. Esse comportamento varia de uma região para outra.

De acordo com algumas fontes, a origem da tradição do beijo na bochecha pode ser rastreada na Epístola de São Paulo aos Romanos, onde ele instruiu os seguidores a "saudarem uns aos outros com um beijo santo". Este "beijo santo" se desenvolveu em um beijo social e uma saudação comum entre os primeiros cristãos, tornando-se uma parte central dos rituais católicos.

> **Dicas de etiqueta:**

· Nos países da América do Sul e do Norte, bem como na Europa, as pessoas do mesmo sexo podem se cumprimentar com um aperto de mãos ou um abraço, mas geralmente não trocam beijos. O mais provável é que a troca de beijos ocorra quando as pessoas são sexos diferentes.

· Vale ressaltar que os latino-americanos são os que mais abraçam e beijam socialmente.

· Na maioria dos países latino-americanos, é natural que os homens cumprimentem as meninas ou mulheres que encontram, mesmo que pela primeira vez, com beijos e não apenas com um aperto de mão.

- Nos países árabes, é comum abraços e beijos frequentes entre pessoas do mesmo sexo, mesmo que tenham se encontrado apenas um ou dois dias antes.
- Nas sociedades islâmicas e asiáticas, não é comum que os homens beijem ou abracem mulheres ou meninas, a menos que sejam parentes muito próximos ou membros da mesma família.
- O número de beijos de saudação varia de um lugar para o outro.
- É importante saber onde é apropriado virar a face e quantos beijos esperar. Na França, por exemplo, a quantidade de beijos varia dramaticamente de acordo com a região: os parisienses consideram dois beijos a norma, enquanto três são o padrão na Provença e quatro em todo o Vale do Loire.

- **Aqui está a quantidade comum de beijos de saudação em alguns países:**

– **Um beijo:** Colômbia, Argentina, Chile, Peru, Filipinas e outros.

– **Dois beijos:** Espanha, Itália, Grécia, Alemanha, Hungria, Romênia, Croácia, Bósnia, Brasil (embora, como na França, o número possa variar por região) e alguns países do Oriente Médio (embora não entre sexos opostos, como mencionado antes) e outros.

– **Três beijos:** Bélgica, Eslovênia, Macedônia, Montenegro, Sérvia, Holanda, Suíça, Egito, Líbano e Rússia (onde é acompanhado por um abraço, chamado localmente de "abraço de urso")[12] e outros.

Embora seja comum beijar bebês e crianças em muitas sociedades, incluindo as árabes e islâmicas, essa prática é inadequada nas sociedades ocidentais e nos países latino-americanos, quando as pessoas não são amigas ou familiares, especialmente em áreas rurais.

Além disso, e por motivos de saúde, em alguns países, como os Estados Unidos da América, não é apropriado nem mesmo tocar em crianças que não sejam próximas.

---

[12] Abraço de Urso: Um abraço apertado, com os abraçadores balançando para a esquerda e para a direita, parecendo uma briga com um urso.

Seção Três

Etiqueta de roupas

"As aparências enganam."[1]

As roupas são elementos importantes da cultura de uma nação. Elas são componentes essenciais das tradições e costumes e desempenham um papel influente na formação de concepções sobre qualquer grupo de pessoas.

Embora algumas pessoas possam considerar as roupas como secundárias, elas são consideravelmente importantes na aparência de qualquer indivíduo e, em certa medida, desempenham um papel substancial como apresentação preliminar de sua personalidade.

Independentemente da sua realidade, uma pessoa bem vestida chama atenção de forma inconsciente; William Shakespeare[2], em sua peça O Mercador de Veneza diz: "O mundo ainda é enganado pelo ornamento".

> **De qualquer forma, a elegância de uma pessoa deve ser o mais natural possível, sem ser excessivamente chamativa.**

O estilo de uma pessoa deve refletir uma impressão positiva e boa, embora não deva ser o único ponto focal.

Felizmente, a elegância não é tão cara quantos alguns pensam, e as roupas mais caras não são necessariamente as mais elegantes. Uma mulher usando o melhor da seda chinesa e adornada com joias como

---

1 Provérbio Português.

2 William Shakespeare (1564 - 1616), poeta, dramaturgo e ator inglês, amplamente considerado como o maior escritor da língua inglesa e o mais proeminente dramaturgo do mundo

uma princesa do Leste, pode parecer muito vaidosa e absurda. Independentemente do que uma mulher use, deve ser simples, harmonioso em cores e em tamanhos e compatível com a ocasião e a localização. Confúcio disse "A vida é muito simples, mas insistimos em complicá-la."[3]

Os britânicos dizem que o homem pode ser elegante tendo apenas um terno e uma dúzia de gravatas. Isso indica que o homem não precisa diversificar tanto suas roupas. Basta usar o mesmo terno por alguns dias e mudar a gravata todos os dias para dar a impressão de que está diferente.

Se apenas uma peça da roupa ou das joias usadas for excessivamente chamativa em relação aos outros componentes do traje ou ornamentos, um grande defeito ocorrerá e a elegância falhará.

As mulheres devem saber que os homens notam mais seus defeitos do que suas roupas em geral. É preciso ter em mente que a escolha de roupas apropriadas também é relacionada à idade, de modo que o que os jovens usam pode ser incomum em uma idade avançada. Um homem de 70 anos vestindo roupas de um jovem inevitavelmente parecerá um galanteador. A situação é mais constrangedora se, por exemplo, uma mulher idosa tentar vestir o mesmo que a filha. Ela parecerá infantil, como se estivesse tentando voltar no tempo.

Para homens e mulheres parecerem elegantes, é importante lembrar que o formato do corpo é importante na escolha da roupa apropriada.

Se um homem alto e magro usa um terno apertado com linhas longitudinais claras, ele parecerá mais alto e mais magro. Se uma mulher baixa e magra usar um vestido com listras horizontais, parecerá esférica.

Na verdade, a relação entre elegância e moda é muito frágil e, muitas vezes, as inovações da moda mais recentes estão longe de ser elegantes.

Hoje em dia, a moda é uma tendência avassaladora em todos os lugares. É uma indústria que influencia os gostos das pessoas e sua opinião sobre a beleza, e as faz se mover e escolher de acordo com o instinto de rebanho.

Sob a influência dos anúncios, promoções e novas estações de moda, a maioria das pessoas escolhe os mesmos estilos e designs que as casas de moda impõem, em vez de optar por aquilo que se adapta aos seus corpos ou combina com suas personalidades.

A maioria das pessoas veste as roupas da moda, parecendo iguais, não sendo mais do que um rebanho de ovelhas. Emily Post disse: "Uma mulher que acompanha os últimos designs de casas de moda é, pelos padrões de elegância, nada mais do que uma ovelha que anda sem perceber a direção ou a distância que percorre".

A cada estação de moda, quase todos os homens e mulheres se tornam cópias duplicadas, ao invés de usarem o que realmente gostam. De qualquer forma, frequentemente, muitos de nós já tivemos ótimas primeiras impressões e admiramos a elegância de pessoas, mas, assim que começaram a falar, mudamos de ideia ao perceber a clara contradição entre a elegância externa e o potencial interno deficiente.

Uma pessoa elegante não continua sendo assim sem outras características pessoais, tais como ser um bom orador, ter tato e ser refinado com um vasto conhecimento.

---

[3] Confúcio (551 - 479 a.C.), professor e filósofo social chinês, cujos ensinamentos influenciaram profundamente a vida do leste asiático.

Tipos de roupas

Na maioria das regiões do mundo, as roupas são classificadas em formal, informal e casual. (No caso das roupas casuais, aplica-se menos regras, por isso, elas não farão parte da nossa discussão).

- **Traje formal para homens:**

Durante décadas, a roupa formal mais comum foi o terno. Geralmente, é um conjunto de peças de vestuário constituído por calças, um paletó (da mesma cor e tecido) e, às vezes, um colete, além de uma camisa e uma gravata.

Devido aos seus vários designs e cores, bem como aos seus elementos elegantes e práticos, o terno tornou-se muito popular e amplamente difundido internacionalmente.

Vale ressaltar que alguns países, em determinadas ocasiões, exigem que o terno tenha um desenho e uma cor específicos, e que alguns acessórios de vestuário sejam obrigatórios. Anteriormente, as primeiras fotos comemorativas dos governos libaneses, por exemplo, mostram o Presidente da República, o Primeiro-Ministro e todos os ministros vestindo ternos brancos.

Um terno branco também é exigido quando um novo embaixador apresenta suas credenciais ao Presidente da República (a menos que esteja vestido com o traje nacional de seu país).

Da mesma forma, os embaixadores que apresentam suas credenciais a reis e chefes de Estado europeus são obrigados a usar Fraque e Sobrecasaca (a menos que estejam usando os trajes nacionais de seus países).

Em Omã, embora seja possível não colocar a Janbiya (punhal de omanese e iemenita) no cinto ao usar o traje nacional, é obrigatório usá-la quando o evento for formal.

— Coisas a considerar:

" *Trajes nacionais podem ser consideradas formais em qualquer ocasião, em qualquer lugar e em todos os eventos. Isso é uma norma internacional em todos os países.* "

- Espera-se que os homens retirem seus casacos ao entrarem em ambientes internos (em locais fechados).
- Sob o paletó, não é aconselhável usar camisa de mangas curtas; deve-se deixar dois centímetros da ponta da manga da camisa à vista sob as mangas do paletó.
- As abas dos dois bolsos do paletó devem sempre cobrir os bolsos, em vez de serem empurradas para dentro deles.

— **Itens suplementares e acessórios:**
Além da aliança de casamento (se for casado), um homem só pode usar mais um anel.

O lenço do terno, cuja cor tradicionalmente combina com a cor da gravata, já não é necessário, embora alguns ainda o usam para dar uma impressão de elegância.

Não é mais aconselhável usar o alfinete dourado ou prateado para segurar a gravata e prendê-la no meio da camisa.

Abotoaduras, de várias cores, continuam a ser usadas com camisas com punhos duplos, mas a utilização dos botões presos é mais comum e não contraria os requisitos de elegância.

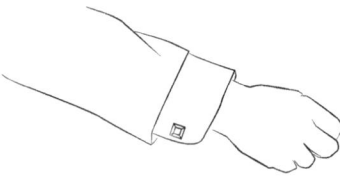

Anteriormente, relógios de ouro eram usados em atividades e eventos noturnos, enquanto prateados eram reservados para o dia. Agora, o pré-requisito da cor não é mais obrigatório.

Embora as pulseiras de relógio antes fossem feitas apenas de couro, hoje, elas podem ser feitas de couro, metal e outros materiais em várias cores. No entanto, os relógios e pulseiras multicoloridos, usados principalmente pelos jovens, ainda são inadequados para os homens.

Não existe uma regra que especifique o número de botões[4] decorativos nos punhos de um paletó. O mais comum é que haja três ou quatro e, ocasionalmente, cinco.

O número de botões do terno geralmente está sujeito às tendências de moda; podem ser um, dois, três ou quatro.

Os homens usam luvas para se proteger do frio, mas não devem apertar a mão de ninguém enquanto estiverem usando as luvas.

- **Tipos e elementos da roupa formal masculina:**

O vestuário formal masculino é geralmente classificado da seguinte forma:
1. Terno.
2. Bonjour / Terno de manhã (Bonjour em francês/Morning Coat em inglês).
3. Fraque / Terno de noite (Frac em francês/Frock Coat em inglês).
4. Gravata Preta (Black Tie em inglês), incluindo:
    · Terno de jantar (Dinner Suit em inglês).
    · Tuxedo/Smoking.
    · Terno branco de jantar (White Dinner Jacket em inglês).

---

4 Historicamente falando, os botões decorativos foram usados pela primeira vez em trajes militares e foram fixados na parte superior do manguito. Alguns dizem que, como Napoleão Bonaparte (outros dizem que o russo César Pedro, o Grande) tinha notado a sujeira dos punhos de manga dos ternos dos soldados devido à limpeza dos narizes. Assim, ordenou que colocasse grandes botões de cobre nos punhos para impedir esse mau comportamento. Com o passar do tempo, esses botões tornaram-se menores, fixados no lado inferior da braçadeira e usados apenas para fins decorativos.

1. Terno:

O terno é o traje mais comum na maioria dos países do mundo e possui vários estilos e cores. Sua elegância reside no cuidado com detalhes que refletem as impressões sobre a aparência do usuário, fazendo-o parecer bem.

▷ **Estilos do terno:**

▶ Terno de um botão:

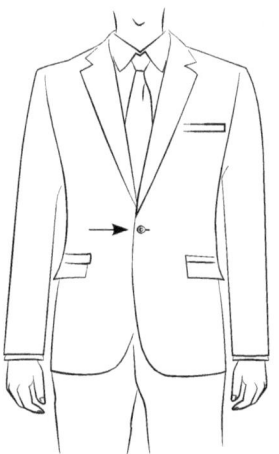

- É um terno de abotoamento único/trespassado.
- Um tipo tradicional que também pode ser considerado moderno.
- Embora não seja tão comum, ele pode ser usado em ocasiões diárias, bem como em eventos e reuniões formais.

▶ Terno de dois botões:

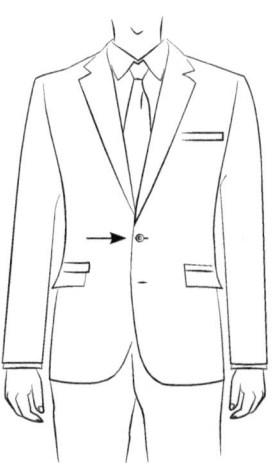

- Uma opção moderna que é adequada para uso diário.
- É uma escolha prática.
- Comparado com o terno de botão único, é mais adequado para pessoas altas.

- Terno de Três Botões:

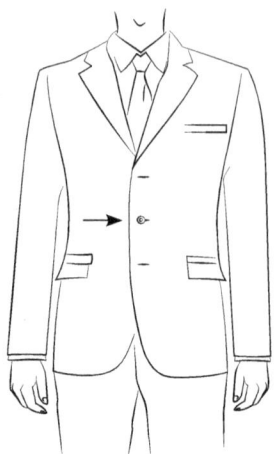

- É um dos trajes clássicos atemporais.
- É apropriado para funcionários, executivos e empresários.
- É prático, adequado para novas entrevistas de emprego.
- É adequado para eventos especiais, bem como para noites formais.
- Pode ser usado sempre que o Smoking/Tuxedo ou o Fraque não são obrigatórios.

- Terno de quatro botões:

- Considerado antiquado e não mais utilizado. Portanto, não é recomendado.

- Terno de abotoamento duplo/ trespassado:

- O paletó deste tipo de terno tem duas abas frontais sobrepostas.
- Em suas abas frontais, possui duas colunas simétricas de botões.
- Foi popular e usado nas ocasiões mais formais de 1950 a 1965 e novamente de 1980 a 2000.

- **Abotoar / desabotoar o terno:**

Ao ficar em pé, o paletó deve permanecer fechado, para permitir que o traje tenha uma aparência melhor e com uma silhueta mais nítida;

Ao sentar-se, deve ser desabotoado para que o usuário se sente com mais conforto e para evitar rugas.

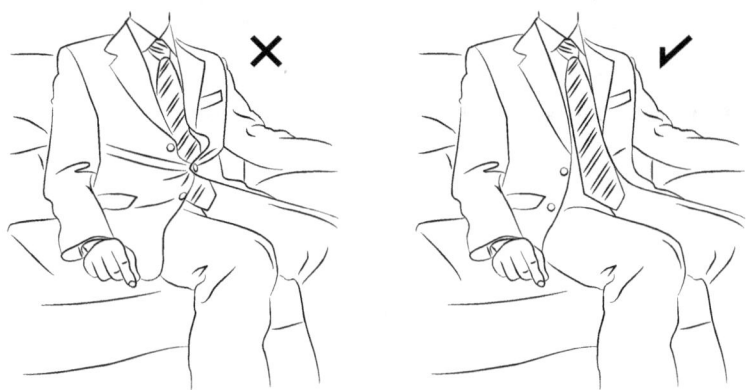

Nesse contexto, existe uma regra "Às vezes, Sempre, Nunca"[5], estipula que:
- O botão superior às vezes é fechado;
- O segundo botão está sempre fechado;
- O botão inferior nunca é fechado.
- Se o terno for de dois botões, apenas o botão de superior deve ser fechado.

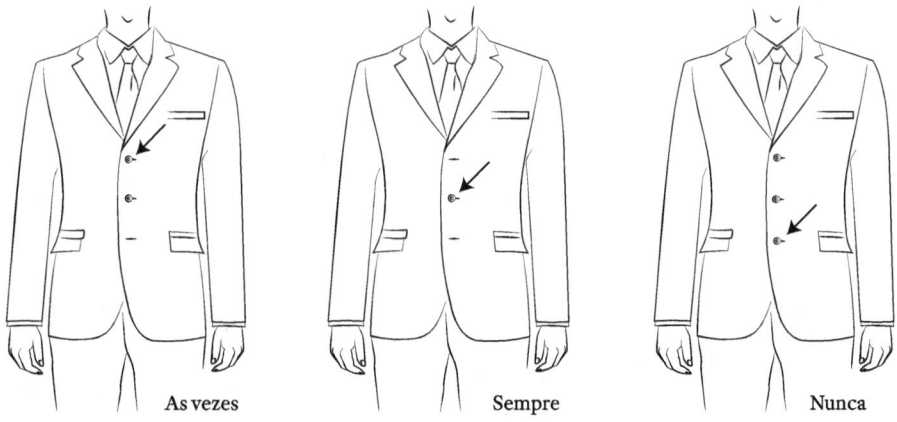

---

5 A regra "Às vezes, sempre, nunca" remonta a cerca de 1900. O rei britânico Eduardo VII (1841-1910), que não conseguia fechar o botão inferior do terno ou colete devido à obesidade. A comitiva seguiu seu rei ao deixar o botão inferior desfeito, e esse comportamento continuou e se tornou uma tradição adotada internacionalmente

- **Cores de terno formal:**

    Tradicionalmente, o preto era a única cor para um terno formal.
    Com o tempo, o azul escuro se tornou comum para terno formal em todos os eventos noturnos e diurnos.
    Desde então, também é possível usar um paletó formal cinza escuro, mas apenas durante o dia.
    Outras cores não são adequadas para uso formal, mesmo que sejam escuras.

- **Forma de ajuste do terno:**

    Se um terno não se ajustar bem ao corpo de quem o veste, ele se tornará inadequado e transmitirá uma impressão negativa.
    Ao escolher um terno, é importante levar em consideração os padrões de medição.
    Esses padrões levam em consideração a altura, o comprimento do braço e a largura dos ombros, cintura e tórax etc.

- **Comprimento do paletó:**

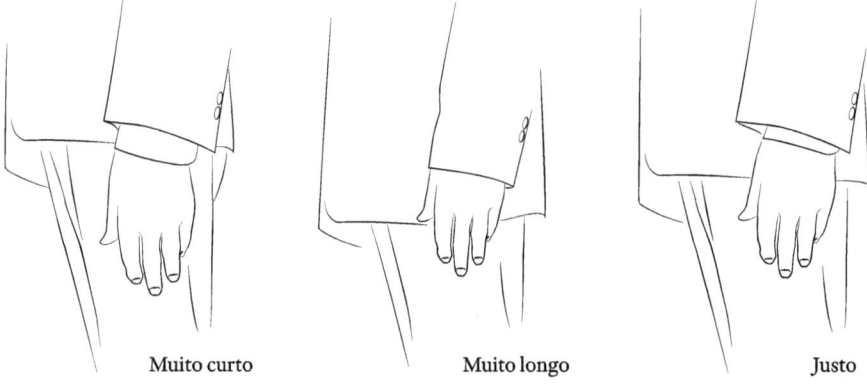

Muito curto   Muito longo   Justo

    O comprimento adequado do paletó depende da altura da pessoa.
    Ao ficar em pé, a extremidade inferior do paletó deve alcançar a metade do polegar.
    Mais curto do que isso, o paletó parecerá curto.
    Se for mais longo do que isso, parecerá um sobretudo.

- **Comprimento do paletó:**

    Para saber o comprimento adequado das mangas, o usuário deve dobrar o braço em direção ao peito. Então, cerca de um ou dois centímetros do punho da camisa devem aparecer fora da manga do paletó.
     A manga não deve ser justa demais, caso contrário, formará rugas e dará a impressão de que a mão está presa dentro do tecido.
    A manga também não deve ser larga, caso contrário a mão aparecerá como se estivesse pendurada.

- **Ombros do paletó:**

  Se a medida do ombro for muito larga, rugas aparecerão na área do tórax.
  Se for muito estreita, a pessoa parecerá apertada dentro de seu terno.

- **Cintura e peito do paletó:**

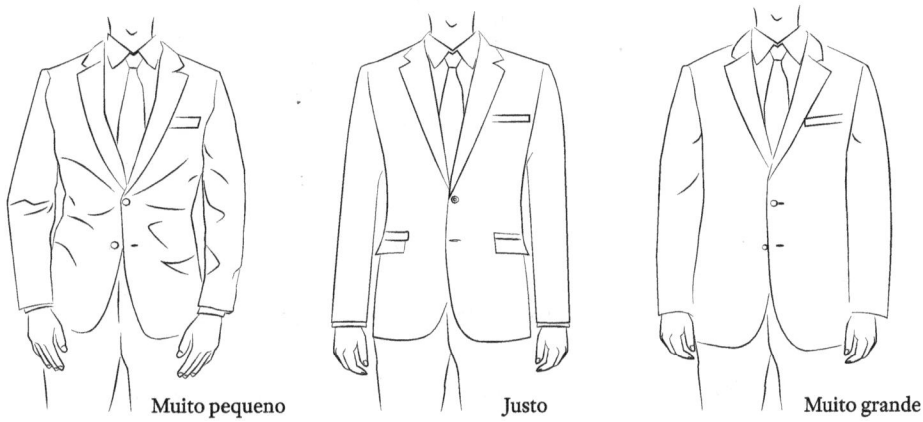

Muito pequeno | Justo | Muito grande

Se a cintura for estreita, os botões não fecharão corretamente e formarão rugas.
Se for larga, o usuário parecerá estar vestindo um sobretudo.

- **Formato em "V" de lapelas do paletó:**

"V" baixo | "V" alto

Um importante fator de design que afeta a elegância de quem veste um paletó é o formato em "V".
 O formato em "V" refere-se ao espaço entre as lapelas frontais do paletó.
O "V" baixo favorece homens altos, pois amplia a região do tórax.
O "V" alto favorece homens baixos, pois faz com que o seu tronco pareça mais alongado.

- **Formatos de lapela do paletó:**

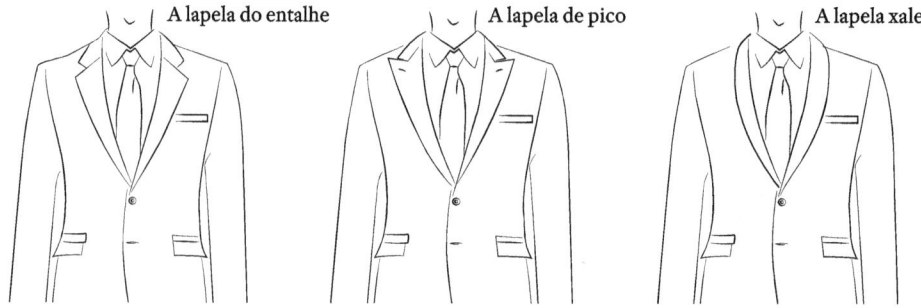

De modo geral, existem três tipos comuns de lapela:
- A lapela de pico: Uma lapela formal que é posicionada perto da gola e forma um pico que aponta para cima.
- A lapela do entalhe: Neste formato, a gola e a lapela se encontram, formando um ângulo oblíquo em "V".
- A lapela xale: Uma lapela que é continuamente curvada, muitas vezes feita de cetim ou seda. Mais frequentemente usada em smoking / Tuxedo e trajes de gala.

- **Aberturas do terno:**

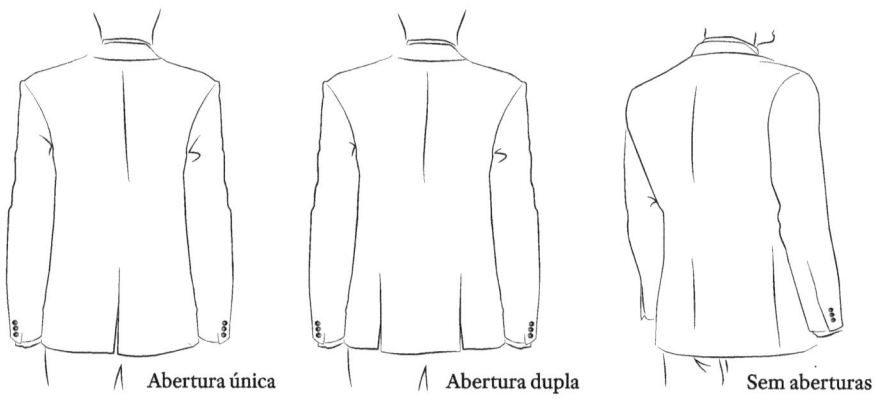

O paletó pode ou não ter uma abertura (ou fenda) na parte inferior das costas.
As três opções de aberturas são:
- Sem aberturas:
  Quando alguém coloca as mãos nos bolsos ou se senta, o paletó vinca nas costas. Estilo mais comum em ternos italianos.
- Abertura única:

Quando alguém coloca as mãos nos bolsos da calça, expõe a parte de trás. Estilo tipico dos ternos americanos.
- Duas aberturas laterais: Quando o usuário do terno se senta ou coloca as mãos nos bolsos, a aba sobe, impedindo que o paletó se vinque e mantendo a parte de trás coberta. Estilo tradicional dos ternos ingleses.

- **Comprimento das calças:**

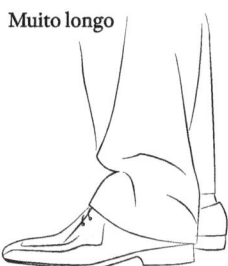
Muito longo

Muito curto

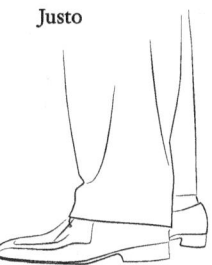
Justo

O comprimento ideal das calças é cerca de três a quatro centímetros acima do solo.
A barra deve tocar a borda superior do salto do sapato e formar uma leve dobra sobre o topo do sapato.

- **Cintura da calça:**

Deve-se atentar para o fato de que o tecido da calça formal não estica, diferentemente de alguns tipos de jeans, por exemplo.
Se a cintura da calça for muito larga, a parte de trás do tecido ficará dobrada e pendurada como cortinas.
Se a cintura da calça for muito estreita, pequenas dobras aparecerão, especialmente nas costuras.

- **Camisa do terno formal:**

" *Tradicionalmente, a cor da camisa do terno é branca.* "

Com o passar do tempo, tornou-se aceitável o uso de camisas cinza-claro com um terno preto ou cinza escuro. Também passou a ser permitido o uso de camisas azul-claro com um terno azul-marinho.
Embora outras cores claras sejam mais vivas, elas não são formais.
A gola da camisa deve ficar cerca de 1,5 cm acima da gola do paletó.

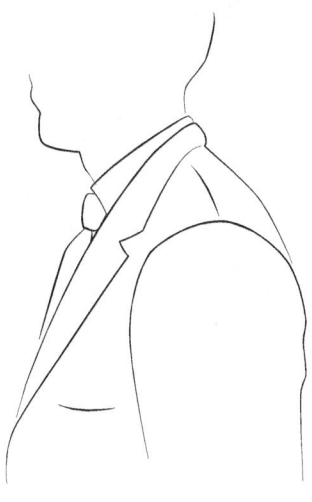

2. Bonjour / Terno de manhã:

O Bonjour é um dos trajes diurnos formais da moda masculina europeia, usado apenas em eventos formais.

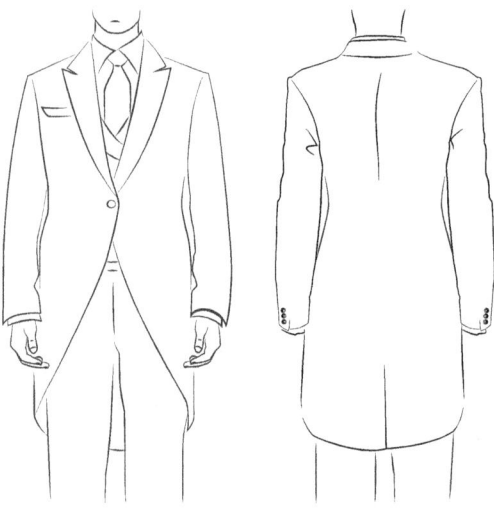

- É cortado na frente para formar abas na altura do joelho na parte de trás.
- É preto ou cinza.
- Seu traje completo consiste principalmente em paletó, colete e calças listradas.
- A opção mais formal é um paletó preto com colete preto combinando.
- Tradicionalmente, o colete pode ser preto ou cinza. Atualmente, houve uma mudança e existem outras opções.
- O colete combina com o tecido do paletó.
- O colete pode ser simples ou trespassado, com ou sem lapela.
- A camisa mais formal pode ter gola dobrável.
- A camisa pode ser de punho simples ou punho duplo.
- As calças são geralmente cinza ou cinza listrada verticalmente em linhas pretas.
- A calça pode ser preta, mas sua cor deve ser mais clara que a do paletó.
- A gravata é obrigatória, que era tradicionalmente cinza ou preta. Agora, todas as cores são possíveis.
- É utilizado um lenço de bolso liso ou estampado, feito de linho, algodão ou seda.
- O lenço de bolso deve combinar com a cor da gravata.
- O lenço pode ser inserido ou dobrado no bolso frontal do paletó.
- Os sapatos devem ser do tipo Oxford preto tradicional e bem polidos.
- As meias devem ser pretas.

> **Acessórios opcionais:**

- Um relógio de bolso com uma corrente.
- Boutonniere, conhecida como "flor de lapela", é uma flor única como rosa ou cravo, na lapela.
- Uma bengala branca ou guarda-chuva bem enrolado.
- Luvas cinza, branco ou bege.
- Cartola média cinza ou preta

* Nota:
Clérigos, bem como diplomatas e outros que usam os trajes nacionais de seus países, estão isentos de usar esse modelo.

3. Fraque / terno de noite:

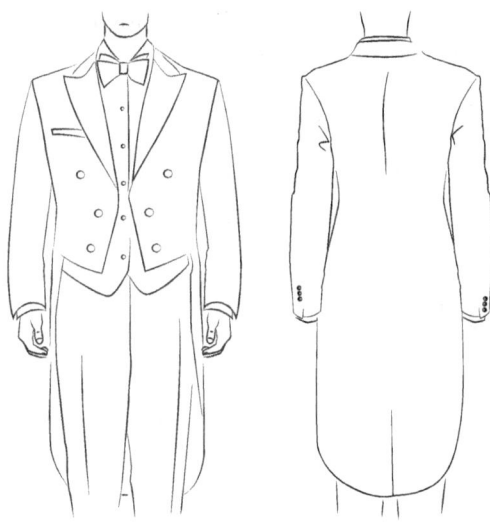

- O fraque surgiu no final do século XVIII na Inglaterra.
- Ocupa a mais alta categoria na classificação dos trajes formais.
- Tradicionalmente, é usado em eventos formais depois das sete da noite.
- Caracteriza-se por seu comprimento na altura do joelho.
- Diferentemente do Bonjour, não possui recorte frontal formando cauda traseira.
- É um casaco justo de mangas compridas com lapelas pontiagudas.
- A cor tradicional de um fraque era preto sólido, mas ultimamente o cinza carvão tornou-se uma alternativa aceitável.

* *Nota:*
Formalmente, fraques usados com colete e calças listradas, ainda são usados como alternativa aos Bonjours, em determinados eventos diurnos, especialmente em casamentos.

— **Outros elementos e acessórios:**
- Camisa branca com gola alada (enrolada ou dobrada), frequentemente com frentes plissadas.

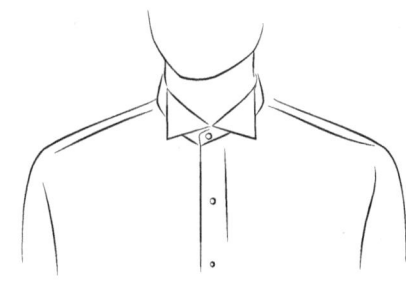

- *Gravata borboleta ou gravata Ascot.*
- *Colete, geralmente trespassado com lapelas pontiagudas.*
- *Calça sem bainha, com tiras de cetim de seda em ambos os lados.*
- *Para evitar que a parte de cima das calças apareça por baixo do colete, usa-se suspensórios.*
- *Meias pretas.*
- *Sapatos pretos brilhantes.*
- *Cartola alta (opcional).*

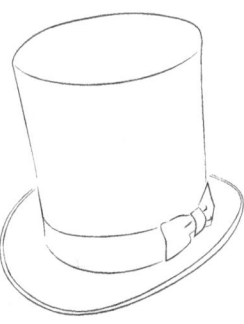

- Luvas brancas ou cinza (opcional).

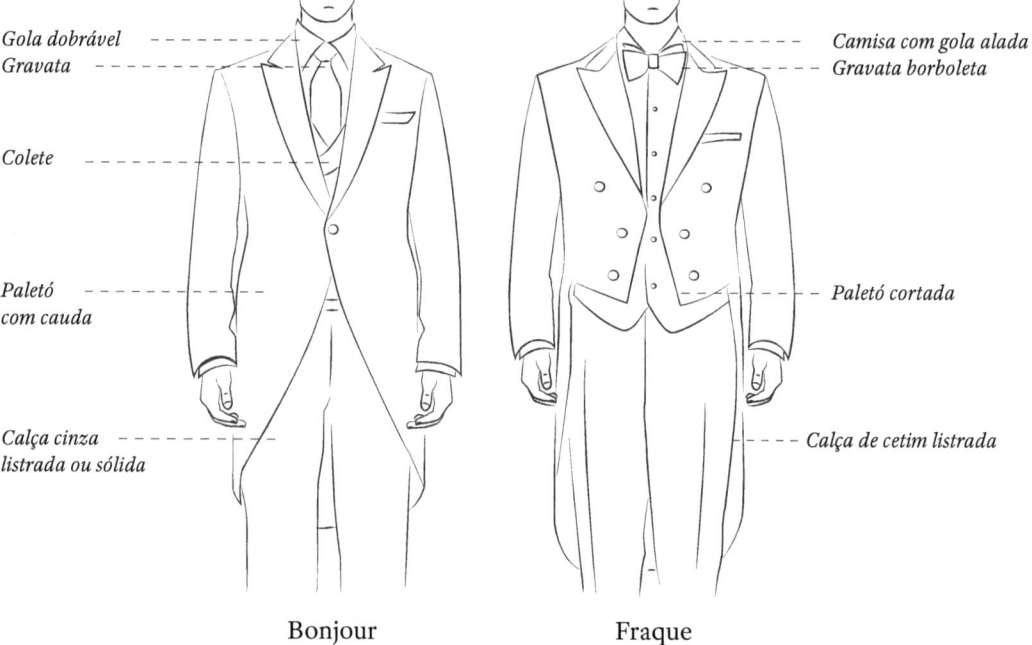

Bonjour   Fraque

* Nota:
1. Os desenhos do fraque testemunharam muitas modificações, especialmente na era vitoriana. Portanto, é difícil discutir todos eles, pois o assunto requer muitas páginas e ilustrações. Desse modo, apenas o design mais importante é abordado.
2. Os meninos não vestem Bonjour e Fraque até terem cerca de dezoito anos.

4. Terno de Gravata Preta (Black tie suit):

Vale ressaltar que a frase "Gravata preta/Black tie" não se refere à cor da gravata, mas sim ao tipo de vestuário formal usado para uma determinada ocasião (na verdade, gravatas coloridas combinando com faixas, Cummerbund,[6] são comuns). Os tipos deste vestuário formal incluem:

- **Terno de jantar.**
- **Smoking/Tuxedo.**
- **Terno de jantar branco.**

Por isso, quando um evento se chama "Black Tie/Gravata preta", é obrigatório usar um dos trajes acima mencionados. No entanto, o terno branco só deve ser utilizado em eventos ao ar livre.

— 4.1. Terno de Jantar:
- Normalmente, um terno de jantar não segue o caminho tradicional do paletó combinando com as calças.
- O paletó é adornado com cetim na lapela.
- A gravata usada é a tradicional (não a gravata borboleta).
- Geralmente, o terno de jantar é usado à noite em eventos formais e sociais.

Entre as melhores opções:
- Paletó preto e calça cinza.
- Paletó cinza e calça preta.
- Paletó bordô escuro e calça preta.

— 4.2. Tuxedo (Smoking):
- Em muitas línguas europeias, bem como em russo, árabe e turco, o termo "Smoking" refere-se ao "Tuxedo".
- Em inglês e em português do Brasil o termo "Tuxedo" é sinônimo de "Smoking".
- O nome "Tuxedo" origina-se do Tuxedo Park, em Nova York, e foi usado pela primeira vez no século XIX (exatamente em 1887).
- Surgiu entre as classes aristocráticas na Grã-Bretanha e nos EUA.
- No início, era usado em sessões de fumar charutos e algumas festas, por isso seu nome estava de fato associado ao tabagismo.
- Tuxedo é um traje formal de gala para a noite.
- É usado para eventos formais e funções sociais.
- Tradicionalmente, é usado depois das 19h.
- É o traje masculino mais famoso da história da elegância formal.

> *" Tuxedo, às vezes, é chamado de traje de pinguim, devido a semelhança com o corpo preto e o peito branco da ave. "*

---

6 Cummerbund: Uma faixa usada na cintura, especialmente como parte das roupas formais de um homem. É usado em vez de um cinto.

- **Componentes de um Tuxedo/Smoking:**

- Um Tuxedo refere-se a todo o conjunto de paletó e calças pretas combinando.
- Normalmente, apresenta acabamento em cetim nas lapelas do paletó, nas abas dos bolsos e nas laterais das calças.
- Algumas opções modernas de smoking minimizaram o uso de cetim para um fino detalhe de cetim nas lapelas, abas dos bolsos e nas laterais das calças.
- O paletó é predominantemente preto e de abotoamento simples.
- O paletó pode ter um ou dois botões revestidos em cetim, conforme a altura do usuário.
- As lapelas podem ter formato xale ou pontiagudo.
- O paletó preto pode ser substituído por um paletó branco se o evento noturno for ao ar livre.
- A camisa branca do smoking tem punhos duplos com gola dobrável, tachas e botões de punho.
- Um smoking pode ter um colete decotado (principalmente da cor do paletó), em forma de "V" ou "U".

- O traje inclui uma gravata borboleta de seda preta, combinando com os revestimentos da lapela.
- O cummerbund (uma faixa usada na cintura) é preta.
- As calças possuem listras laterais e são usadas com suspensórios.
- Meias pretas (seda ou lã fina).
- Sapatos pretos. Tradicionalmente, eram de couro envernizado, mas atualmente podem ser do tipo Oxford polido.

* Nota:

Não são usados chapéus, luvas ou bengala. Geralmente, os meninos não usam Tuxedo antes dos quinze anos.

- **Principais diferenças entre o Tuxedo e o Terno:**

Apesar de algumas exceções, as principais diferenças físicas entre um tuxedo e um terno são:

▷ **Tuxedo**
- Acabamento em cetim nas lapelas
- Abas de bolso de cetim
- Cetim revestindo o(s) botão(ões) do paletó
- Faixa lateral de cetim nas laterais da calça
- Colete (geralmente, a mesma cor do paletó)
- Camisa com punho duplo
- Botões de presilha na camisa
- Gravata borboleta (tradicionalmente preta)
- Cummerbund (faixa abdominal)
- Sapatos pretos de verniz

▷ **Terno**
- Ausência de cetim
- Usualmente, camisa de punho simples
- Usualmente, botões de plástico para a camisa
- Gravata (várias cores)
- Sapatos de couro preto
- Cinto de couro

— 4.3. Terno de Jantar Branco:

- O terno branco para jantar remonta à década de 1930.
- Também é chamado Terno de Jantar Tropical (Tropical Black-Tie).
- Confeccionado em tecidos leves para climas quentes.
- Sua tonalidade é marfim, em vez de branco puro.
- Seus modelos são simples ou trespassados.
- Tem lapelas com acabamento no próprio tecido, e não em cetim.
- A camisa é clássica plissada na frente com gola macia dobrável.
- A gravata borboleta é o acessório tradicional.

* Nota:
Se o evento for durante o dia ou ao ar livre, o paletó do Terno de Jantar Branco pode substituir o paletó preto.

▷ Mais algumas dicas de etiqueta:

▷ **A gravata:** [7]

- A gravata, com seus diversos nós e formas, é um dos mais importantes acessórios da moda masculina.
- Dá um toque estético e elegante à roupa masculina.
- É a primeira coisa que chama a atenção, pois está localizada no meio do traje.
- Recomenda-se escolhê-la com cuidado para que seja compatível com o tipo e a cor do traje.
- No caso do Bonjour, tradicionalmente, utiliza-se gravata preta ou cinza, mas, atualmente, todas as cores são aceitas.
- Com Fraque, utiliza-se uma gravata borboleta ou gravata Ascot.
- Com Tuxedo, é usada gravata borboleta preta.
- Com o Terno de Jantar Branco, usa-se gravata borboleta preta.
- Para outros tipos de trajes, usa-se a gravata comum.
- Atualmente, utilizam-se gravatas de todas as cores. No entanto, as gravatas escuras continuam a ser recomendadas para eventos formais e locais de trabalho.
- Gravatas muito vivas (brilhantes) são mais adequadas para jovens e eventos informais.
- O comprimento da gravata não deve ultrapassar a fivela do cinto em mais de dois centímetros.
- A parte de trás da gravata não deve aparecer.

---

[7] Gravata: A primeira aparição da gravata foi no século XVII, na França, durante o reinado do rei Luís XIII. Ele contratou mercenários da Croácia que usavam tecidos bordados no pescoço como parte de seu traje tradicional. Estas peças impressionaram o rei, que ordenou adicioná-las ao uniforme obrigatório das reuniões reais, em homenagem aos soldados croatas, e deu-lhes o nome de "Cravat", que ainda é usado na França até hoje. Os padrões de gravatas na Europa se desenvolveram e se multiplicaram tanto as formas que conhecemos hoje não apareceram até depois de 1920.

O comprimento da gravata pode ficar abaixo da fivela do cinto em no máximo dois centímetros.

- **Sapatos:**

Com roupas formais, tradicionalmente, são usados sapatos Oxford pretos, com cadarços. Hoje em dia, os cadarços não são mais obrigatórios em sapatos formais, como antigamente. Ao contrário dos sapatos formais, os sapatos casuais podem ter alguns acessórios metálicos, como fivelas douradas, prateadas ou bronze.

- **Meias:**

O comprimento das meias deve ser adequado, para que nenhuma parte da perna apareça.

Em roupas formais e informais, a cor das meias deve ser sempre compatível com a cor das calças (a mesma cor, mas não necessariamente o mesmo tom).

Roupa informal para homem

Em muitas regiões, os códigos de vestimenta para trajes informais masculinos são, de certa forma, menos formais do que o uso de paletó e terno, mas não tão informais quanto o vestuário casual. Portanto, independentemente das inúmeras opções de vestuário casual, o traje informal pode ser composto por:

– Paletó e calça (não necessariamente da mesma cor).
– Camisa, harmonizando o máximo possível com o paletó.
– Com ou sem gravata.
– Sapatos, que podem ser pretos, marrom, marrom-escuro ou cor tijolo refratário, dependendo da cor das calças.

* *Nota:*
· *Não é apropriado usar um paletó listrado e uma camisa listrada ao mesmo tempo.*
· *Em todos os casos, é indelicado usar sapatos sem meias, como fazem alguns adolescentes.*
· *As cores do traje informal masculino não são tão limitadas ou restritas. No entanto, não devem ser excessivamente brilhantes.*

Roupa formal para mulheres

Embora quase todas as pessoas saibam o que constitui o traje formal masculino, muito raramente sabem a resposta certa quando são questionadas sobre o traje formal feminino. Suas respostas geralmente se referem a dezenas de designs, componentes, cores etc.

Embora vários vestidos possam ser considerados, de certa forma, trajes formais femininos, como vestido de baile, vestido de coquetel, vestido de gala e saias longas (para alguns eventos), não há uma roupa formal estritamente específico para mulheres.

A este respeito, a etiqueta estipula que a roupa feminina deve ser decente e adequada. No entanto, as palavras "decente" e "adequado" e os seus significados são controversos e possuem definições prolongadas e abstratas. Os debates sobre esse assunto poderiam começar, mas nunca teriam fim.

Tais conceitos estão sujeitos aos costumes, tradições e patrimônio cultural de cada região e povo. Suas indicações podem até variar dentro de um mesmo país, de um local para o outro. Portanto, o que é decente e adequado em Brasília, por exemplo, pode não ser em Nova Delhi, Paris ou Damasco.

Além disso, o que é adequado às mulheres em ocasiões diurnas pode ser completamente diferente em ocasiões noturnas. Embora uma mulher possa usar um vestido longo para ir à ópera, seria impróprio colocar a mesma roupa para almoçar em um restaurante.

Alguns podem se perguntar por que o traje formal masculino é específico, enquanto não há uma roupa formal específica para mulheres. Por que as mulheres podem escolher o que acharem apropriado nesta ou naquela ocasião? Por que tudo fica ao seu critério e gosto?

A resposta é simples. Vejamos:

Um homem, jovem ou velho, alto ou baixo, gordo ou magro, com quaisquer características, pode usar o mesmo terno formal e estar adequado. Já a mulher deve usar o que se ajusta à sua idade, aparência física, cor e características.

Uma idosa, ao vestir-se como uma jovem, poderia parecer inadequada. Alguns modelos não se ajustam a mulheres altas; outros não se adequam às mulheres baixas. Algumas não podem usar saias; outras não podem usar calça. Portanto, ao contrário dos homens, uma mulher deve escolher o traje levando em conta modelos, tamanhos e cores adequados.

> **Dicas de etiqueta:**

- Vestuários nacionais ou populares podem ser considerados formais para todas as ocasiões.
- Uma mulher deve saber, por experiência própria, o tipo e o design das roupas que lhe fica bem.
- Ela deve selecionar cuidadosamente os estilos que correspondem à sua idade. "As pessoas não têm respeito por uma pessoa idosa que exagera."[8]
- Roupas caras e extravagantes não necessariamente geram elegância. O importante é escolher a roupa certa, inde-

---

8 Provérbio nigeriano.

pendentemente do preço. Uma "mulher exageradamente vestida é como um gato vestido de açafrão."[9]
- A regra de ouro no uso de joias e maquiagem é a simplicidade; caso contrário, o efeito será o oposto.
- Por exemplo, uma mulher que coloca mais de três anéis, várias pulseiras, colares, etc., não dá a impressão de que é elegante, mas sim o oposto.
- Brincos pendentes são adequados para eventos noturnos, enquanto, durante o dia, é mais apropriado usar brincos simples de ouro, prata ou pérola (um em cada orelha é suficiente).
- As joias de diamantes (naturais ou artificiais) são mais atraentes e refletem a luz à noite, enquanto durante o dia perdem suas características estéticas. Portanto, não é aconselhável usá-los durante o dia, especialmente em locais de trabalho.
- Os colares variam muito em seus componentes, cores, tamanhos etc., mas, lembre-se que a elegância exige simplicidade.
- O uso de broches dourados ou prateados na lapela de paletós ou blusas pode dar um toque bonito extra, mas sua ausência não compromete a elegância.
- A elegância exige certa harmonia nas estruturas, componentes, cores e tamanhos dos anéis, pulseiras, colares e brincos usados para determinado evento.
- A cor do calçado deve ser compatível com as cores da bolsa e do cinto.
- A mulher não deve usar suas joias enquanto participa de um evento beneficente, para não prejudicar os sentimentos das outras pessoas necessitadas.
- As bolsas femininas em ocasiões formais são geralmente pequenas, ao contrário das que podem ser transportadas em escritórios e locais de trabalho, onde podem ser de grande ou médio porte.
- Em eventos formais, as mulheres são aconselhadas a usar sapatos fechados com salto[10] que não ultrapasse sete centímetros; sapatos abertos na frente ou atrás não são formais.
- Em todos os eventos, formais ou informais, e em todos os lugares e horários, as meias femininas são obrigatórias e devem ser de cor neutra.
- As mulheres podem usar luvas em eventos formais e informais; as melhores cores são branca, bege e cinza claro, sem enfeites ou com o mínimo de enfeites possível.

---

9   Provérbio egípcio.

10 Desenvolvimento de sapatos de salto alto: Os sapatos de salto alto foram originalmente usados por homens. Já no século X, muitas culturas que tinham o hábito de montar a cavalo usavam saltos nas botas e nos sapatos. A cavalaria persa, por exemplo, usava uma espécie de bota com salto para garantir que os pés ficassem nos estribos. O primeiro caso registrado de sapato de salto alto usado por uma mulher foi por Catarina de Médicis no século XVI (rainha da França de 1547 a 1559, por casamento com o rei Henrique II). Ela tinha cerca de 150 centímetros de altura e dizem que queria parecer mais alta em seu casamento. No início do século XVII, os homens os usavam para indicar seu status de classe alta, incluindo o rei Luís XIV da França (1638-1715). As autoridades até começaram a regular o comprimento da ponta do salto alto de acordo com a posição social.

- Em recepções e coquetéis, a mulher deve retirar as luvas e guardá-las na bolsa, para que possam segurar um copo e comer.
- As mulheres podem usar peles e casacos dentro de casa, a menos que estejam sentadas em mesas de banquete.
- Quando uma mulher convida pessoas para almoçar ou jantar em sua casa, ela não deve usar chapéu, mesmo que todas as mulheres convidadas estejam usando chapéu.
- A mulher não deve retirar o chapéu durante banquetes, festas, em locais públicos, a menos que o tamanho do chapéu seja fonte de desconforto para outras pessoas, como no caso da plateia em um cinema, teatro ou ópera.
- As mulheres não devem usar chapéus grandes em lugares lotados.

Ordens, condecorações e medalhas

"Seus feitos são suas medalhas."[11]

O que me motivou a abordar este tema é a relação entre o vestuário formal de um lado e as ordens, condecorações e medalhas do outro lado.

É comum ver, em alguns eventos formais, uma pessoa usando uma ordem, condecoração ou medalha, ou talvez apenas anexando uma roseta à lapela de um terno. Surge, então, um conjunto de perguntas sobre esses itens, seus tipos, graus, formas etc.

- **O significado das ordens, condecorações e medalhas:**

Ordenações, condecorações e medalhas são prêmios concedidos pelas mais altas autoridades oficiais a uma ou mais pessoas (caso das medalhas), como um sinal de agradecimento por um grande serviço ou ação, seja nacional, cultural, social, militar, etc.

- **Tipos de ordens, condecorações e medalhas:**

Existem diferentes tipos de Ordens, condecorações e medalhas. São elas:

- Nacionais ou estrangeiras;
- Civis ou militares.

- **Classes de ordens, condecorações e medalhas:**

As classes de ordens, condecorações e medalhas são muito variadas e diferem de um país para outro.

- **Sistema de honra de ordens, condecorações e medalhas:**

Ordens, condecorações e medalhas não têm um sistema de honra internacional unificado.

Cada país tem seu próprio sistema de honra que inclui as classes e privilégios para as ordenações, condecorações e medalhas.

Cada país tem o seu sistema de honra, leis e procedimentos relevantes, que determinam quem tem o direito de conceder as ordenações, condecorações e medalhas, a quem e em que condições.

- **Regras de concessão de ordens, condecorações e medalhas:**

Reis e chefes de Estado geralmente concedem ordens honoríficas.

Reis, chefes de Estado e governos geralmente concedem condecorações.

Ordens, condecorações e medalhas nacionais são concedidas para toda a vida.

Uma patente especial (certificado/documento) é dada para cada ordem, condecoração e alguns tipos de medalhas.

Alguns tipos de medalhas podem ser concedidas a uma pessoa ou grupo de pessoas, como no caso de equipes esportivas ou bandas artísticas, unidades militares, etc.

Com base no princípio da reciprocidade, ordens e condecorações podem ser concedidas a altos funcionários e dignitários de países amigos.

Quando uma ordem ou condecoração é concedida a um estrangeiro, representa o reconhecimento de serviços prestados fora de seu país de origem, fortalecendo amizades e consolidando relações.

A aceitação de uma ordem ou condecoração estrangeira deve ser feita após obter o consentimento das autoridades do Estado ao qual o destinatário pertence.

Durante visitas oficiais, ordens e condecorações podem ser trocadas se a visita for de um chefe de Estado ou primeiro-ministro.

- **Ordem**

" Uma ordem é, geralmente, a mais alta honra que um cidadão pode receber por uma carreira ou serviço de notável distinção no seu país. "

Geralmente, o chefe de Estado confere as ordens e, normalmente, é o "grão-mestre" da ordem que concede sua filiação.

As ordens podem ter várias classes de membros.

As ordens têm uma variedade de broches, distintivos ou faixas que indicam o grau e a distinção do membro.

As faixas são frequentemente chamadas de "ordenações".

Os broches normalmente são feitos de metais preciosos com desenhos esmaltados ou joias.

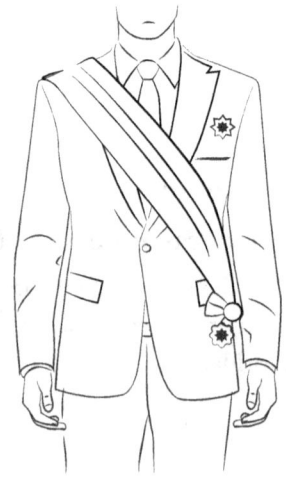

- **Condecoração:**

Uma condecoração é um prêmio concedido por um chefe de Estado ou de governo por heroísmo, realização meritória ou serviço distinto. As condecorações normalmente não denotam filiação.

Um indivíduo pode receber condecorações para categorias ou tipos específicos de serviços, civis ou militares. As condecorações geralmente assumem a forma de cruzes ou medalhões e outras formas de ouro, prata, bronze ou metal esmaltado suspensas por uma fita..

- **Uma medalha:**

Uma medalha é um prêmio conferido por um chefe de Estado, chefe de governo ou outras altas autoridades (dependendo do sistema de honra de cada país).

Uma medalha é geralmente concedida para reconhecer a participação do destinatário em um evento militar, civil ou outro evento significativo.

Uma medalha também pode ser concedida a todos os que participaram de um evento.

- **Usando ordens, condecorações e medalhas:**

As ordens podem ser usadas como colares ou faixas. Colares e faixas terminam com medalhões.

As faixas de ordenações completas (com lenço, fita, etc.) são usadas ao redor do ombro direito, descendo sobre o peito direito, indo até o lado esquerdo do quadril e finalizadas por um medalhão.

As condecorações, geralmente, são broches suspensos por faixas coloridas e são usadas no lado esquerdo do peito.

As ordens e condecorações podem ser usadas em trajes formais, em celebrações e eventos nacionais e outras ocasiões formais.

A roseta de uma condecoração pode ser usada em trajes formais ou informais, desde que não seja um casaco.

Elas podem ser usadas da mesma maneira que os alfinetes de lapela.

As rosetas também podem ser usadas nas fitas das condecorações.

Uma ordem e condecoração completas podem ser substituídas por um broche preso a uma corrente dourada ou fita, e usado no lado esquerdo das roupas ou na parte frontal esquerda do paletó.

<u>A tacha também pode ser colocada/fixada na frente esquerda do paletó ou da roupa.</u>

- **A ordem de colocação dos medalhões no peito:**

Os medalhões, que podem substituir as ordenações e condecorações, podem ser colocados/usados na parte frontal esquerda do paletó ou roupa.

Ao colocar/vestir os medalhões na frente esquerda do paletó, a ordem de precedência deve ser levada em consideração.

A ordem de precedência começa com os medalhões nacionais, a partir do lado direito, seguidos pelos medalhões estrangeiros.[12]

De acordo com suas classes, os medalhões são usados em sequência (o de maior grau primeiro), da direita para a esquerda e para baixo em direção ao lado esquerdo do quadril.

* *Nota:*
Os herdeiros podem conservar uma ordem, uma condecoração ou uma medalha após o falecimento do titular, sem ter o direito de usá-la ou usufruir de seus privilégios.

---

12 Meu falecido amigo, o embaixador Dr. Tawfiq Salloum, era diretor de protocolo e um dos mais proeminentes diplomatas e intelectuais do Ministério das Relações Exteriores da Síria. Ele me disse que o Ministério das Relações Exteriores estava considerando conceder uma condecoração a um dos embaixadores do Reino Unido, após terminar seu serviço em Damasco. Entretanto, o embaixador britânico informou-o de que não poderia aceitá-la, uma vez que os embaixadores do Reino Unido não estariam autorizados a aceitarem condecorações e medalhas estrangeiras. É uma prática que remonta aos dias da Rainha Vitória, que não permitia que seus embaixadores credenciados no exterior aceitassem condecorações estrangeiras. Ela disse, (de acordo com aquele embaixador), "Eu não aceito que meus embaixadores sejam controlados por outros países".

Seção Quatro

Etiqueta telefônica

"As empresas de telefonia celular são uma nova versão das superpotências dominantes."[1]

O telefone se desenvolveu rapidamente devido à melhoria das tecnologias de comunicação, especialmente com aplicativos como o WhatsApp, Skype, Viber, WeChat, Messenger, Twitter, Facebook, etc.

" Alguns reclamam que os meios de comunicação recentes reduziram o contato entre as pessoas e diminuíram as relações sociais. Outras pessoas argumentam que esses meios reduziram distâncias e aproximaram lugares e pessoas ao redor do mundo. "

De qualquer modo, os celulares se tornaram quase indispensáveis na vida moderna. As empresas de telecomunicações são uma nova versão de uma superpotência.

> **Dicas gerais de etiqueta:**

– Os telefones não devem ser mal utilizados; devem ser utilizados com um propósito e para razões válidas.

– A forma como o telefone é usado, para fazer uma chamada ou atendê-la, desempenha um papel importante na formação da primeira impressão.

– Nas chamadas telefônicas (e não nas videochamadas), a primeira impressão é causada pelo tom de voz. Embora o destinatário da chamada não veja o autor da chamada, percebe-o através da voz.

– Pelas razões mencionadas acima, as vozes tanto de quem liga quanto do destinatário devem demonstrar clareza e cordialidade.

– Após o cumprimento, é essencial identificar-se diretamente, a menos que tenha

---

1 O autor.

certeza de que sua voz é familiar ao destinatário.

- Ao atender uma chamada ou ligar para alguém, o tom de voz normal deve ser usado.
- A voz alta pode perturbar o destinatário e as pessoas ao redor.
- As ligações telefônicas devem ser breves.
- Gírias ou linguagem inadequada devem ser evitadas.
- A menos que o autor da chamada e o destinatário sejam amigos, a pessoa que faz a ligação deve utilizar os títulos adequados para o destinatário, em vez do primeiro nome.
- Enquanto os interlocutores estiverem ao telefone não se deve comer ou beber.
- As mensagens de correio de voz devem ser breves e objetivas.
- Geralmente, não se deve ligar para uma pessoa, em casa, antes das 9h ou depois das 21h ou 22h.
- Da mesma forma, as chamadas devem ser evitadas na hora de almoço, a menos que a conversa seja muito importante ou urgente.
- Não se deve telefonar a um paciente internado num hospital. Em vez disso, pode-se ligar para um membro da família do paciente ou a um amigo.
- Se alguém tiver certeza de que um paciente internado em um hospital pode falar ao telefone, a chamada deve ser breve e não devem ser perguntados pormenores sobre a doença do paciente.
- Na rua, deve-se fazer uma ligação telefônica e respondê-la em um tom de voz mais baixo, sem envolver os outros em seus assuntos.
- Para fazer ligações ou enviar mensagens enquanto caminha pela rua, é importante afastar-se para evitar colidir com qualquer pessoa ou objeto.
- Se uma ligação for interrompida (devido à falta de sinal, por exemplo), quem ligou deve ligar novamente em vez de esperar que o destinatário o faça.
- Quando o destinatário perder uma chamada, mensagem ou e-mail, deve responder de forma apropriada e em tempo hábil, com um pedido de desculpas, se necessário.
- Quando se fala ao telefone, deve-se desligar a música ou baixar o volume da televisão.
- Não se deve enviar mensagens de texto ou verificar seu telefone enquanto estiver conversando com outras pessoas.
- Quando o uso de telefones celulares é proibido, como em teatros, cinemas, hospitais, postos de combustível, aeronaves etc., é preciso manter o telefone desligado.
- A regra "Não use o celular enquanto dirija" é aplicada em quase todos os lugares.
- Se for urgente usar o telefone, deve-se dirigir para uma área segura, longe do tráfego.
- A nova tecnologia de veículo vem com opções integradas de "Hands-off" (Sem mãos / Mãos livres) e "Bluetooth". Se um veículo não possuir essa tecnologia, o motorista deve ser cauteloso e atento à estrada. Segurança primeiro!
- Em situações sociais, como jantares ou encontros, não se deve estar ocupado com telefonemas. Se houver algo urgente, as ligações podem ser feitas longe das pessoas ao redor e por um curto período.
- Os telefones celulares devem estar desligados ou mantidos em modo silencioso nos funerais.
- Uma ligação por videochamada é uma conversa face a face e é quase como estar em uma reunião pessoalmente. Portanto, antes de fazer esse tipo de ligação, o chamador

deve garantir de que o destinatário esteja pronto para essa forma de comunicação.

– Para chamadas internacionais, a fim de evitar horários inadequados, é necessário conhecer a diferença de fuso horário entre o seu país e o destinatário. Além disso, deve-se considerar as mudanças de horário de verão e inverno, que a maioria dos países adota.

– Na maioria das sociedades, o telefone substituiu as cartas e é comumente usado para enviar convites informais entre familiares e amigos próximos.

– No entanto, formalmente, os convites são feitos por escrito, não por telefone.

– No ambiente profissional, é fundamental apresentar uma imagem profissional ao telefone. Falar de forma clara, devagar e com um tom de voz alegre contribui para isso.

– É essencial tratar bem os clientes e todas as pessoas ao telefone, fazendo com que se sintam bem-informados e valorizados.

– Ao ligar (pessoalmente ou ao deixar uma mensagem de voz) para um cliente, deve-se sempre identificar-se adequadamente, fornecendo nome, local de trabalho e número de telefone.

– Se um destinatário for responsável por atender várias chamadas ao mesmo tempo, por exemplo, em uma empresa, deve perguntar educadamente ao autor da chamada se pode colocá-lo em espera. Porém, nunca deve deixar a pessoa em espera por mais do que alguns segundos (a pessoa pode ficar chateada e desligar).

– Se quem faz a ligação estiver irritado ou chateado por qualquer motivo, o destinatário deve ser paciente e prestativo, ouvir o que está sendo dito e, em seguida, encaminhar a pessoa para o recurso adequado. Nunca se deve falar de forma ríspida ou agir com grosseria.

– Ao receber uma mensagem para uma empresa, é um bom hábito repetir as informações para o cliente e verificar se a mensagem foi ouvida e transcrita corretamente.

– Quando um chefe está a participar numa reunião, a secretária não deve transmitir telefonemas, a menos que seja uma emergência. Em vez disso, a secretária pode informar o seu chefe através de um papel.

– O telefone celular deve ser desligado ou deixado no silencioso antes de uma reunião formal.

Etiqueta de conversa e diálogo

"As pessoas que sabem pouco costumam falar muito bem, enquanto as que sabem muito dizem pouco."[2]

O leitor notará que foi dedicado um bom espaço a esse tópico, uma vez que a conversa ocupa uma parte importante da nossa vida cotidiana. Além disso, é uma arte e prática social e humana muito importante.

Embora se argumente que os meios modernos de comunicação digital (principalmente as redes sociais) tenham reduzido significativamente o tempo disponível para que as pessoas conversem, ainda há bastante tempo para que isso aconteça.

A conversa é a arte e o talento de expressar ideias e opiniões de maneira elegante, eficaz e educada.

O objetivo final de qualquer conversa é comunicar, desfrutar e se beneficiar por meio da discussão e do desenvolvimento dos diversos temas abordados.

—Tópicos a evitar

Ao conhecer algumas pessoas pela primeira vez, é aconselhável evitar discutir certos temas que devem ser exclusivos dos amigos:

- **Tópicos políticos:**

As questões políticas são frequentemente complexas, controversas e podem apresentar divergências entre pontos de vista que levam a diferenças profundas e a contradições. Portanto, devem ser evitadas, a menos que já tenha sido estabelecido um bom relacionamento.

---

2 Jean-Jacques Rousseau (1712-1778), um filósofo e escritor francófono suíço cujos pensamentos e filosofia política influenciaram amplamente a Revolução Francesa e contribuíram para o desenvolvimento da política e da educação modernas.

- **Tópicos religiosos:**

Questões religiosas são sensíveis e exigem amplo conhecimento das diversidades da sua religião. Portanto, não é recomendável iniciar uma conversa sobre esses assuntos, pois qualquer mal-entendido pode ser grave. Se um assunto religioso for abordado, todos, independentemente de seu ponto de vista, devem demonstrar respeito e ter opiniões moderadas, para não provocar ninguém, direta ou indiretamente.

- **Assuntos pessoais e familiares:**

Estes assuntos são privados e pertencem exclusivamente aos membros diretamente envolvidos. Portanto, é inadmissível que outras pessoas discutam esses assuntos, a menos que sejam familiares, parentes e amigos.

▷ **Dicas de etiqueta:** Para ser compatível com a etiqueta, é importante mencionar alguns dos requisitos necessários para uma participação bem-sucedida em qualquer conversa.

Independentemente de sua sequência, que pode parecer lógica ou não; a prioridade é destacar e conhecer estes requisitos:

▷ **Primeira impressão:** Deve-se fazer o possível para que os outros tenham uma boa impressão sobre nós no primeiro encontro. As primeiras impressões que se formam sobre alguém duram muito tempo e são difíceis de mudar. Além das roupas, o estilo de falar, a autoconfiança, a educação, entre outros aspectos, são vitais na formação dessa primeira impressão. Ali bin Abi Talib disse:[3] "O homem está escondido sob sua língua."

▷ **A outra pessoa:** Antes de se envolver na conversa com os outros, é necessário saber quem eles são. Uma discussão com pessoas distintas cultural, social e politicamente, difere de uma discussão com pessoas comuns.

▷ **Interrupção:** É inadequado interromper os outros e não os deixar concluir o que começaram. Mesmo que a interrupção seja feita com palavras legais como "Desculpe" ou "Com licença por interromper você" ou "Um momento, por favor", isso não muda a situação. A interrupção, às vezes, é igual à imprudência.

▷ **Deixar de falar:** É incompatível com a etiqueta falar o tempo todo sem permitir que os outros tenham a oportunidade de se expressar. A pessoa que silencia os outros com a força de seus pulmões e sua voz estrondosa, não passa de um indivíduo barulhento. Na verdade, durante a conversa, geralmente, há espaço suficiente para todos conversarem. Portanto, não há problema em ceder a vez de falar e esperar um pouco.

▷ **Ser notável:**[4] Ser uma pessoa notável é se diferenciar e ser capaz de captar a atenção dos outros. Ninguém pode ser suficientemente notável e atraente se falar de forma semelhante àquelas pessoas ignorantes, sem conhecimento, e ingênuas. Enquanto uma pessoa for comum em sua conversa e não agregar nenhum valor adicional, os receptores a avaliarão como uma pessoa comum, que não tem o direito de estar entre os "brilhantes". "O brilho" não depende apenas do assunto discutido ou da apresentação de alguém, mas também de

---

3 Ali bin Abi Talib (601 - 661): foi o quarto califa, primo e genro do Profeta Muhammad.

4 Significa ter talento ou inteligência excepcional.

seu conhecimento e educação. Trata-se de "saber um pouco sobre tudo e tudo sobre uma coisa". Imaginemos como seria embaraçoso se um dignitário, um diplomata, um empresário, um professor ou um político, por exemplo, inaugurasse uma exposição de arte e não tivesse ideia de nenhuma das tendências das artes ou escolas?.

▷ **Sabedoria:** É importante pensar e se comportar da mesma maneira que as pessoas sábias, isto é, tentar conhecer todos os aspectos de qualquer assunto em discussão. No entanto, durante uma conversa, deve-se falar normalmente para que seja mais convincente. Caso contrário, o resultado será um fracasso. As ideias devem ser apresentadas sem problemas, sem complicações, para serem bem recebidas e interagidas.

▷ **Temas provocantes:** É natural procurar a companhia de outras pessoas, para se agradar, aprender e trocar conhecimentos. Portanto, é desaconselhável falar sobre questões provocativas que incomodariam outras pessoas. Pessoas normais não buscam brigas e conflitos. Pode ser mais prudente abordar um assunto polêmico com muito cuidado ou até mesmo deixar alguns de seus detalhes para especialistas.

▷ **Respostas provocantes:** Não é conveniente responder com respostas curtas e concisas a alguém que faça uma pergunta. Frases como "não sei" ou "não posso responder" são respostas provocativas, especialmente se acompanhadas de expressões ou gestos de indiferença. Tais expressões e similares não são aceitáveis, a menos que acompanhadas de uma explicação dizendo: "Eu não sei, porque ainda não fui ao local" ou "Eu não sei, esqueci de perguntar sobre esse assunto."[5]

▷ **Exatidão:** Se uma ideia pode ser apresentada usando dez palavras, é melhor não pronunciar doze. Deve-se ser breve e preciso, sem ir muito longe nos detalhes. Caso contrário, os outros podem deixar de prestar atenção ao que está sendo dito e à discussão. Provavelmente, é por isso que se diz: "Quanto mais inteligente você é, menos fala."[6]

▷ **Assuntos de interesse:** A vida é cheia de tópicos e questões para serem tratados e conversados. No entanto, é aconselhável escolher falar sobre assuntos de interesse comum. O Lorde Philip Chesterfield[7] aconselhou seu filho a falar quando tivesse a chance, mas recomendou que parasse quando percebesse que os outros não estão satisfeitos ou não têm interesse. Qual é a importância de falar, por exemplo, sobre ópera, balé, esqui, surf e assuntos semelhantes, em uma sociedade rural, na qual a maioria das pessoas não têm acesso ou sequer a possibilidade de pensar em tais coisas? Esses temas

---

5 O político e diplomata francês Charles Maurice de Talleyrand (1754-1838) disse: "Um diplomata que diz" sim "significa" talvez "; um diplomata que diz" talvez "significa" não "; e um diplomata que diz "não" não é diplomata".

6 Provérbio sírio.

7 Philip Dormer Stanhope, 4º conde de Chesterfield (1694 - 1773), estadista britânico, diplomata e homem de letras. Seu livro sobre a "Arte de se tornar um homem do mundo e um cavalheiro" foi publicado em (1774) e compreende uma correspondência de trinta anos em mais de quatrocentas cartas para seu filho.

apenas farão com que as pessoas pensem que o orador está se exibindo ou se apresentando como superior. Em ambos os casos, ele é um grande perdedor.

▷ **Interesses pessoais:** Não é apropriado se concentrar em assuntos relacionados aos filhos, hobbies, viagens, fotos e outras questões pessoais. Pior ainda é envolver os outros nesses assuntos e ficar chateado com aqueles que demonstram alguma falta de interesse.

▷ **Falta de interesse:** A pessoa que parece ausente mentalmente, que não demonstra interesse no que os outros dizem e que não para de bocejar diante deles, merece ser classificado como "indiferente". É melhor não se importar e deixá-la contemplando seus devaneios.

▷ **Ouvir mais do que falar:** É prudente lembrar o que Epicteto[8] disse: "Temos dois ouvidos e uma boca para poder ouvir o dobro do que falamos". Por isso, é sempre recomendável ouvir o dobro do tempo que gastamos falando. Isso leva os outros a formarem impressões positivas sobre nós.

▷ **Paciência:** Mesmo que esteja conversando com pessoas que têm habilidades e conhecimentos limitados, é preciso saber que daquele diálogo pode-se ter algo bom para receber e oferecer. Portanto, não se deve ser orgulhoso ou ignorá-las. Deve-se ser paciente e ouvi-las com respeito e interesse. Um provérbio sudanês diz: "Paciência é a chave para resolver problemas."

▷ **Ser juiz:** Em qualquer discussão intensa entre outros, ao tomar partido, não é sábio apoiar um lado contra o outro. O ideal é atuar como árbitro ou juiz, alguém a quem os outros podem recorrer para ajudar a resolver um conflito ou mal-entendido. Ao adotar essa postura, pode-se examinar cuidadosamente e resumir os diferentes pontos de vista, concentrando-se nos pontos de convergência, a fim de encerrar a discussão de maneira que todos se sintam vencedores.

▷ **Ideias desafiadoras:** É inadmissível subestimar as ideias dos outros, alegando que seu ponto de vista é o único correto. Este método é a maneira mais rápida de ganhar inimigos. O convívio não é um espaço para desafiar as ideias do outro. Marco Aurélio[9] disse: "Tudo o que ouvimos é uma opinião, não um fato. Tudo o que vemos é uma perspectiva, não a verdade."

▷ **Corrigindo erros:** JParticipar de uma conversa social não significa fazer parte de um comitê de redação com a missão de escrutinar cada palavra. Quando uma pessoa é corrigida na presença de outros, pode ficar chateada, insistir em sua opinião e considerar a correção como uma crítica.

Conversando sobre as profissões de outras pessoas: A convivência com outras pessoas implica a presença de indivíduos de diferentes profissões.

Durante a conversa, é recomendável evitar entrar em detalhes sobre o trabalho dos outros, os problemas relacionados a seus empregos ou consultá-los. O advogado,

---

8 Epicteto (55 - 135 aC), um filósofo estoico grego.
9 Marco Aurélio (121 - 180), imperador romano de 161 a 180 e filósofo estoico.

durante a conversa, não está ali para ouvir os detalhes do processo judicial; o médico, igualmente, não está ali para diagnosticar a doença de alguém. Da mesma forma, não é justo criticar e desprezar as profissões dos outros, ou falar negativamente sobre elas.

▷ **Ridicularização e sarcasmo:** É recomendável evitar a ridicularização direta ou indireta, o sarcasmo, o uso de trocadilhos e frases com conotações duplas. É importante tentar criar uma atmosfera divertida e bem-humorada, mas de maneira sóbria e com ideias valiosas, sem comprometer o caráter.

▷ **Voz alta:** Desmond Tutu[10] disse: "Não levante sua voz, melhore seu argumento". Voz alta não é um privilégio, ao contrário, incomoda os ouvintes e revela falta de confiança. Além disso, a voz alta reflete uma atitude agressiva, intencional ou não. Portanto, sempre é aconselhável usar uma voz natural em um tom apropriado. Jalal Al-din Rumi[11] disse:

> *" Deixe o significado surgir, não o som, pois o que faz a flor crescer e desabrochar é a chuva, não o trovão. "*

▷ **Falando rápido/devagar:** É importante lembrar que, às vezes, o estilo de falar é mais importante do que o assunto em si. Quem fala rapidamente pode confundir suas ideias e, consequentemente, confundir o ouvinte. Por outro lado, falar devagar é como segurar o cavalo e inibir sua marcha.

▷ **Elogios e bajulação:** Todas as pessoas, independentemente de idade e sexo, gostam de aplausos, bajulação, encorajamento e apreço. No entanto, essas atitudes são uma faca de dois gumes e podem ser negativas se usadas na hora e no local errado. Elogiar ou bajular uma pessoa que tenha uma posição política, administrativa ou financeira, por exemplo, pode ser interpretado como uma tentativa de se aproximar e conquistar sua amizade.

▷ **Brincadeiras:** Aqueles que se empenham em brincar sempre e em qualquer lugar, certamente perderão o privilégio de ser considerados pessoas respeitáveis e podem ser vistos como palhaços. Não há mal em criar um ambiente humorístico com sagacidade, um toque de alegria e piada, mas, quando as piadas e as brincadeiras se tornam a característica dominante de uma conversa, o resultado certamente será o oposto. É aconselhável evitar brincar com qualquer pessoa antes de conhecê-la e saber a natureza de suas reações.

▷ **Dar conselhos:** Oferecer conselhos de forma arbitrária não faz de ninguém um filantropo. É preferível oferecer conselhos

---

10 Desmond Mpilo Tutu (1931-2021), é um clérigo anglicano sul-africano, teólogo e ativista dos direitos humanos. Foi Bispo de Joanesburgo (1985-1986) e Arcebispo da Cidade do Cabo (1986-1996).

11 Jalal Al-Dīn Rumi (1207 – 1273), foi um poeta persa do século XIII, erudito islâmico, teólogo e místico sufi originário do Irã. Seus poemas foram amplamente traduzidos para muitas das línguas do mundo e transpostos para vários formatos. Rumi foi descrito como o "poeta mais popular" e o "poeta mais vendido" nos Estados Unidos.

apenas àqueles que os consideram, lembrando que nem todas as pessoas estão dispostas a aceitar e apreciar conselhos.

▷ **Perguntas frequentes:** Recomenda-se não fazer muitas perguntas sobre todos os assuntos. Caso contrário, certamente a pessoa parecerá ingênua, com pouco conhecimento e educação.

▷ **Assunto frequente:** Há pessoas que não têm nada para falar a não ser um único assunto ou acontecimento específico que sempre repetem, independentemente de tempo ou contexto. Elas assumem que os outros devem ouvi-las, quer tenham tempo e disposição suficiente ou não. Por exemplo, falam frequentemente sobre como foram corretas, corajosas, competentes como empregados, diretores, soldados, etc. Elas esperam que os outros elogiem suas realizações e sabedoria excepcionais.

▷ **Palavras e frases perdidas:** Ao não ouvir algo que foi dito, é melhor não pedir para repetir, para não interromper o orador. Ele pode sentir que o que está dizendo não interessa a algumas pessoas, e os outros serão obrigados a ouvir coisas repetidas.

▷ **Ocultando alguns fatos:** Não há necessidade de dizer todos os fatos que se sabe sobre um determinado assunto, a menos que o destinatário tenha o direito de conhecê-los. Participar de uma conversa não é como testemunhar em um tribunal. De qualquer forma, deve-se sempre falar com honestidade sobre qualquer assunto discutido.

▷ **Falando sobre si mesmo:** Se apropriado, pode-se falar brevemente sobre si mesmo, mas de forma concisa, para não parecer estar se exibindo. Na convivência, outras pessoas podem não se importar com todos os lados da vida de alguém e as coisas que ele alcançou em sua carreira. O tempo disponível para a conversa deve ser compartilhado entre todos os presentes.

▷ **Último falante:** Quando for necessário dar uma opinião sobre um assunto complicado, é melhor ser o último a falar. Fale por último:

(I) Para explorar as opiniões dos outros.

(II) Para ganhar tempo suficiente para revisar seus próprios pensamentos de maneira aprofundada.

(III) Para esclarecer os equívocos

▷ **Flexibilidade:** Recomenda-se que não se tente dar uma opinião muito firme sobre questões dialéticas e se apegar a ela, bem como evitar ater-se a convicções absolutas que podem não ser verdadeiras. Muʻawia bin-Abi Sufyan[12] disse: "Tenho um fio de cabelo entre mim e as pessoas, se elas a soltam, eu a aperto; se elas a apertam, eu a solto". Pode-se descobrir, por meio do diálogo, outros aspectos da verdade. O filó-

---

12 Mu'awia bin-Abi Sufyan: Califado, governando o Império Árabe de 661 até sua morte em 691.

sofo e escritor alemão Friedrich Nietzsche[13] disse: "O inimigo da verdade não é mentira, mas convicções firmes".

▷ **Ditados, provérbios, termos e frases:** Estar familiarizado com alguns ditos, provérbios, frases e expressões populares, que são abundantes na herança e cultura, permite que uma pessoa pareça mais educada e culta.

▷ **Expressões estrangeiras**: Durante uma conversa, não se deve assumir que todas as pessoas presentes são fluentes em idiomas estrangeiros. Portanto, é preferível não usar palavras e expressões estrangeiras frequentemente, ou até ocasionalmente. Tal comportamento pode parecer uma tentativa de se exibir e pode excluir alguns ouvintes da conversa.

▷ **Língua estrangeira:** É inadequado conversar com outra pessoa ou amigo em outro idioma que não seja conhecido por todas as outras pessoas presentes. Os outros podem pensar que há segredos sendo discutidos, que eles não têm o privilégio de saber.

▷ **Desprezando a beleza das mulheres:** Criticar o desempenho de uma mulher pode, em algumas situações, ser perdoável, mas criticar ou subestimar sua beleza é suficiente para torná-la uma oponente. Ela nunca esquecerá tal erro e certamente buscará a oportunidade para se vingar.

▷ **Discutir com uma pessoa irritada:** Antes de discutir com alguém irritado, é melhor deixá-lo se acalmar primeiro. Caso contrário, a resposta pode ser negativa ou irracional.

▷ **Argumentar com um tolo:** Naturalmente, o diálogo, a discussão e o debate com os sábios, independentemente das discordâncias, continuam sendo úteis. No entanto, não se deve prejudicar a amizade, em caso de desacordo. Porém, discutir com um tolo é perda de tempo e pode levar a resultados desastrosos. Como diz o ditado, "Exceto a tolice, toda doença tem um remédio."[14]

▷ **Raiva:** Certamente, a calma acompanha um pensamento equilibrado, sóbrio e racional. No momento em que alguém perde a paciência, começa a cometer erros e a desperdiçar todas essas qualidades. Talvez por isso se diga: "A calma é o mestre dos valores.[15]

▷ **Insultar os outros:** Insultar os outros é a maneira mais rápida de conquistar sua inimizade. Portanto, é melhor evitar insultos, tanto diretos quanto indiretos, e tentar conquistar a amizade dos outros.

▷ **"Ele" e "Ela":** Durante a conversa, não é educado usar "ele" ou "ela" para se referir a uma terceira pessoa presente entre outros participantes. A forma mais respeitosa é mencionar seu nome ou dizer "meu/nosso amigo(a)".

---

13 Friedrich Wilhelm Nietzsche (1844-1900), um filósofo alemão, crítico cultural, poeta, filólogo, cujas obras influenciaram a filosofia e a literatura ocidentais.
14 Abu al-Tayyib al-Mutanabbi (915 - 965), o maior poeta árabe.
15 Um provérbio árabe.

▷ **"Ele" e "Eu":** Para destacar a modéstia e a educação, deve-se mencionar o nome do outro antes de se referir a si mesmo. Por exemplo, "Flávia e eu fizemos isso" ou "Paulo Leão e eu nos conhecemos ontem". Esta sequência não diminui a posição de alguém.

▷ **Removendo barreiras:** Não é prudente dirigir-se a pessoas mais velhas ou de maior posição hierárquica usando apenas seus primeiros nomes ou o pronome "você". É melhor manter algumas distâncias e não remover barreiras.

▷ **Ódio:** Psicologicamente, a pior coisa para um inimigo é não saber que ele é o inimigo de alguém. Não importa o quanto despreze uma pessoa, o importante é tentar se esforçar para, quando encontrá-lo, ocultar o ódio e o desprezo. Caso contrário, reações indesejáveis podem ocorrer. Buda[16] disse: "O ódio não cessa pelo ódio, mas apenas pelo amor".

▷ **Hostilidade:** Independentemente da opinião de alguém sobre um determinado assunto, o desacordo com os outros não deve levar à hostilidade. Ao argumentar, é aconselhável manter o respeito e evitar acusações e críticas pessoais, porque tal comportamento conduziria inevitavelmente a conflitos. Dr. Martin Luther King Jr.[17] disse: "Sempre é o tempo certo para fazer o que é certo".

▷ **Juramentos:** Juras nunca devem ser usadas. Deve-se ser sincero sem recorrer a intermediários. Aquele que sempre jura, sem justificativa, obriga os outros a duvidar dele. Pode-se enfatizar um certo ponto, dizendo: "Acredite em mim" e assim por diante, nada mais.

▷ **"A língua de uma pessoa é seu cavalo":**[18] Isso implica que se deve abster-se de falar sobre questões que não são conhecidas, para não se envolver em assuntos com os quais não tem nada a ver. A língua de uma pessoa não é apenas um órgão para tagarelar.

▷ **Fofoca:** Na verdade, qualquer observação ou comentário direto ou indiretamente em relação a uma pessoa ausente pode ser interpretado negativamente e pode chegar até ela, que, em troca, sentirá desprezo ou desrespeito. Críticas positivas ou construtivas podem ser feitas com delicadeza a um amigo, de forma direta e com ênfase na amizade.

---

16 Gautama Buda (563- 483 aC), um dos mais importantes pensadores asiáticos e mestres espirituais de todos os tempos. Ele contribuiu para muitas áreas da filosofia, incluindo epistemologia, metafísica e ética.

17 Dr. Martin Luther King Jr. (1929-1968), um batista americano e um líder dos direitos civis.

18 Provérbio árabe.

A virtude do silêncio

"Só quem sabe falar pode calar."[19]

Embora o silêncio possa ser identificado fisicamente como a cessação da expressão vocal, ele possui um dinamismo especial que o qualifica como uma virtude. Portanto, é incorreto pensar que o silêncio seja sempre um traço estático e negativo no comportamento das pessoas. O silêncio, por si só, é uma linguagem, um meio eficaz de expressão e "é uma conversa."[20]

Além disso, permitam-me citar Pitágoras: "Se você for perguntado: O que é o silêncio? Responda: É a primeira pedra do templo da Sabedoria."[21]

- **Algumas considerações:**

Para aqueles que não possuem as condições adequada para uma conversa e não dominam todos os aspectos do assunto discutido, o "silencio" é um pré-requisito e uma necessidade.

· O silêncio é uma técnica utilizada por pessoas instruídas e competentes, que recorrem a ele somente quando não têm certeza de alguns detalhes. "O silêncio é um verdadeiro amigo que nunca trai."[22]

· Pode-se considerar que o silêncio exige uma competência superior à capacidade de falar, sendo que a porcentagem daqueles que são dotados da vantagem do silêncio é muito

---

19 Jean-Paul Sartre (1905 – 1980), dramaturgo, romancista, roteirista, ativista político, biógrafo e crítico literário francês. Ele era conhecido como um representante do "existencialismo" e uma figura de destaque na filosofia do século XX. Ele recebeu o Prêmio Nobel de Literatura de 1964, mas se recusou a recebê-lo.

20 Ramana Maharshi (1879 –1950), foi um sábio hindu indiano.

21 Pitágoras (570 – 495 aC), um filósofo e matemático grego. Seus ensinamentos políticos e religiosos eram bem conhecidos e influenciaram as filosofias de Platão e Aristóteles.

22 Confúcio (551-479 aC), um professor e filósofo chinês.

menor se comparada àqueles que não conseguem fechar a boca.

- É preciso distinguir entre o silêncio dos sábios (que é positivo e interativo) e o silêncio passivo dos ingênuos.
- Também é importante notar que o silêncio não significa simplesmente encarar o orador com indiferença e sem expressões faciais. Isso não está em conformidade com a etiqueta e com a polidez.
- Como a maioria das pessoas fala sobre coisas e depois percebe que deveria ter permanecido em silêncio, as línguas frequentemente têm uma expressão que diz: "Se a fala é prata; o silêncio vale ouro."

—O silêncio, como arte da etiqueta, permite:

1. Ter a oportunidade de ouvir;
2. Pensar profundamente sobre o que está acontecendo;
3. Ter tempo suficiente para analisar o que foi dito;
4. Focar e escolher as reações e palavras certas.
5. Escolher o momento certo para falar. "Fique em silêncio, se quiser; mas quando for necessário, fale – e fale de tal maneira que as pessoas se lembrem disso".
6. Aprender com os erros de outro falante. "Um homem sábio aprende às custas do tolo."
7. Ter certo controle sobre o outro falante, utilizando olhares carregados de significados não ditos.
8. Deixar o outro perplexo e mantê-lo confuso e desnorteado quanto à interpretação da real intenção do interlocutor silencioso.
9. Obrigar o outro, através do silêncio e de alguns gestos, a revelar o que o ouvinte tem em mente.
10. Despertar a raiva do outro que pode considerar o silêncio como um ataque velado. Isso enfraquece o orador e pode levá-lo a revelar algo oculto.
11. Evitar o envolvimento em debates acirrados que possam levar a um mal-entendido ou conflito. Publilius Syrus disse: "Muitas vezes me arrependo de ter falado; mas nunca de ter ficado em silêncio".[23]
12. Despojar e desmontar a capacidade do orador de continuar seu discurso, especialmente quando a palavra é sua única arma.
13. Para evitar as consequências de dar respostas embaraçosas que alguém não tem o direito de oferecer. O silêncio implica mais de uma resposta, com diferentes interpretações.

Em resumo:

O silêncio é uma arte e a fala é uma arte, mas o mais importante é escolher o momento certo.

- Deve-se ser seletivo. O silêncio nem sempre é bom, e a fala nem sempre é ruim.
- Silêncio fora de contexto é retroversão, e falar fora de contexto é perda de tempo.

---

[23] Publilius Syrus (85–43 aC), escritor latino de origem síria, mais conhecido por suas sententiae (breves ditos morais, como provérbios, adágios, aforismos e máximas).

As virtudes da desculpa e do perdão

"Perdoemos uns aos outros – só assim viveremos em paz."[24]

Durante a vida, todas as pessoas são vulneráveis a se comportar, falar ou comentar de uma maneira que pode ser ofensiva para os outros. Isso pode acontecer em qualquer lugar: em casa, em público, no trabalho, etc.

Neste sentido, as desculpas são essenciais para esclarecer a situação e retomar o caminho certo. A arte de pedir desculpas sinceras é uma das maiores habilidades humanas. A desculpa é um tratamento eficaz para mal-entendidos, insensibilidade e grosseria.

> *Apologies are not meAs desculpas não têm o objetivo de mudar o passado, mas são a melhor forma de mitigar os danos.*

Desculpas são como "supercolas" que consertam relacionamentos quebrados entre as pessoas. Eles podem de alguma forma reparar as falhas.

Desculpas são como supercolas que consertam relacionamentos quebrados entre as pessoas. Muitas vezes, um pedido de desculpas pode reparar as falhas com palavras simples, como "sinto muito", "desculpe-me", "perdoe-me, eu não queria incomodá-lo", entre outras frases semelhantes, que geralmente reduzem mal-entendidos e curam algumas feridas.

Pedir desculpas nem sempre significa que você está errado e a outra pessoa está certa. Pelo contrário, significa que você valoriza seu relacionamento com os outros mais do que o seu ego.

---

[24] Leo Tolstoy (1828 –1910), um escritor russo que é considerado um dos maiores autores de todos os tempos. Seus trabalhos notáveis incluem os romances "Guerra e Paz" e "Anna Karenina".

> **A maneira certa de se desculpar:**

Ao pedir desculpas a alguém que magoamos, devemos ser honestos e sinceros.

- Quando estamos errados, a primeira coisa a fazer é admitir o erro.
- Na verdade, negar um erro é um erro maior. É necessário assumir a responsabilidade pelo erro e expressar com remorso um sincero arrependimento pelo dano causado. É melhor resolver a situação imediatamente e pedir desculpas prontamente.
- As palavras certas são importantes, porque se fizermos um pedido de desculpas de qualquer maneira, não adiantará nada.
- É melhor se desculpar pessoalmente e dizer "sinto muito" cara a cara. Isso permite que a outra pessoa perceba a linguagem corporal e ouça o tom de voz.
- Se for necessário, dê à outra pessoa um breve período para "esfriar a cabeça", porém, não deve ser um longo tempo. Caso contrário, a ela pode pensar que você não se importa com a situação.
- Pior ainda, é ignorar o que aconteceu e não mencionar novamente. Esta é a maneira mais prejudicial de lidar com a situação.
- É necessário permitir que a outra pessoa expresse seus sentimentos sem tentar redirecionar a conversa para explicar o que aconteceu. O objetivo aqui é desculpas e perdão, não uma explicação.
- No entanto, não devemos nos surpreender se o pedido de desculpas não for aceito da maneira desejada. Pode ser necessário mais tempo para superar a dor. Dizer "sinto muito" (e outras frases semelhantes) nem sempre é um milagre ou um apagador imediato de problemas.

▷ **Algumas considerações:**

- O pedido de desculpas e o perdão, como virtudes supremas, são necessários tanto para homens quanto para mulheres.
- O pedido de desculpas, bem como o perdão, são virtudes exigidas de todas as pessoas, independentemente da sua idade, status e posição.
- Enquanto o pedido de desculpas é um ato de coragem, o perdão é um ato de força. Por isso, que dizem que "o primeiro a pedir desculpa é o mais corajoso. O primeiro a perdoar é o mais forte. O primeiro a esquecer é o mais feliz". [25]
- Embora guardar rancor não faça ninguém forte, perdoar não torna ninguém fraco. Na verdade, guardar rancor torna a pessoa amarga, enquanto o perdão a torna livre.
- Mahatma Gandhi[26] disse: "Os fracos nunca podem perdoar. O perdão é o atributo dos fortes".
- O pedido de desculpas e o perdão devem ser atitudes constantes e não apenas atos ocasionais.
- Ambas as virtudes, o pedido de desculpas e o perdão, exigem alta compreensão e paciência.

---

25 Anônimo

26 Mahatma Gandhi (1869–1948) foi o líder da independência indiana ao empregar a desobediência civil não violenta.

Etiqueta de correspondências

"Nunca escreva uma carta enquanto estiver com raiva."[27]

A correspondência faz parte das comunicações diárias da maioria das pessoas na forma de cartas, mensagens, e-mails, mensagens de mídia social e textos. A correspondência é um dos campos importantes da etiqueta, observada através do estilo de escrita, das expressões adequadas de cortesia, do assunto tratado e da aparência da correspondência, do envelope, etc.

A maior parte da correspondência de hoje é eletrônica, com o envio de incontáveis e-mails. Infelizmente, perdemos o hábito da correspondência tradicional e recorremos a formas rápidas e breves de escrever.

De vez em quando, deveríamos enviar uma carta escrita, sobretudo aos familiares e amigos mais velhos que não têm computador.

Para além das considerações tecnológicas, as pessoas mais velhas, provavelmente, têm boas lembranças das cartas e apreciariam uma correspondência escrita à mão.

Neste capítulo, lembro aos leitores as formas adequadas de correspondência a conhecer, incluindo a carta social, o bilhete de agradecimento e a carta comercial, lembrando que uma correspondência pode ser considerada como um espelho que reflete a personalidade de seu escritor.

Uma correspondência escrita com elegância cria uma sensação agradável quando recebida. Por outro lado, uma má correspondência é aquela, que é:

1. Escrita de forma descuidada.
2. Escrita em papel que não cabe no envelope.
3. Escrita com erros ortográficos e gramaticais.
4. Escrita em um formato ruim, sem margens regulares.

---

27 Provérbio chinês.

▷ **Escrever uma carta social:**

A caligrafia deve ser feita de forma legível, usando uma caneta, não um lápis.

Naturalmente, o destinatário estará interessado em notícias sobre amigos em comum, família e outras pessoas.

É bom atualizar o destinatário sobre a vida do remetente.

Se possível, é aconselhável incluir uma história ou incidente divertido, desde que seja apropriado.

O destinatário apreciará ser perguntado sobre sua própria vida.

Uma lembrança sempre é agradável, por exemplo, "Hoje, eu estava pensando sobre as últimas férias boas e alegres que passamos juntos"

Se houver uma ou duas fotos a serem incluídas, pode provocar um sorriso no destinatário.

É sempre aconselhável usar papel de carta de qualidade, em vez de uma página arrancada de um caderno. Caso contrário, o destinatário terá a impressão de que a carta foi escrita por obrigação.

Se cometer um erro, deve-se começar novamente com uma folha nova. É inadequado riscar palavras ou sujar a página.

▷ **Escrever uma carta comercial:**

Cartas comerciais podem ser usadas para candidatar-se a um emprego ou recomendar alguém para uma vaga. Também podem ser usadas como cartas de apresentação jurídica, cartas de reclamação e correspondência cotidiana.

Existe uma forma adequada e universalmente aceita para tais tipos de carta, com algumas variações pequenas.

Na maioria das cartas comerciais, o remetente deve se concentrar no assunto em questão até o último parágrafo. Antes da frase de encerramento, o remetente pode adicionar uma breve nota pessoal, como "Foi bom vê-lo novamente no final de semana" ou "Por favor, não deixe de me ligar diretamente se tiver alguma dúvida."

▷ **Nota/carta de agradecimento:**

Notas/cartas de agradecimento devem ser feitas ao receber um presente ou flores, ao ganhar um convite para passar um fim de semana ou um jantar, quando for levado ao teatro ou a um show ou receber algum tipo de favor.

Uma carta de agradecimento deve ser curta, específica e pessoal.

Como nos outros tipos de cartas, uma nota de agradecimento deve ser feita com cuidado, usando uma caneta, em vez de um lápis, e escrita em papel de qualidade, sem sujeira ou erros.

■ **As partes mais difíceis de uma correspondência:**

Para muitos, a primeira e a última parte de uma correspondência são, normalmente, as mais difíceis.

Quando a introdução está completa, pode ser mais fácil inserir o assunto da carta, que deve ser claro na mente do escritor.

Na conclusão do texto, o escritor, às vezes, acha difícil manter a ideia ou informação principal, como os pintores que frequentemente hesitam sobre como terminar uma pintura. A conclusão de uma correspondência pode tanto fixar seu conteúdo quanto dispersá-lo.

- **Alguns princípios básicos a seguir:**

  - Qualquer carta escrita deve ser clara.
  - Em relação à fonte e tinta , as canetas modernas, com suas várias especificações, tamanhos e cores, substituíram as canetas antigas.
  - Atualmente, as canetas são geralmente descartáveis, prontas para escrever e não precisam ser recarregadas com tinta.
  - Embora a maioria das cartas sejam redigidas no computador, algumas ainda são escritas à mão.
  - Se não forem digitadas, as letras geralmente são escritas com canetas azuis ou pretas.
  - Alguns dignitários, com o direito de assinar e escrever notas em outras cores, como o verde, por exemplo, podem escrever sua correspondência também em azul ou preto, para evitar dar a impressão de superioridade.
  - A caneta não deve ser pressionada contra o papel enquanto se escreve. Caso contrário, pode ser criada uma linha extra, tornando a escrita ilegível e confusa para o destinatário.
  - As exclusões e correções devem ser evitadas, para que a carta não pareça desleixada.
  - Mesmo nas correspondências oficiais digitadas, algumas palavras de cortesia podem ser escritas à mão, próximo ao local da assinatura, para agregar intimidade e respeito ao destinatário.

- **Elementos de correspondência:**

  Toda correspondência é composta por vários elementos, como nome, endereço, data, saudação, assunto, corpo (conteúdo/texto), despedida, assinatura, capa ou envelope.

▷ **Cabeçalho da correspondência:**

1 **Endereço do remetente:**
  - Tradicionalmente, o endereço do remetente é escrito no canto superior direito da correspondência. No entanto, alguns preferem colocá-lo no canto superior esquerdo, antes da data e do endereço do destinatário.
  - SPode acontecer que alguma correspondência comece com o local de trabalho e oendereço do remetente no meio do quarto superior da página.

2 **Data:**
  - A data da correspondência deve ser posicionada abaixo do endereço do remetente.
  - Toda data deve incluir o dia, o mês e o ano.
  - Até recentemente, existiam várias maneiras de escrever as datas, como usar nomes em vez de números.
  - Atualmente, as duas formas mais comuns de indicar as datas são:
  1. Indicar o dia e o ano em números, com o nome completo do mês: "04 de setembro de 1996" ou "4 de setembro de 1996".
  2. Escrever apenas em números: "04/09/1996" (usando barras em vez de vírgulas).
  - Para documentação e arquivamento, tornou-se importante registrar o número da correspondência imediatamente antes da data, na mesma linha.
  - Vale ressaltar que é comum listar o endereço, telefone e e-mail em formato de rodapé na parte inferior da correspondência.

2   **Nome e endereço do destinatário:**

Normalmente, o nome e endereço do destinatário estão no lado esquerdo da correspondência, diretamente abaixo da data (após pular uma linha).

4   **Saudação:**

É importante ter em mente que a de saudação gera a primeira impressão sobre a correspondência e seu remetente.

- A saudação formal costuma ser "Prezado senhor", ou "Prezado Sr./Sra"., seguida do nome completo do destinatário.
- Uma correspondência destinada a um amigo pode ser iniciada por várias saudações e frases, como "Querido", "Querido irmão", "Estimado amigo" etc.
- Se você conhece bem a pessoa, pode usar apenas o primeiro nome: "Caro Jonathan"
- Quando não se tem o nome, pode-se usar: "Querido Senhor ou Senhora".
- Em correspondências informais, pode-se utilizar: "Olá" ou "Oi".
- Nas correspondências coletivas, pode-se usar: "Olá a todos" ou "Cara Nof, Rose, Sulafa, Bayram".
- Em correspondências comerciais, pode-se usar: "A quem possa interessar".
- Ao escrever para uma mulher, um homem não deve iniciar sua correspondência dizendo "minha querida" ou "minha senhora", ou algo semelhante. O nome completo da mulher deve ser mencionado.
- Se ela for uma amiga ou parente, o homem pode começar a correspondência utilizando o primeiro nome, dizendo "Prezada Gabriela" ou "Prezada Sra. Lina".
- Não se deve ignorar os títulos de pessoas ou dignitários, sejam civis, militares, religiosos etc. Deve-se escrever, por exemplo, "Caro Professor Dr. Sidney...".

▷ **Corpo da correspondência:**

1   **O assunto**

O assunto geralmente é uma única frase que descreve brevemente o propósito ou a razão da correspondência.

2   **O conteúdo:**

Esta parte inclui:
1. Uma introdução.
2. O conteúdo principal ou o assunto da correspondência com os detalhes.
3. A conclusão que encerra a correspondência.

Os vários tipos de conteúdo da correspondência são inúmeros. Pode ser uma correspondência pessoal ou de negócios oficiais. Pode ser sobre assuntos sociais, saudações, condolências, recomendações, agradecimentos, amor, felicitações etc.

Não existe uma regra geral, mas o estilo da escrita pode variar conforme o assunto tratado. O estilo de escrita deve ser claro e direto, com parágrafos bem organizados. Deve-se evitar a vulgaridade e a banalidade.

3   **Conclusão:**

O fechamento de cortesia: Toda correspondência costuma ser finalizada com palavras e frases de cortesia. Palavras e frases de cortesia variam entre os idiomas e culturas.

Geralmente, as palavras e frases de cortesia são escolhidas de acordo com a relação entre o remetente e o destinatário, bem como o status e a posição de ambos.

Na correspondência, o remetente deve escolher as palavras adequadas.

As expressões de fechamento mais comuns usadas hoje em dia são "Atenciosamente", "Respeitosamente", "Com meus/nossos melhores cumprimentos/votos", "Por favor, aceite minhas/nossas mais altas considerações/estima" e assim por diante.

▷ **Assinatura:**

O nome completo geralmente é escrito por extenso, sem abreviações. No entanto, algumas pessoas optam por abreviar o primeiro nome.

Na correspondência pessoal, para transmitir uma sensação de modéstia e cortesia, não é necessário mencionar o título, cargo ou profissão.

Em cartas públicas e oficiais, o nome completo e o título são obrigatórios.

▷ **Envelope:**

Deve-se prestar atenção a esse aspecto, pois o envelope pode ser simbolicamente considerado como a roupa que dá a primeira impressão sobre o remetente.

Quer a correspondência seja formal, informal ou pessoal, dependendo do seu propósito e evento, existem diversos tamanhos, cores e designs de envelopes formais e informais.

Nomes completos e títulos devem ser escritos no envelope sem abreviações.

Os endereços do remetente e do destinatário devem ser escritos de forma clara.

A maioria das unidades/autoridades públicas e privadas possui os nomes e endereços inscritos em seus envelopes.

Quando a correspondência for enviada para a casa de alguém, palavras e frases como "privado" ou "para ser aberto pessoalmente" devem ser evitadas.

Palavras como "privado", "confidencial" e "para ser aberto pessoalmente" podem significar falta de confiança, sugerindo que pode haver suspeita de que a correspondência será aberta antes de ser entregue ao destinatário.

Palavras e frases, como "privado", "confidencial" ou "para ser aberto pessoalmente", podem ser escritas em algumas correspondências oficiais ou públicas por um motivo específico. Neste caso, o secretário não tem o direito de abri-las, a menos que o seu destinatário permita ou solicite isso.

O selo postal deve ser fixado na parte superior direita do envelope.

* *Nota:*
Se uma pessoa abrir por engano um envelope endereçado a um colega, deve imediatamente transferi-lo para ele, em outro envelope e escrever "com minhas desculpas, abri esta carta por engano", com a sua assinatura.

• **Etiqueta de correspondências de e-mail**

No que diz respeito aos meios de comunicação modernos e eletrônicos, os pormenores relacionados à forma, natureza e estilo do e-mail e das mensagens são importantes. Isso inclui as regras de etiqueta e como esses meios de comunicação refletem as características, personalidades e profissionalismo das pessoas que os utilizam.

▪ **Por que a correspondência de e-mail é diferente?**

Correspondência eletrônica é caracterizada por rapidez e flexibilidade.

As mensagens de e-mail são as mais rápidas, baratas e menos vulneráveis à interferência. Diferentemente das cartas, as mensagens de e-mail não exigem papéis.

A correspondência em papel inclui os detalhes sobre quando foi enviada. Torna-se um registo.

Quando uma correspondência por e-mail é enviada, presume-se que foi recebida diretamente. O destinatário pode perguntar sobre assuntos adicionais ou simplesmente responder de forma direta. Ao contrário das chamadas telefônicas, qualquer mensagem de e-mail pode ser enviada sem a necessidade de se preocupar com as diferenças de horário entre os vários fusos horários.

As mensagens de e-mail oferecem imensas possibilidades, incluindo a realização de bate-papo e conversação. Embora uma ligação telefônica transmita fala, voz, tom, humor, etc., e permita o uso de muitas palavras, ela não fornece documentos oficiais que possam ser consultados novamente, como a correspondência por e-mail.

- **O e-mail correspondente deve ter os seguintes requisitos:**

— **Profissionalismo:** Para ser profissional, a correspondência por e-mail deve seguir uma linguagem, formato e ortografia adequados e corretos.

Um e-mail bem elaborado, inevitavelmente, criará uma boa impressão para o destinatário, confirmando o profissionalismo do remetente.

— **Eficácia:** As correspondências por e-mail devem ter um conteúdo direto, compreensível e claro. Se algumas partes forem obscuras ou vagas, pode ocorrer confusão entre os destinatários.

— **Segurança contra consequências:** Quando um remetente de e-mail sabe que ele é responsável por qualquer erro na correspondência, terá mais cuidado em fazer tudo corretamente.

› **Dicas de etiqueta:**

1. **Exatidão:**

Ao enviar um e-mail para perguntar ou pedir algo, a pergunta deve ser clara e específica. Por exemplo, não é lógico perguntar a uma empresa que fabrica micro-ondas de vários tipos, modelos e tamanhos, sobre um produto, sem especificar o tipo de micro-ondas.

2. **Resposta rápida:**

O remetente do e-mail espera uma resposta rápida à sua correspondência.

De acordo com as regras de etiqueta, um e-mail deve ser respondido no mesmo dia útil ou em até 24 horas.

Se for necessário mais tempo para responder, o destinatário deve responder com uma mensagem breve, garantindo, ao remetente, que o e-mail foi recebido e será respondido o mais breve possível.

3. **Mensagens breves:**

As frases usadas nas mensagens de e-mail devem ser as mais curtas possível. Deve-se esperar que mensagens de e-mail longas possam ser ignoradas, tendo em mente que, para algumas pessoas, ler textos longos na tela é mais difícil do que em papéis.

Um e-mail com frases longas pode ser cansativo e parecer um artigo. O destinatário pode ficar relutante em concluir a leitura.

4. **Gramática, ortografia e pontuação corretas:**

Enviar um e-mail cheio de erros de gramática, de ortografia e de pontuação certamente causará uma má impressão.

A falta de pontuação ou seu uso inadequado pode alterar o significado de uma frase ou de todo o texto, o que pode levar a um mal-entendido.

Exemplos de frases com pontuação incorreta e correta:
- Aprendam a cortar, marinar e cozinhar amigos! (equivocado)
- Aprendam a cortar, marinar e cozinhar, amigos. (correto).

Ou:
- Vamos comer vovô! (equivocado)
- Vamos comer, vovô. (correto)

Nota:
Usar um programa de computador com correção automática tornou mais fácil ter correspondência por e-mail sem erros.

5. Formatação clara e parágrafos específicos:

Se a leitura na tela for mais difícil do que a leitura em papel, os parágrafos devem ser claramente definidos e organizados. Quando apropriado, eles devem ter uma numeração clara.

6. Respondendo a todas as perguntas:

Em uma resposta de e-mail, todas as perguntas feitas pelo remetente devem ser respondidas.

Se as perguntas forem ignoradas, é esperado que algumas perguntas sejam repetidas, o que desperdiça o tempo de ambas as partes envolvidas. O remetente do e-mail deve imaginar o que o destinatário pode perguntar e tentar explicar as coisas com antecedência, o que será apreciado.

7. Toques pessoais:

Embora existam fórmulas para lidar com conteúdos e tópicos familiares por e-mail, é bom adicionar alguns toques pessoais que reflitam o caráter do remetente. Por exemplo, é bom usar o nome do destinatário mais de uma vez ou terminar o e-mail com "Tenha um ótimo dia" ou outras frases semelhantes.

8. Arquivos desnecessários:

Arquivos desnecessários confundem o destinatário e desperdiçam o tempo.

Arquivos longos aumentam a capacidade de armazenamento e a sobrecarga do computador receptor.

Arquivos grandes também podem aumentar a possibilidade de conter vírus, principalmente se o remetente não tiver um bom programa antivírus.

9. Termos de importância e primazia:

Palavras e frases como "muito importante" ou "urgente" não devem ser usadas, a menos que haja uma necessidade real.

O uso excessivo de "muito importante" e "urgente" fará com que percam seu significado e não receberão a atenção necessária quando realmente forem requeridos.

10. Usando letras maiúsculas:

Não é necessário usar todas as letras maiúsculas em uma mensagem de e-mail para chamar a atenção do destinatário.

O remetente pode parecer estar gritando, o que pode gerar respostas indesejáveis.

11. Incluindo a anterior série de e-mails:

Algumas pessoas não gostam de ver o histórico de e-mails incluído nas respostas, argumentando que isso prolonga o tempo de carregamento da correspondência.

Outras consideram que isso economiza tempo e esforço do destinatário, o qual pode pesquisar a origem e o assunto da correspondência.

12. Isenções de responsabilidade:

A maioria dos estabelecimentos públicos e privados costumam adicionar alguma frase no final de seus e-mails, como "Certifique-se de que não haja vírus" ou "A empresa não permite que seus funcionários usem frases de difamação, discriminação sexual e racial" e encerramentos similares.

Tais frases reduzem a responsabilidade legal caso um funcionário envie, intencionalmente ou não, vírus que causem interrupções ou danos aos sistemas dos destinatários. Tais frases reduzem a responsabilidade se houver palavras de difamação ou discriminação racial em um e-mail. No entanto, essas frases devem ser evitadas, pois são contra as leis, a etiqueta e a educação.

13. Relendo o texto do e-mail:

Tirar um momento para revisar os e-mails antes de enviá-los ajuda a reduzir erros de ortografia, pontuação e gramática.

A releitura do e-mail pode lembrar o remetente de uma ideia esquecida e limitar a possibilidade de constrangimento para o remetente ou confusão para o destinatário.

14. Abreviações:

Abreviaturas não são ideais em correspondências corporativas e de negócios, mas não usadas.

O remetente deve ter a certeza de que o destinatário conhece as abreviaturas utilizadas.

Não é adequado usar abreviação em inglês como "LOL" (laughing out loud), exceto entre amigos.

Algumas abreviações/acrónimos comuns de e-mail incluem:

vc / cê / c	Você
vcs	Vocês
msg	Mensagem
obg	obrigado / obrigada
Pfvr	por favor
bj / bjo	Beijo
bjs / bjos	Beijos
abç	Abraço
rs	Risos
kkk, rs, haha, hehe, huahua	diferentes maneiras de rir
td	Tudo
mt	Muito
msm	mesmo
n / s	não / sim
nd	Nada
oq	o quê
q	Que
pq	por que / por quê / porque / porquê
sdd / sdds	saudade / saudades
vdd	verdade
ctz	certeza
tbm / tb	também
cmg	comigo
ctg	contigo
ngn	ninguém
qto	quanto
qdo / qnd / qd	quando
gnt	Gente
msm	mesmo
add	adicionar
qq	qualquer
hj	Hoje
d+	demais
t+	até mais
uau	"wow"
mds	meu deus
ac	acompanhando
blz	Beleza
vlw	valeu

tranks	tranquilo
rlx	Relaxa
miga / migo	amiga / amigo
fds / findi	fim de semana
fz	Fazer
ft	Foto
qr	Quer
p	Para
neh	né?
eh	É
dnv	de novo
vms	vamos
zap	WhatsApp
cc	cópia carbono
bcc	blind carbon copy

15. Cartas em cadeia:

A maioria dos destinatários exclui imediatamente os e-mails recebidos no formato de correntes de e-mail, pois eles podem conter vírus, ter informações imprecisas ou até mesmo serem apócrifas.

16. Notificação de recebimento:

Não é normal solicitar uma notificação de recebimento de uma correspondência por e-mail. Essa solicitação pode incomodar o destinatário. Se necessário, o remetente pode afirmar que ficaria grato se o destinatário pudesse confirmar o recebimento.

17. Anexos:

Qualquer arquivo pertencente a terceiros não deve ser anexado sem permissão. Caso contrário, pode ser considerado uma violação dos direitos autorais.

18. Assuntos confidenciais:

Informações confidenciais não devem ser compartilhadas. Um e-mail não deve incluir itens que possam gerar problemas. Neste caso, é possível comentar por exemplo:

"A informação transmitida é enviada apenas para a pessoa ou entidade a quem se destina e pode conter material confidencial e/ou privilegiado."

19. Voz ativa:

Para tornar a correspondência mais intimista, é preferível usar frases na voz ativa, ao invés de frases na voz passiva. Uma frase como "o seu pedido será enviado a você" é muito formal, enquanto uma frase como "nós enviaremos o seu pedido" soa mais próxima.

20. Gênero neutro:

É mais compatível com as regras de etiqueta usar linguagem "neutra", independentemente do sexo do destinatário. Ao escrever, por exemplo, "Clientes, vocês podem encontrar os detalhes no link ...", a palavra "Clientes" pode aplicar-se tanto a homens quanto a mulheress.

21. Espalhamento de vírus:

Correntes de e-mail e mensagens enganosas geralmente contêm vírus. Portanto, não se deve enviá-las, tampouco contribuir para a disseminação de vírus.

Uma mensagem com uma afirmação como "um vírus apagará tudo no computador" é provavelmente uma mensagem enganosa com vírus. Se um destinatário a envia para outros com o intuito de alertá-los, contribuirá para a propagação do vírus.

22. "Spam":
- O spam de e-mail, também referido como lixo eletrônico, é uma mensagem não solicitada enviada em massa por e-mail.
- As mensagens de spam podem conter vírus e devem ser excluídas.
- Responder a "spam" e anúncios implica que:
- O endereço de correspondência do destinatário está correto;
- O destinatário confirma que seu e-mail está "Ativo" e pronto para receber tais mensagens.

23. "Cc" ou "Cco":

"Cc" (com cópia) é usado quando cópias de uma mensagem são enviadas para uma ou mais pessoas.

"Cco" (cópia oculta) é usado quando cópias de uma mensagem são enviadas para um determinado grupo de participantes.

"Cco" indica que o destinatário deve saber que outras cópias estão sendo enviadas a todas as outras pessoas no mesmo grupo.

O procedimento "Cco" mantém a privacidade dos membros do grupo.

24. Formatação ou fonte:

Quando um documento contém várias páginas de texto simples, pode ser muito difícil para o leitor encontrar as ideias importantes. A aparência e a legibilidade do documento podem ser melhoradas alterando a aparência do texto.

No entanto, ao enviar uma correspondência por e-mail, usando uma certa formatação ou fonte, pode não aparecer na tela do destinatário da mesma forma que o remetente desejou.

A mensagem ou arquivo transmitido em uma determinada formatação, fonte e cor pode não ser compatível com os programas de computador do destinatário.

O envio de uma mensagem de e-mail com um arquivo criado no "Word 2010", por exemplo, pode ter diferenças de formatação, fonte e cor quando o destinatário tem uma versão do "Word 2008". Pode até não ser possível abrir o arquivo.

25. Mensagens "HTML":

Hyper Text Markup Language, que significa: "Linguagem de Marcação de Hipertexto"):

HTML é uma maneira de codificar um documento (feito de texto ASCII) que permite que um leitor de HTML (como um navegador da Web) saiba como processar certos tipos de informações. Os e-mails em HTML têm tudo o que os e-mails de texto simples não têm: cor, estilo, imagens e, às vezes, multimídia.

O link "HTML" pode incluir uma página, imagem ou vídeo. O link " HTM'' geralmente está em azul e sublinhado.

Ao inserir o link "HTML" em uma correspondência de e-mail, isso deve ser feito corretamente, para que o destinatário possa abri-lo.

Seção Cinco

Etiqueta do teatro

"Teatro é vida, cinema é arte, televisão é mobília."[1]

Não há espaço suficiente para abordar tudo relacionado à cultura e aos seus diferentes aspectos, incluindo teatros. No entanto, devo dizer que não há dúvida de que os aspectos culturais refletidos na escrita, na arte, no teatro, no canto, na música, na dança, no folclore, etc. são vitais para formar uma ideia clara sobre a identidade de qualquer grupo de pessoas.

"Pela cultura e pelas perspectivas críticas que ela promove, o homem geralmente descobre os mecanismos dos acontecimentos e recupera a força para recuperar sua humanidade. A cultura, afinal, fornece a ideia e os ideais, que aumentam a liberdade, a consciência e beleza do homem.

Nesse contexto, o teatro, por meio do exemplo e da participação, pode nos ensinar a reconstruir e recriar e a nos engajar no diálogo pelo qual todos ansiamos. O teatro deve permanecer vivo porque sem ele o mundo ficaria mais solitário, mais feio e mais pobre."[2]

Sem dúvida, a maioria das pessoas gosta de ir a teatros, casas de ópera, concertos. Portanto, este capítulo lembra o decoro adequado a seguir nos teatros.

Quando falamos de teatro, referimo-nos, como se sabe, a qualquer lugar onde se apresentam peças de teatro, óperas, concertos de música clássica (e até filmes ocasionalmente) o que exige o cumprimento de regras de etiqueta específicas. Isso difere dos lugares

---

[1] Autor desconhecido.

[2] Trechos do discurso de Saadallah Wannous no Dia Mundial do Teatro de 1996. Saadallah Wannou (1941 - 1997) é um premiado dramaturgo e editor sírio que ganhou fama internacional.

onde se realizam festas de música e canto juvenis, nos quais as regras de etiqueta estão quase ausentes.

> Dicas de etiqueta

Como ir ao teatro é um evento especial, o público deve se vestir para esta ocasião. Embora antigamente se esperasse um traje formal para assistir a espectáculos de teatro, o traje informal tornou-se agora aceitável (é mais confortável). No entanto, um traje informal não significa traje desleixado.

- Evite o uso excessivo de perfume, colônia, desodorante ou até mesmo comer balas de hortelã.
- Todos os membros do público devem chegar na hora marcada. Ao ser pontual, demonstra-se respeito pelos atores e pelos outros espectadores. Na verdade, uma pessoa que chega ao teatro, após o início da apresentação, obrigará os espectadores a deixá-lo passar diante deles para que encontre seu assento, incomodando-os.
- Nos balcões e cabines dos teatros, as mulheres se sentam nos assentos da frente e os homens atrás delas.
- Um espectador pode ir ao banheiro antes de se sentar ou no intervalo. Deixar o assento durante a performance não é apenas perturbador para as pessoas da mesma fila e das filas vizinhas, mas também para os atores.
- Quaisquer comprimidos para tosse ou doces devem ser desembrulhados antes do início do show. Os únicos sons que o público deve ouvir em uma apresentação devem vir do palco.
- Os homens devem tirar o chapéu para não bloquear a visão de outra pessoa.
- As mulheres podem usar chapéus baixos (não altos). Qualquer mulher deve tirar o chapéu se um dos espectadores atrás dela pedir. Ela deve atender ao seu pedido sem mostrar ressentimento.
- Um espectador deve respeitar o espaço das pessoas de ambos os lados e tentar permanecer dentro dos limites de sua cadeira sem descansar os dois braços.
- O espetador deve ficar acordado. Roncar ou inclinar a cabeça no ombro do vizinho enquanto adormece é inaceitável.
- Deve-se manter os sapatos calçados e evitar mexer-se excessivamente, pois isso pode distrair quem está ao redor.
- É preciso estar interessado. Os músicos costumam reclamar de alguns membros do público que fazem barulho e mostram falta de interesse durante os concertos.
- A menos que seja convidado pelos as pessoas no palco a cantar junto, o público deve se abster de cantar, cantarolar ou assobiar as músicas.
- Comer batatas fritas, pretzels ou qualquer outro lanche crocante durante uma performance ao vivo é inadmissível.
- Além disso, é preferível adiar a ingestão de doces até o final da apresentação. O teatro não é um lugar para comer.
- Os telefones celulares devem ser mantidos no modo silencioso ou, de preferência, desligados, pois podem afetar os dispositivos de áudio e de amplificadores. Também não se deve atender chamadas telefónicas durante o espetáculo.
- É recomendável não verificar os celulares durante a apresentação; a luz da tela pode incomodar as pessoas ao redor e distrair sua atenção.
- Uma vez que a apresentação começa, o público deve manter o silêncio, não sussurrando ou fazendo comentários, por mais satisfeitos que estejam.

– Cantores ou músicos não devem ser acompanhados por cânticos, por dedos batendo nos assentos ou por pés batendo no chão.

– Um espectador deve conter a tosse o máximo possível durante a apresentação; caso contrário, ele deve deixar o salão.

– Em concertos clássicos, os aplausos são esperados apenas no final das canções, não no final de cada segmento, como alguns podem fazer.

– Um espetador deve ser apreciador. Pode demonstrar o seu apreço batendo palmas nos momentos apropriados e levantando-se no final do espetáculo quando os outros se levantam.

– Comentários negativos e as críticas não devem ser proferidos em voz alta durante o intervalo. Não é diplomático ferir os sentimentos de qualquer ator e músico ou pessoas que os conheçam.

* Nota:

Geralmente, crianças com menos de 10 anos não podem assistir a apresentações de ópera e sinfonias clássicas, a menos que tais atividades sejam especialmente dedicadas a elas. Em festas de jovens e de cantores não clássicos, já não é possível falar sobre silêncio e sossego. Aplausos, de todas as formas, incluindo assobios e gritos, tornaram-se uma característica dominante dessas atividades.

Etiqueta de museus e galerias de arte

"O objetivo da arte é representar não a aparência externa das coisas, mas seu significado interno."[3]

Não há dúvida de que visitar um museu ou uma galeria de arte é uma experiência cultural notável, que oferece a chance de aprimorar o conhecimento, o interesse e o prazer.

Museus e galerias de arte são espaços especiais, onde os visitantes devem andar com a mais leveza e cuidado possível, para evitar acidente. Aqui estão algumas dicas e regras de etiqueta úteis sobre o comportamento adequado dos visitantes em um museu ou uma galeria de arte.

> **Dicas de etiqueta:**

A regra básica mais importante é ver com os olhos, e não com as mãos. Para garantir a preservação das peças de arte, qualquer toque ou cutucada em esculturas, pinturas ou fotografias pode levar a possíveis danos físicos, embora possam não ser vistos imediatamente.

As mãos contêm óleos que corroem as superfícies, diminuem a expectativa de vida da peça e podem levar à destruição.

– O museu e a galeria são lugares públicos e os visitantes devem sempre respeitar a presença um do outro.

– O visitante é obrigado a dar um passo atrás e não ficar muito perto das peças de arte expostas para dar a todos a oportunidade de as ver.

– Não é necessário passar muito tempo diante de uma peça para compreendê-la. O visitante deve minimizar o tempo de observação e, se tiver interesse, pode voltar a ela para uma nova visualização.

---

3 Aristóteles (384-322 aC): filósofo e cientista grego.

– Para criar um ambiente confortável e para evitar a perturbação de uma atmosfera livre de estresse, é necessário desligar o flash da câmera e não tirar fotos de cada peça.

– É bom lembrar que os museus e as galerias não são os lugares para sessões de fotos. Portanto, o visitante deve evitar fazer as peças de arte como pano de fundo de fotos. Isso pode ofender os outros visitantes.

– Da mesma forma, deve evitar-se tirar selfies.

– Para ter uma ampla oportunidade de apreciar a arte em um nível sensorial, o visitante deve manter o telefone no modo silencioso, evitar atender uma chamada durante a visualização de uma instalação e reduzir ao mínimo as conversas telefónicas.

– É proibido andar com comida ou bebida, pois um possível derramamento pode causar danos.

– Para respeitar outros visitantes, deve-se tentar usar uma voz baixa e evitar fazer barulho, como falar, rir, cantar ou assobiar.

– Além de ficar quieto, o visitante não deve fazer comentários críticos negativos, mesmo que tenha uma má impressão do que é exibido.

Em uma galeria de arte:

– O visitante não deve insistir com o artista, se presente, para lhe dar uma extensa explicação sobre as obras exibidas.

– Muitos artistas acreditam que os espectadores são livres de formar impressões e ideias por si próprios; artistas não são professores, nem reformadores sociais necessariamente.

– Se houver um livro de visitante, aqueles que desejam gravar alguns comentários devem ser objetivos. No entanto, pode-se transmitir qualquer opinião que tenha de maneira gentil.

– Não é apropriado ignorar ou jogar fora cartões de convite, pôsteres, folhetos e outras publicações de exibição.

– Se um visitante deseja comprar uma obra de arte com preço, ele não deve negociar, mesmo que a negociação seja uma tradição predominante em sua sociedade. Toda arte deve ser comprada pelo preço listado pelo artista, pois é um reflexo dos pensamentos, emoções e esforços do artista, e não de um simples objeto de decoração.

Etiqueta de dança

*"A dança tem dois pés pensantes
e uma cintura que ensina a sabedoria."*[4]

Vale mencionar que a dança é o tipo mais antigo de arte e é um componente básico de qualquer cultura.

É uma forma de arte performática simbólica e estética, que depende do uso de sequências selecionadas do movimento humano.

Recentemente, alguns tipos de dança não têm mais as mesmas restrições e procedimentos que prevaleciam em períodos anteriores. Hoje, basta que alguns jovens se encontrem em um salão, restaurante ou em uma casa, para dançar do jeito que gostam, em um ambiente animado com música alta.

Notavelmente, a dança do ventre oriental (uma dança árabe) se tornou um hobby, uma profissão e uma tendência em muitas regiões não árabes, especialmente nos países latino-americanos.

Independentemente de globalização, as danças populares e folclóricas que distinguem as regiões devem ser preservadas, desenvolvidas e enriquecidas para manter as diversidades culturais.

> **Dicas de etiqueta:**

Fazer reverência é o único tipo de saudação trocada entre os parceiros de dança no início e no final de cada dança.

– O homem convida uma mulher para dançar, e não o contrário.

– O convite para dançar não é um convite para se conhecer e conversar.

– O homem deve acompanhar sua parceira de dança até o local em que ela se senta, no final de cada dança, e apenas agradecer a ela por ser sua parceira, sem conversa prolongada.

---

4 Dr. Afif Othman (Nascido em 1956), professor universitário libanês e pesquisador em filosofia e ciências humanas.

– A aceitação de uma mulher para dançar com alguém não justifica a insistência em pedir mais danças.

– Se uma mulher ou menina responder com educação, deve ser tratada com a mesma civilidade e respeito.

– É inadequado para o homem e para a mulher dançar apenas com um parceiro durante todas as danças.

– O homem que não está treinado em certas danças, por exemplo, salsa, tango, etc. é aconselhado a não dançar. Não é delicado se impor a um parceiro e dançar mal.

– Se um homem não é competente numa determinada dança enquanto ainda está acompanhado por sua parceira, ele deve tentar segui-la discretamente, para não atrapalhar ela e os outros.

– Espera-se que o homem evite colocar a mão no vestido da parceira de dança, se a mão estiver suada.

– Na "valsa", o homem não deve apertar a cintura da parceira, mas tocá-la suavemente com a palma da mão.

– Uma garota ou uma mulher, que acompanha seus amigos, marido, família ou outras pessoas a uma pista de dança, deve esperar que alguém a convide para dançar.

– Antes de convidar uma mulher para dançar, o homem deve pedir a permissão de qualquer homem que a esteja acompanhando.

– No final da dança, ele volta com ela para a mesa dela e faz uma simples reverência antes de retornar ao seu lugar.

– Recusar-se a dançar com alguém (sem uma justificativa clara) pode ser considerado um insulto e um desrespeito à pessoa.

– Uma mulher pode, às vezes, não estar no clima para dançar ou ter um motivo para recusar o convite. Ela deve dar uma explicação convincente para sua recusa.

– É um comportamento ruim e insultuoso se uma garota ou uma mulher se recusa a dançar com alguém que pede e depois ela aceita o convite de outra pessoa.

– Se um homem convidar uma mulher para dançar e ela pede desculpas prometendo que ele será seu parceiro na próxima dança, ele não deve ignorá-la quando a próxima dança chegar.

> **Etiqueta dos "salões de baile":**

Além da dança, os salões de baile são locais de diversão e entretenimento.

<u>Aqueles que não têm disposição para diversão, alegria e sorriso não são aconselhados a ir a um salão de baile.</u>

– Quanto mais formal a dança, mais formal deve ser o traje. Portanto, homens e mulheres se vestem de acordo com o estilo da dança.

– Geralmente, os convites incluem qual código de vestimenta seguir.

– Ao chegar a um salão de baile, o homem que acompanha uma mulher prossegue com ela até a área de vestir das mulheres. Entretanto, é inadmissível a entrada de homens.

– Da mesma forma, o homem vai para a área de vestir dos homens para colocar seu casaco e chapéu e ajustar suas roupas. Depois de um tempo, o homem retorna e espera na porta da área de vestir das mulheres para acompanhar a sua parceira até o salão de baile.

– No salão de baile, ela se junta ao grupo de mulheres e ele se junta ao dos homens.

– Nos salões de baile, os "gerentes de

pista" controlam e organizam danças e ajudam na seleção de parceiros de dança para estranhos que não conhecem os outros participantes.

– Não é apropriado para um estranho (que participa pela primeira vez) ir diretamente em direção a uma mulher e pedir que ela dance com ele. É tarefa do gerente de pista providenciar isso.

– O homem deve definitivamente começar a primeira dança com a mulher que acompanhou ao baile.

– Qualquer parceiro de dança deve informar ao gerente de pista se não puder continuar a dançar. Deve haver uma boa razão para isso.

– No salão, a dança é feita no sentido anti-horário, conhecida como "Linha de Dança." Isso se aplica a danças itinerantes (que se movem no espaço delimitado ao longo da linha de dança). Incluindo Valsa, Foxtrot, Tango, Quickstep e Valsa vienense, além de Polca e outras danças.

– As danças latinas (incluindo Samba, Cha-cha-cha, Rumba, Salsa, Pasodoble) e swing são mais ou menos estacionários (dançarinos ficam no meio da pista) e não têm linha de dança.

– Caso um parceiro/uma parceira saia do salão ou se sente antes que a dança termine, o gerente de pista deve encontrar uma parceira/um parceiro alternativa/alternativo.

– No final da dança e antes da despedida, o cavalheiro agradece a sua companheira. Este "Obrigado!" não é devido a um favor, mas por cortesia.

– Quando a dança termina, a tradição exige que o cavalheiro dê o braço à dama e a leve de volta ao seu lugar.

– Embora aceitar a culpa seja especialmente um toque agradável para o cavalheiro, um dançarino não deve culpar sua parceira pela execução incorreta dos passos.

– Independentemente de quem é a culpa quando ocorre um acidente de dança, ambas as partes devem sorrir e continuar. Isso se aplica ao melhor dançarino em particular, que tem uma responsabilidade maior.

– Muitas vezes acontece que os dois parceiros dançando socialmente não estão no mesmo nível. Nesse caso, o parceiro mais experiente deve dançar ao nível do parceiro menos experiente.

– O mesmo princípio se aplica aos dançarinos latinos e de swing, embora em menor grau. Fazer sincopações extras, footwork, giros livres etc. pode ser uma distração e até intimidante para um dançarino menos experiente.

– Embora a solicitação do ensino de certo passo de dança, na pista de dança, não seja necessariamente uma violação flagrante, o ensino não solicitado pode ser humilhante e tira a diversão da dança.

– Como a pista de dança não é um lugar para ensinar ou corrigir um parceiro, é melhor se concentrar na dança que ambos os parceiros podem fazer e desfrutar.

– Um dançarino deve ser gentil, sorridente e fazer contato visual com sua parceira.

– Ele deve tentar projetar uma imagem calorosa e boa na pista de dança, mesmo que esse não seja o seu estilo pessoal.

– Depois que alguém pede ou aceita uma dança, é importante ser aparentemente positivo, mesmo que ele não se sinta exatamente entusiasmado.

– Antes do início de uma dança subsequente, os homens se alinham em uma fila e, um a um, se dirigem até as mulheres.

- Cada homem se aproxima, com o braço dobrado, em direção à mulher com quem ele deseja dançar ou à mulher que mostra desejo de ser sua parceira.
- Nos salões de baile, não há necessidade de os homens terem pressa; a troca de parceiros deve acontecer nas próximas danças.
- A etiqueta da dança encoraja todos a dançar com muitos parceiros diferentes. Isso é para garantir uma diversidade de parcerias na pista e para dar a todos a chance de dançar.
- As regras de etiqueta da dança são contra pedir ao mesmo parceiro mais de duas danças consecutivas.
- A etiqueta da dança exige que se evite recusar uma dança na maioria das circunstâncias.
- De acordo com a tradição, a única maneira graciosa de recusar uma dança é dizer que não a conhece, que tem necessidade de descansar ou que já prometeu dançar com outra pessoa.
- Quem recusar uma dança não pode dançar a mesma música com outra pessoa.
- Ao recusar uma dança, é aconselhável oferecer outra dança: "Não, obrigado, estou dando um tempo. Gostaria de fazer outra dança mais tarde?''
- Normalmente, depois de quase uma hora de dança, todos os casais vão jantar.
- Na mesa de jantar, cada homem cuida da mulher com quem ele foi ao salão de baile.
- Depois do jantar, todos os dançarinos voltam para o salão, se divertindo com novas danças.

Etiqueta
dos livros emprestados

"A leitura de todos os bons livros é como uma conversa com as melhores mentes dos séculos passados."[5]

Apesar da atitude cética e talvez pessimista de algumas pessoas em relação ao futuro do livro e à tendência avassaladora das versões eletrônicas, o prazer de ler livros tradicionais continua sendo uma necessidade e provavelmente uma obsessão para muitos.

> *Pedir emprestado ou emprestar um livro é sempre um prazer, especialmente quando o livro é realmente bom.*

É uma alegria para os amigos terem a chance de falar sobre o assunto do livro.

Mas, infelizmente, emprestar um livro a alguém pode ser arriscado, pois sempre há aquela questão incômoda de se ele vai tratá-lo bem ou devolvê-lo.

Na minha opinião, os livros devem ser compartilhados e apreciados. Não sou daqueles que acreditam que os livros devem ser mantidos na prateleira para ficar em perfeitas condições.

> **Dicas de etiqueta:**

– Se o prazo do empréstimo for ilimitado, o leitor deve perguntar a pessoa que empresta o livro quando devolvê-lo.

– Um livro emprestado deve ser lido e devolvido ao seu dono dentro de um prazo razoável. Geralmente é de 15 a 25 dias.

– Após 25 dias, se alguém deseja concluir a leitura de um livro emprestado, deve pedir permissão por mais tempo.

– O dono de um livro emprestado não deve ser forçado a pedir a devolução de um livro.

---

5 René Descartes (1596 - 1650), filósofo, matemático e cientista francês. Apelidado de pai da filosofia moderna.

– Um livro emprestado deve ser devolvido na mesma condição em que foi emprestado.

– É importante lembrar que um livro emprestado é propriedade de um amigo e deve ser cuidado.

– Quem está com um livro emprestado não deve dobrar as páginas ou os cantos e nunca deve escrever notas no livro emprestado de um amigo ou de uma biblioteca.

– As margens dos livros são projetadas para estética e enquadramento, não como um espaço para anotações e comentários pessoais.

– Escrever nas margens arruína o livro e distrai os futuros leitores.

– Quem está com um livro emprestado não tem o direito de emprestar esse livro emprestado à outra pessoa sem pedir a permissão do dono.

– Quando um autor dá um de seus próprios livros como presente a alguém, ele espera que seu livro seja lido e o leitor mais tarde expresse uma opinião sobre ele.

– É uma grande afronta para um autor ver seu livro negligenciado na mesa de alguém, sem ser folheado ou lido, especialmente se tiver sido assinado.[6]

– Se houver algum ponto de vista crítico ou alguns comentários negativos, tente expressar isso de maneira educada, para não ferir os sentimentos do autor.

---

[6] George Bernard Shaw (o conhecido romancista e dramaturgo irlandês) foi a uma livraria que vende livros usados a um preço barato. Ele viu um de seus livros que contém algumas de suas peças e quando o abriu ficou surpreso ao ver que esta cópia que ele deu a um de seus amigos e nela havia escrito e assinado: "Ao meu querido amigo que valoriza a palavra livre, com as melhores saudações de George Bernard Shaw". Bernard Shaw comprou esta cópia e escreveu sob a primeira dedicatória: "George Bernard Shaw renova suas saudações ao amigo que valoriza bem a palavra livre" e enviei a cópia de volta para aquele amigo.

Eu pessoalmente passei por uma experiência semelhante. Eu estava, por acaso, ao lado de um dos meus colegas diplomáticos que, por algum motivo, abriu a gaveta de sua escrivaninha. Vi meu livro intitulado "Relações Públicas e Protocolo" que apresentei a ele há um ano. Depois de pedir permissão, peguei o livro com alegria ao descobrir que esse diplomata nem mesmo folheou e desamarrou alguns de seus papéis adesivos (devido a um defeito de publicação). Fiquei ressentido e até ofendido, especialmente porque o livro deveria ser útil e importante para ele em seu trabalho.

Etiqueta de jogos de cartas

*"Manter ases não garante uma vitória.
Movimentos certos, sim."*[7]

Jogar cartas não é um mau hobby se praticado entre amigos e família casualmente para algum entretenimento. Caso contrário, seria uma perda de tempo e um hábito vulgar.

De qualquer forma, as seguintes regras de etiqueta não estão relacionadas com as do jogo e não tratam da etiqueta do casino, da sala de póquer ou de outros jogos, mas sim da etiqueta de jogo entre amigos para se divertir.

- **Símbolos e letras das cartas do baralho:**

Existem quatro símbolos usados nas cartas de baralho: coração, espada, paus e diamante. Originalmente, esses símbolos representaram os pilares da economia e do estado nas sociedades medievais:

- O símbolo do coração (♥) representa a igreja.

- O símbolo da espada (♠) representa o militar.

- O símbolo de paus (♣) representa a agricultura.

- O símbolo do diamante (♦) rrepresenta a classe mercantil e de negócios.

TAlém disso, há quatro letras usadas nas cartas do baralho: A, K ,Q e J:
– "A" é uma abreviação para a carta designada como Ás, que representa o número um. É considerada a carta mais forte no baralho.

---
7 Anônimo.

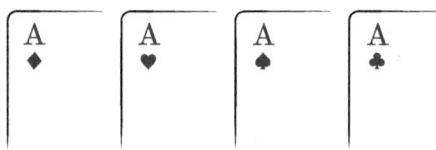

– A letra "K" representa a carta Rei.

– A letra "Q" representa a carta Rainha.

– A letra "J" representa a carta Valete, que pode ser entendida como "homem" ou "companheiro."

Além disso, um baralho padrão contém apenas duas cartas coringas, mas muitos jogos as excluem. Jogos que utilizam coringas, frequentemente, as empregam como cartas coringa ou substitutas – uma carta poderosa que pode ser usada no lugar de qualquer outra carta. Em essência, coringas são cartas distintas que desempenham papéis diferentes. Por essa razão, raramente são vistas em muitos jogos de cartas populares.

> **Dicas de etiqueta:**

Brincar com os amigos é para entretenimento, retidão e clareza. A atmosfera casual não deve afetar o jogo a um ponto em que cause confusão ou permita trapaças com maior facilidade.

– O ambiente do jogo deve permanecer amigável, não cheio de estresse e tensão.
– Os jogadores devem jogar de maneira educada e aceitar os resultados de vitórias e derrotas.
– O jogador deve ser paciente e aceitar os erros do parceiro silenciosamente.
– Os vencedores não devem expressar muita alegria; e os perdedores não devem mostrar descontentamento.
– O anfitrião deve pedir aos convidados que joguem primeiro. Ele deverá dar a eles prioridade, optando por não jogar no começo.
– Embora a atmosfera casual permita conversas, o jogador deve se concentrar no jogo que está sendo jogado.
– Muita conversa causa distração. É muito frustrante para um jogador jogar enquanto todo mundo está distraído.
– Os baralhos (cartas do jogo) não devem ser velhos, desgastados, amarrados ou marcados.
– Os baralhos devem ter o verso simétrico.
– Todos os jogadores devem estar sentados no mesmo espaço, longe do centro da mesa e incapazes de espiar as mãos uns dos outros.
– A distribuição das cartas não deve ser lenta ou inconsistente.
– As cartas distribuídas não devem ser tocadas até que o carteador termine de distribuir a última carta. A única exceção é

se as cartas forem distribuídas de maneira desleixada e houver um erro na distribuição de igual número de cartas para cada jogador.

– Antes de distribuir, o carteador pede ao jogador à sua esquerda para cortar o baralho em duas pilhas. O corte deve ser feito com apenas uma mão.

– Após o corte, o carteador não deve espiar a carta de baixo.

– Os jogadores devem esperar e não começar a jogar até que todos os jogadores tenham suas cartas organizadas.

– Qualquer declaração sobre lances, passes ou outras falas que façam parte do jogo devem ser claras, altas e diretas.

– Gestos estranhos, acenos, sinais ou declarações devem ser evitados. Isso pode ser mal interpretado como algum tipo de sinal.

– As cartas não devem ser jogadas de forma violenta, ou jogadas de qualquer maneira descuidada na mesa.

– Alguns jogadores podem se inclinar para trás e jogar as cartas na mesa de longe. Isso é uma atitude comum, mas inadequada.

– Durante o jogo, as mãos devem ser mantidas acima da mesa.

– Da mesma forma, as cartas nunca devem ser seguradas sob a mesa.

– É impróprio olhar as cartas nas mãos dos outros jogadores.

– É impróprio dar conselhos aos jogadores ou criticá-los durante o jogo.

– É impróprio elogiar outros jogadores (oponentes ou parceiros).

– É impróprio perguntar sobre as cartas jogadas anteriormente. O melhor é prestar atenção sem precisar perguntar.

– Nenhum espectador deve dar a volta na mesa olhando, comentando sobre o placar e tentando dar conselhos a algum jogador.

– Nenhum espectador deve fazer palpites ou apostas sobre quem está ganhando ou o que acontecerá, distraindo os jogadores ou puxando-os para conversas paralelas.

Seção Seis

Etiqueta de lugares religiosos

"Minha preocupação não é se Deus está do nosso lado; minha maior preocupação é estar ao lado de Deus, pois Deus está sempre certo."[1]

" Todas as pessoas têm opiniões e crenças religiosas pessoais, as quais, frequentemente, vêm de onde nasceram ou cresceram. Independentemente das opiniões teológicas de cada um, todas as religiões e crenças devem ser respeitadas em todos os momentos e lugares. "

Todos os locais de culto no mundo têm santidade; portanto, quando são visitados, é preciso respeitar as obrigações dos crentes devotos e se comportar entre eles como se acreditasse no que os devotos acreditam, independentemente de suas convicções pessoais ou crenças religiosas.

O comportamento de alguém tem de ser apropriado e consistente com as tradições e ritos dos lugares que visita, não com as tradições e ritos comuns à sua comunidade religiosa.

Quando se visita a Índia, por exemplo, ninguém é obrigado a visitar um templo hindu; mas, ao entrar, deve-se respeitar a etiqueta daquele templo e os seus ritos sem demonstrar surpresa ou desaprovação.

---

[1] Abraham Lincoln (1809–1865): Um estadista e advogado americano que serviu como o 16º presidente dos Estados Unidos.

O comportamento negativo incomodará os fiéis cujas reações podem ser intensas.[2]

Os clérigos são líderes formais dentro das religiões estabelecidas. Seus papéis e funções variam em diferentes tradições religiosas, mas geralmente envolvem presidir rituais específicos e ensinar as doutrinas e práticas de sua religião.

Em todas as funções e reuniões, deve-se lembrar que o clero tem um grau de autoridade e precedência no protocolo.

De acordo com a denominação, status e ocupação, os nomes específicos, títulos e funções do clero variam conforme cada religião e até mesmo cada seita.

Em geral, o cristianismo tem uma ampla gama de posições formais e informais do clero, incluindo pastores, diáconos, presbíteros, padres, bispos, arcebispos, patriarcas, cardeais e o Papa.

Tradicionalmente, os sheikhs religiosos islâmicos, que possuem muitos títulos, desempenham um papel proeminente em suas comunidades ou nações e sua liderança religiosa pode assumir uma variedade de formas formais e informais, fornecendo regras religiosas para piedosos, bem como resolver questões cotidianas (mesmo os mais menores e particulares).

No Islã, um líder religioso é frequentemente conhecido formalmente ou informalmente como Imam, Qadi, Mufti, Sheikh Aqil, Mullah, Hujjat Al-Islam e Ayatollah.

No judaísmo, os líderes religiosos têm muitas posições e títulos. Rabino, Cantor e Gabbai são os três principais tipos de clero judaico.

O clero budista é frequentemente chamado coletivamente de Sangha e consiste em várias ordens de monges do sexo masculino (originalmente, chamados bhikshus) e de monges do sexo feminino (originalmente, chamados bhikshunis).

O clero budista tem muitos nomes, títulos e papéis que variam de acordo com o país e a comunidade.

O Hinduísmo é uma religião e cultura indiana amplamente praticadas na Índia e em partes do Sudeste Asiático.

Os estudiosos consideram o hinduísmo como uma fusão ou síntese de várias culturas e tradições indianas, com raízes diversas e sem fundador.

Os sacerdotes hindus (identificados como Pundits ou Pujaris entre os devotos) são conhecidos por realizar serviços frequentemente chamados de Puja.

Embora a etiqueta adequada possa variar dependendo do local religioso visitado, existem algumas regras gerais que a maioria dos principais locais de culto compartilham.

Eu elaborei uma lista de comportamentos a serem seguidos em locais de culto de quatro grandes religiões: Cristianismo, Islã, Budismo e Hinduísmo.

---

2 Certa vez, visitei um templo em Nova Deli e reparei que algumas pessoas estão alimentando ratos. Lá, eles consideram que todos os seres são criados devem serem respeitados e deixados a viver à sua maneira; e não há justificativa para removê-los ou machucá-los, pois o direito de viver é sagrado para todas as criaturas, sem exceção. Este comportamento pode parecer estranho para quem tem valores semelhantes aos meus. No entanto, em conformidade com a etiqueta, mostrei todo o meu respeito.

> **Dicas de etiqueta:**

- Todas as pessoas, independentemente de suas crenças, devem respeitar os clérigos de todas as religiões, seitas ou comunidades.
- Todos os locais de culto exigem que os homens tirem o chapéu, usem roupas conservadoras cobrindo ombros e pernas, e evitem roupas justas, shorts curtos, blusa sem mangas e camisas com slogans ou anúncios.
- As mulheres são obrigadas a usarem roupas modestas que cubram os ombros (como blusas, xales) e que cubram os joelhos (como calças, saias e vestidos).
- Nas mesquitas, além de cobrir a cabeça e o cabelo, as mulheres também devem usar saias ou vestidos até os tornozelos.
- Nas mesquitas e nos templos hindus e budistas, homens e mulheres devem tirar os sapatos antes de entrar.
- Em quase todos os locais de culto, deve-se pedir permissão antes de tirar fotos e filmar, especialmente se o local tiver estátuas e pinturas.
- Se as câmeras forem permitidas, o flash, que pode realmente danificar a arte antiga, deve ser desligado.
- Os telefones celulares sempre devem ser desligados antes de entrar em espaços religiosos.
- Os visitantes devem evitar conversas altas ou inadequadas. Os lugares de culto são para adoração e meditação.
- Se os visitantes estiverem em grandes grupos, devem evitar cerimônias religiosas, para não incomodar os fiéis.

Dicas de etiqueta mais detalhadas:

- Embora os visitantes da igreja geralmente não sejam obrigados a tirar os sapatos, na Etiópia, os visitantes devem removê-los.
- Quando sentados nas igrejas ortodoxas gregas, os visitantes devem evitar cruzar as pernas.
- Nos templos hindus, ao entrar, é apropriado que os visitantes removam itens de couro, incluindo sapatos, cintos, jaquetas, etc. Apesar de não seja uma regra fixa, é um sinal de respeito. Nos templos budistas e hindus, apenas a mão direita é usada para manusear doações (ou qualquer outra coisa) oferecidas a outra pessoa.
- Nos templos budistas, todos devem ficar de pé quando monges ou freiras entram.
- Nos templos budistas, ao apontar algo para outro visitante, usa-se a mão direita com a palma aberta.
- É inadequado dar as costas às estátuas de Buda. Portanto, os visitantes podem se virar apenas quando estão a alguns metros de distância de tais estátuas. Além disso, as estátuas de Buda e os monges não devem ser tocados.
- Nas mesquitas, os visitantes devem prestar atenção às placas na entrada. Algumas mesquitas têm entradas separadas para homens e mulheres. Se um visitante não vê a placa, deve, mesmo assim, notar que homens e mulheres estão se reunindo em entradas diferentes e proceder de acordo. Embora tirar fotos dentro das mesquitas seja, geralmente, permitido, é proibido fazê-las durante a oração.

Etiqueta dos funerais

"A fama vive depois da morte."[3]

No que diz respeito aos funerais, os costumes, tradições e atitudes variam de acordo com diferentes culturas e religiões. Portanto, não há uma etiqueta comum (sobre procedimentos, roupas, flores, etc.) que prevalece em todos os lugares. Cada sociedade, e até mesmo vários grupos dentro de algumas comunidades, pode ter práticas diferentes aplicadas a funerais.

Nesse capítulo, a etiqueta e os procedimentos para funerais incluem memoriais, que é uma cerimónia realizada sem a presença do corpo. Talvez o indivíduo ou a família tenha escolhido a cremação, ou o falecido tenha morrido em combate militar (como um soldado ou um civil) ou em outro país, etc. De qualquer forma, o memorial costuma ser mais informal do que um funeral tradicional. Embora a etiqueta fúnebre adequada varie muito, a maioria de nós tem uma noção geral das diretrizes a serem seguidas.

> **Dicas de etiqueta:**

– A presença ou não no funeral depende do tipo de relacionamento que se tem com o falecido ou o enlutado, como ser membro da família ou um amigo próximo.

– Com um relacionamento menos familiar, a participação é opcional. Pode-se optar por ficar em casa e escrever uma nota de condolências. Um cartão de simpatia impresso com uma ou duas linhas manuscritas para personalizar a mensagem também é apropriado.

---

[3] Provérbio irlandês.

- Outras opções são enviar flores ou fazer uma doação em memória do falecido a uma instituição de caridade indicada no obituário.
- Geralmente, em velórios, visualizações ou visitas (onde o caixão está presente, aberto ou fechado), não é obrigatório comparecer, a menos que haja uma conexão importante.
- O enlutado deve expressar a sua profunda tristeza e simpatia.
- O período de luto varia de um lugar para outro. O período de luto das mulheres, geralmente, depende do grau de parentesco com o falecido.
- No que diz respeito às roupas, pode ser complicado determinar o que é respeitoso para o falecido e os enlutados, e o que é confortável.
- Os homens que cumprem o dever de consolar devem usar roupas formais ou profissionais escuras, com uma gravata preta ou escura adequada.
- As mulheres podem usar calças escuras, saias (na altura os joelhos ou ou abaixo), blusas, jaquetas, suéteres ou vestidos.

Hoje, conforme a tendência atual do "vale tudo", as roupas casuais se tornaram um código de vestimenta mais aceitável em muitos lugares e situações. Portanto, a maioria dos funerais não exige o uso das roupas formais ou as cores mais sombrias. A verdade está em algum ponto intermediário:

- É aceitável um vestido conservador e simples com cores neutras, escuras ou suaves, bem como silhuetas respeitosas.
- Evitar cores brilhantes, estampas e tudo o que seja chamativo ou brilhante para não ofender os enlutados.
- As mulheres podem usar o mínimo de jóias e optar por acessórios simples. Um funeral não é hora de se exibir com as joias mais elegantes.
- Lembre-se de que sempre há variações culturais e tradicionais com relação à família, região, herança e religião da pessoa falecida. Por exemplo, além do preto, o branco também é a cor do luto na Etiópia.
- Em algumas partes de Gana, as cores do luto são o preto e o vermelho. As pessoas de lá também podem fazer algumas danças nessa ocasião.
- Em algumas áreas brasileiras, além do vestido preto, o roxo é considerado a cor do luto.
- Em Papua-Nova Guiné, uma mulher se cobre com argila clara da cabeça aos pés ao lamentar a perda de seu marido. Derivada dessa prática, a cor do luto do país é o cinza, a cor da argila.
- De acordo com diferentes lugares e culturas, as coroas de flores e as cores destas flores fúnebres variam muito.
- Embora as flores brancas reflitam alegria, amor e felicidade na maior parte do mundo, elas também podem refletir tristeza e morte em muitos países.
- As flores brancas são certamente mais comuns em funerais do que flores de cores vivas, mas isso não significa que não haja espaço para outras cores em um arranjo fúnebre.
- Vale a pena mencionar que os japoneses nunca oferecem um ramo de quatro flores ou quatro peças de qualquer item. Na língua japonesa, o número 4 é pronunciado "shi", que também significa morte.
- Além disso, os japoneses consideram os números ímpares mais positivos do que os pares, até mesmo em relação às flores.

- Lírios, cravos, orquídeas rosas, tulipas roxas (e outras) são escolhas comuns para os funerais.
- Muitas das flores são escolhidas com base em seus significados simbólicos, como a flor "Não-me-esqueças"[4], que transmite afeto eterno, ou violetas, que representam uma vida jovem interrompida.
- As guirlandas usadas em funerais são quase circulares, refletindo a completude do ciclo de vida.
- Da mesma forma, as coroas de flores colocadas nos mausoléus do Soldado Desconhecido e dos Monumentos dos Mártires são circulares.
- Se alguém tiver dúvidas sobre as flores adequadas para funerais, o fornecedor local de flores provavelmente oferecerá uma variedade de arranjos.
- Se houver um livro memorial para assinar, é bom escrever alguns comentários breves.
- Se alguém estiver na rua ou dirigindo seu carro, deve parar até que o cortejo fúnebre passe.
- Nos cemitérios, deve-se levar em consideração a natureza sagrada do local e não pisar em túmulos, fumar, conversar ou rir.
- Nos funerais e cemitérios, os celulares devem ser desligados ou mantidos no modo silencioso.

---

4 Não-me-esqueças (Scorpion Grasses), é um gênero de plantas com flores do hemisfério norte na família Boraginaceae.

Seção Sete

Etiqueta de presentes

"Um presente dado sem hesitação é tão bom quanto dois presentes."[1]

❝ *Em todas as sociedades, existem eventos e ocasiões, como festas, feriados, aniversários, casamentos, etc. Por isso, é comum trocar presentes como parte dos costumes sociais e culturais que acompanham tais funções.* ❞

Os presentes podem expressar interesse, amor, amizade, gratidão e outros valores e conceitos. Assim, é importante dar o presente certo, da maneira certa e na hora certa.

É importante compreender algumas regras de etiqueta no que se refere a presentes e as diferenças culturais sobre o assunto, para que o presente se destaque e seja adequado à ocasião, além de ser valorizado pelo destinatário.

› **Dicas de etiqueta:**

A natureza e a qualidade dos presentes são influenciados pela herança cultural e social de cada sociedade e região.

– O tipo de presente geralmente corresponde ao tipo de relacionamento entre as pessoas, como um amigo, namorado(a), marido, colega etc.

– A natureza dos presentes varia de acordo com a idade do receptor. Um presente dado a um avô ou pai é diferente daquele dado a um amigo ou filho.

– O tipo de presente varia de acordo com o status e a categoria (seja funcional, social ou científico). Um presente dado a um proprietário de empresa ou chefe não é o mesmo

---

1 Provérbio latino.

que aquele dado a um colega ou a um dos funcionários.

– A natureza dos presentes deve corresponder às ocasiões. Não é apropriado presentear com uma medalha, por exemplo, um casal em sua festa de casamento.

– O tipo de presente varia de acordo com o status religioso, civil ou militar das pessoas a quem são oferecidos. É estranho presentear a um clero cristão com uma espada, por exemplo, enquanto seria um belo presente para um oficial do exército.

– O valor de um presente deve ser mais associado à sua natureza e significado simbólico do que ao seu preço. Algumas sociedades ainda pensam de maneira diferente, mas, em geral, o presente deve ser dado para simbolizar carinho, não para exibir riqueza.

– É inapropriado dar um presente valioso a alguém que não pode dar algo equivalente em troca; isso pode causar constrangimento.

– Quando um presente é enviado a um estrangeiro em outro país, deve refletir a cultura ou o país de origem do remetente.

– É inadequado presentear um estrangeiro com um presente típico ou simbólico do seu próprio país. Por exemplo, seria estranho dar um souvenir do Egito, como uma miniatura da Esfinge, a um amigo egípcio.

– O presente deve ser escolhido para agradar o destinatário, levando em conta seus gostos e preferências. Caso contrário, o presente será olhado, colocado em uma prateleira e depois esquecido. Se a pessoa é interessada em arqueologia, por exemplo, ficará feliz com um presente relacionado à história ou a um item antigo, em vez de um item moderno.

– É dever de cada um lembrar-se das ocasiões dos outros e dar-lhes presentes, assim como fazem com o presenteador.

– Assim como a esposa se lembra dos acontecimentos que pertencem ao marido, ele não deve esquecer das ocasiões especiais dela, como seu aniversário e o aniversário de casamento. Espera-se que ele a presenteie com presentes adequados. Essas iniciativas fortalecem os laços familiares.

– O pai deve lembrar, encorajar e permitir que seus filhos ofereçam um presente para sua mãe no Dia das Mães.

– Sem o consentimento do marido, outro homem não deve dar joias a uma mulher casada; pois isso seria considerado uma violação grave de amizade e generosidade.

– Quando alguém recebe um presente, não deve dar este presente mais tarde a outra pessoa, pois isso não é justo para nenhum dos envolvidos.

– O presente não deve ser enviado antes do tempo, como enviar um presente do Ano Novo em outubro. O presente deve ser enviado em meados de dezembro até a véspera de Ano Novo.

– A etiqueta do preço deve ser removida antes de oferecer o presente a alguém. Da mesma forma, o preço do presente não deve ser mencionado direta ou indiretamente na frente da pessoa a quem o presente é dado.

– Algumas empresas oferecem amostras de seus produtos aos clientes. Não é permitido oferecê-los a terceiros como presentes.

– Em muitos países, flores são um dos presentes mais bonitos e trocados entre amigos, namorados, etc.

– Um buquê de flores também pode ser uma boa solução para quem está em dúvida ou não consegue escolher um presente adequado.

– A embalagem do presente deve ser bem cuidada, de forma que fique elegante e com toques de beleza suficientes.

– Embrulhos de presente devem ser cuidadosamente selecionados. Seus desenhos e decorações devem corresponder às ocasiões.

– Em muitos países, é educado abrir o presente na frente de quem entregou imediatamente após recebê-lo, como forma de agradecer e mostrar apreço. Enquanto, em outros países, os presentes não são abertos após o recebimento.

– Ao receber um presente, deve-se agradecer ao remetente por escrito ou por telefone, no mesmo dia, se possível.

– Em muitos países, se um grupo de pessoas visita alguém em ocasiões como aniversário, casamento, promoção etc., e cada um ou casal traz um presente, o receptor deve pegar os presentes e agradecer sem abri-los. Isso evita constrangimentos com as escolhas ou os valores dos presentes de alguns membros do grupo.

– Geralmente, nos países ocidentais e americanos, os presentes são abertos imediatamente após o recebimento, na frente de quem os presenteia, seja individualmente ou em grupo. Não há nada de errado com isso e nenhum constrangimento pode ocorrer, já que todos os presentes são geralmente simbólicos e simples.

– Em países como China, Japão, Coréia, Malásia e países do Leste Asiático, as pessoas dão e recebem presentes com as duas mãos.

– Em países como China, Japão e Coréia, não é permitido apresentar um presente composto de quatro peças, pois o próprio número quatro indica a morte.

– Os presentes mais indesejados na China incluem todos os tipos de relógios, porque a frase "dar um relógio de presente", na língua chinesa, é idêntica à frase "participar de uma cerimônia fúnebre". Portanto, dar um relógio a alguém significa desejar-lhe a morte.

– Neste mesmo país, é possível presentear uma pessoa com um pequeno caixão. O caixão na China é associado à promoção no emprego, indicando, portanto, desejos de sucessos.

– Na China, é proibido dar um chapéu verde de presente a um homem. Tal presente é considerado um insulto, pois indica que sua esposa o está traindo.

– Na maioria dos países do mundo, o número 13 é um pressentimento ou um mau presságio. Portanto, os presentes compostos por treze peças devem ser evitados.

– Na maioria dos países do mundo, as capas pretas são evitadas para embrulhar os presentes, pois essa cor representa luto e a tristeza.

– No Japão e na Coréia, os presentes em forma de faca devem ser evitados, pois podem sugerir suicídio.

– Roxo é a cor do consolo e da morte em vários países, como Itália, Grã-Bretanha e Tailândia, por isso, deve ser evitada em embrulhos e sacolas de presentes.

– No Vietnã, guardanapos e lenços são evitados como presentes, pois simbolizam uma triste despedida.

– Na Suíça, na Alemanha e vários outros países, as rosas vermelhas são apenas presenteadas ou trocadas entre casais e namorados, visto que simbolizam amor e paixão. Nesses países, cravos-da-índia e alguns tipos de lírios simbolizam luto e funerais, enquanto facas, tesouras e guarda-chuvas simbolizam má sorte.

– Por motivos religiosos, não é permitido presentear algumas pessoas com bebidas alcoólicas em países islâmicos.

– Na Armênia, os presentes são oferecidos no dia de Ano Novo, mas não no Natal, que é um feriado puramente religioso.

– Alguns países não impedem que seus funcionários e dignitários aceitem presentes simples. No entanto, se o valor ultrapassar determinado limite, deverá ser submetido a órgão credenciado para ser registrado e se tornar patrimônio público.

Seção Oito

Etiqueta feminina

"As mulheres são feitas para serem amadas, não compreendidas."[1]

" *Apesar da diversidade de culturas e das diferenças de tradições relacionadas, as mulheres já obtiveram o privilégio de um tratamento especial.* "

Um conjunto de princípios relacionados de etiqueta e educação tornou-se comum e familiar em quase todos os países.

A expressão "Primeiro as Damas"[2] tornou-se tão popular que é considerada uma regra de ouro, segundo a qual muitos comportamentos são baseados. Ela implica que as mulheres recebem precedência e vantagem preferencial em várias situações.

---

1 Oscar Wilde (1854–1900), poeta e dramaturgo irlandês.

2 É comum ouvir a expressão "Primeiro as damas" / "Ladies first" e utilizá-la sem saber ao certo a sua origem. Alguns dizem que é uma história que aconteceu na Itália, quando dois amantes decidiram se casar. Devido a circunstâncias sociais, seus parentes não aprovaram o casamento. Eles Planearam se suicidar e se jogar de uma montanha no mar. O homem decidiu saltar primeiro porque não conseguia ver seu amante se afogando na frente dele. Quando chegou a vez dela, ela decidiu não saltar e voltou para casa. Portanto, após o incidente, os homens decidiram optar pelo seguro e o termo "Primeiro as damas" surgiu. Outra história diz que durante a Idade Média, os cavaleiros e os homens costumavam jogar seus casacos sobre poças de lama para permitir que as mulheres passassem pelos outros lados com segurança. Enquanto o faziam, diziam: "Primeiro as damas".

> **Dicas gerais de etiqueta:**

- As mulheres precedem os homens ao entrarem em lugares públicos e casas.
- Os homens mantêm as portas abertas para as mulheres.

<u>É considerado um comportamento civilizado e cortês que o homem abra a porta do carro para a esposa e outras mulheres, ajudando-as a entrar e sair. Acima de tudo, é um sinal de respeito.</u>

- Além disso, ao sair do carro, o homem deve oferecer a mão para ajudar a mulher.
- É dever do homem tirar o casaco da esposa e colocá-lo no cabideiro.
- Em festas e banquetes, é dever do marido ou do homem mais próximo ajudar a esposa ou a mulher ao lado dele a tirar e vestir o casaco, não o contrário.
- Nas festas, jantares e banquetes, os homens puxam e devolvem as cadeiras para permitir que esposas ou mulheres ao seu lado se sentem à mesa de jantar.
- Nos restaurantes, o garçom começa a fornecer comida e bebida para as mulheres e depois para os homens.
- Em locais onde é permitido fumar, é dever do homem (se ele fuma e tem um isqueiro) acender o cigarro da mulher (se ela fuma) sentada ao lado dele, nunca o contrário.
- Em conformidade com a etiqueta, nunca se deve perguntar às mulheres sobre sua idade. (Mesmo que seja um homem notário ou um juiz, é preferível perguntar o ano em que ela nasceu, em vez de quantos anos ela tem). Robert Frost[3] disse: ''Um diplomata é um homem que sempre se lembra do aniversário de uma mulher, mas nunca se lembra da idade dela.''
- Como as mulheres sempre têm algo positivo em suas características, os homens devem se concentrar e enfatizar essa parte o máximo possível.
- Não é aconselhável que um homem expresse ódio ou critique algumas das qualidades negativas de uma mulher. Tais ações, dificilmente, serão perdoadas.
- Caso uma mulher seja provocada por uma determinada palavra ou comportamento de um homem, é responsabilidade do homem pedir desculpas e esclarecer qualquer mal-entendido sem se envolver em longas discussões.
- A menos que haja uma situação de emergência, um homem nunca deve segurar a bolsa de uma mulher, mesmo que ele só queira ajudar.
- Nas escadas, a mulher precede o homem por um ou dois degraus ao subir, enquanto ela fica atrás do homem, da mesma maneira, ao descer.

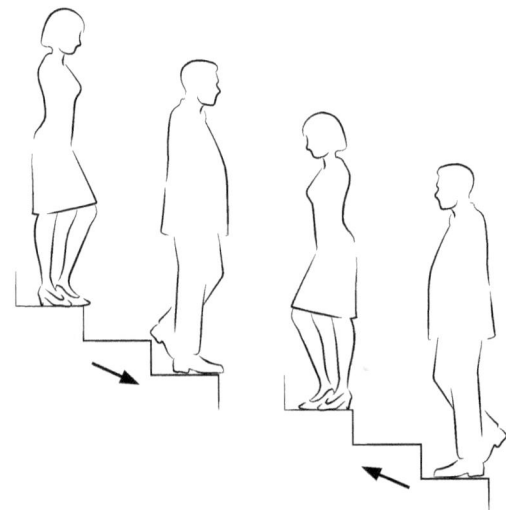

---

3 Robert Frost (1874 – 1963), Poeta americano que foi o único a receber quatro prêmios Pulitzer de poesia. Ele era conhecido por suas representações realistas da vida rural e por seu domínio da linguagem coloquial americana.

– Esses comportamentos são para proteger as mulheres em caso de tropeço, deslize ou queda. Um homem deve estar pronto e capaz de ajudar, se necessário.

– Acompanhando uma mulher na calçada da rua, o homem se mantém à beira da estrada para protegê-la de perigos iminentes. Antigamente, poderia ser uma carruagem desgovernada, mas, agora, são os respingos e outras coisas desagradáveis da estrada.

– Uma mulher que sofre de fadiga e exaustão aprecia qualquer ajuda simples oferecida por um homem.

– É bom lembrar que algumas mulheres são afetadas pelas flutuações de seus hormônios, que afetam seu humor. Saber disso pode explicar algumas das reações e comportamentos.

– Se uma mulher procura ficar sozinha e não quer conversar com outras pessoas, ela deve ter essa possibilidade.

– Se uma mulher está deprimida, o homem deve fazer o possível para se comunicar e encorajá-la.

- **Como ser uma dama**

> **Dicas de etiqueta:**

– Uma dama deve ser gentil. Ao ser apresentada a alguém, ela nunca diz apenas "olá", mas oferece um cumprimento educado, como "é um prazer conhecê-lo", ou "como você está hoje?", etc.

– Ela cumprimenta sinceramente. Ela não diz coisas apenas para dizê-las. A falsidade é facilmente detectada.

– Uma dama oferece ajuda quando vê alguém precisando. Por exemplo, ela oferece seu assento para idosos, deficientes físicos ou pais com filhos pequenos.

– Para mostrar gratidão por ações ou generosidades específicas, ela segue a regra básica de dizer "por favor" e "obrigado". Essas palavras são a base da educação e podem tornar o mundo um lugar mais feliz e educado.

– Ela diz: "sim, por favor" ou "não, obrigada". Ela não diz "sim" ou "não", apenas.

– Ser uma dama e agir como uma dama não significa ser esnobe.

– Ela deve fazer o possível para ser gentil, graciosa e confiante, sem falar ou se comportar de forma a parecer vaidosa. Não há nada mais refinado e atraente quanto a humildade.

– É impróprio para uma mulher postar, com frequência, nas redes sociais fotos sobre si mesma e sobre sua família, colegas de trabalho ou amigos . Uma verdadeira dama não faz isso a menos que haja um motivo real e um evento especial.

– Uma dama deve estar bem familiarizada com as boas maneiras à mesa e todos os detalhes relevantes.

– Na mesa de jantar, a mulher pode ter alguns desafios extras:

– Se ela usa batom[4], pode retirá-lo no banheiro antes de se sentar à mesa, para evitar manchas.

---

4 História do batom: durante a antiga civilização suméria (datada do Calcolítico e do início da Idade do Bronze), que foi a civilização mais antiga conhecida na região histórica do sul da Mesopotâmia (agora sul do Iraque), homens e mulheres foram possivelmente os primeiros a inventar e usar batom, cerca de 5.000 anos atrás. Eles esmagavam pedras preciosas e as usavam para decorar o rosto, principalmente nos lábios e ao redor dos olhos. Na era moderna, Estelle Winwood (1883-1984), uma atriz de teatro e cinema inglesa que se mudou para os Estados

- Se ela está com bolsa (geralmente, a bolsa é pequena nos jantares), deve pôr a bolsa no colo, sob o guardanapo, em vez de pendurá-la nas costas da cadeira para não obstruir os garçons e outros transeuntes.
- Após receber um convite, ela confirma sua presença prontamente e não solicita exceções, por exemplo, levar um acompanhante não convidado.
- Ela sempre envia uma nota de agradecimento detalhada a qualquer pessoa que tenha lhe demonstrado sua hospitalidade.
- Ela nunca chega de mãos vazias, pois levar um pequeno presente demonstra apreciação pelo preparo do anfitrião.
- Se um homem sabe que, segundo a etiqueta, deve permanecer em pé até que a dama ao seu lado se sente, ela deve se sentar o mais rápido possível, para que ele não permaneça em pé por muito tempo.
- Ao estar à mesa de jantar, em um casamento ou passando tempo com a família e amigos, não se espera que a mulher faça ligações telefônicas, mas sim que se envolva em conversas, construindo relacionamentos e amizade.
- Ela deve evitar falar com a boca cheia ou usar linguagem grosseira ou vulgar, especialmente à mesa. A linguagem e a maneira de falar são uma representação da mente e do coração.
- Ela deve descartar o chiclete antes de um jantar, reunião ou entrevista. E, se ela está mascando chiclete em público, deve tomar cuidado para não fazer bola de chiclete.
- Em recepções, coquetéis, jantares e outros eventos, a dama deve moderar a ingestão de bebidas alcóolicas e sempre tentar intercalar com água entre os drinques, se possível.
- Se tiver bebido demais, deve desculpar-se e se retirar.
- É impróprio espalhar fofoca ou expor a vida privada de outra pessoa, especialmente nas redes sociais.
- Uma dama deve sempre manter sua palavra. Ela sempre cumpre suas promessas e mantém uma reputação respeitável apenas pela consistência de sua palavra.
- Se estiver namorando com um cavalheiro, ela deve respeitá-lo e não se comportar como se tivesse o direito de pedir a coisa mais cara do cardápio. Se ele quiser presenteá-la com uma boa garrafa de vinho, ele pode pedir ou oferecer a ela a seleção.
- Ao sair para um encontro, ela deve ser uma boa ouvinte e conversadora, guardando o telefone e estando presente. Uma dama não é entediante, rude ou desdenhosa.
- No trabalho, assim como em eventos ao ar livre, existem regras gerais sobre vestimentas, joias, maquiagem, tatuagens e outros detalhes da aparência.
- A aparência da mulher é importante, não apenas para causar a primeira impressão correta, mas, também, para construir relações de longo prazo que dependem de respeito e compreensão mútuos.
- Como a mulher tem um código de vestimenta mais complicado do que o homem, ela deve, ao comparecer a qualquer evento, vestir-se de forma elegante e apropriada para a ocasião. As mulheres estão mais sujeitas a críticas sobre o que vestem do que os homens.

Unidos no meio de sua carreira para se tornar famosa por sua inteligência e longevidade, foi a primeira mulher a colocar batom em um de seus filmes em 1916, para ficar mais assustadora. Ela disse em 1960: "Acho que fiz mais pelas mulheres em todo o mundo por ser a primeira pessoa a usar vermelho nos lábios em público".

– Como a elegância requer minimalismo, uma senhora não usa roupas reveladoras. Mostrar decote excessivo ou usar tops com a barriga à mostra sugerem que ela não está se vestindo para si mesma, mas para atrair homens.

– Embora seja bastante aceitável usar calças, as saias e os vestidos realçam a elegância e a feminilidade, além de evidenciar melhor as curvas de uma mulher do que as calças.

– Ao usar saia, vestido ou qualquer outra vestimenta, ela deve se certificar de que a roupa não ultrapassa a altura do joelho.

– Ela não deve tentar se espremer em roupas que não lhe servem.

– Hoje em dia, as mulheres podem escolher sapatos de salto Anabela ou Scarpins para uso formal (inclusive no local de trabalho), embora os saltos Anabela ainda sejam considerados mais elegantes e formais.

– Contudo, sapatos de salto muito alto não são recomendados (5 a 7 cm é uma opção boa e confortável).

– Formalmente, uma mulher usa sapatos fechados. No entanto, no local de trabalho, ela pode usar sapatos ligeiramente abertos, desde que seus dedos não fiquem à mostra.

– Além disso, se ela sentir que saltos anabela ou escarpins são desconfortáveis, alguns sapatos baixos, cuidadosamente escolhidos, podem ser igualmente adequados.

– Ela deve sempre usar meia-calça (geralmente de cor neutra), em vez de ir trabalhar com as pernas descobertas.

– Seu cabelo deve ser mantido limpo e bem arrumado, evitando penteados dramáticos ou chamativos que podem distrair ou projetar uma imagem pouco profissional.

– Ela não deve usar maquiagem excessiva. A maquiagem é para acentuar a beleza, não para escondê-la.

– Quanto ao batom, deve usar tons que combinem com seu tom de pele.

– Como as opções de batom são abundantes, ela pode escolher o que lhe favorece, testando diferentes tons.

– As sobrancelhas femininas devem ser bem aparadas e modeladas.

– De acordo com sua experiência, a mulher pode aplicar a sombra de olhos que melhor se adapta ao seu tom de pele.

– Ao fazer as unhas, as mãos da mulher devem estar bem cuidadas, com unhas curtas e aparadas.

– Ela não deve se deixar levar pelas últimas tendências de unhas.

– O esmalte deve ser o mais neutro possível. É melhor, por exemplo, usar um tom neutro de esmalte, evitando enfeites e preferindo tons suaves de rosa, em vez dos roxos, amarelos e vermelhos fortes.

– As unhas não devem ser muito longas a ponto de distrair a atenção. Caso contrário, a atenção estará voltada para as unhas brilhantes e não para sua personalidade.

– Uma mulher deve evitar o excesso de perfume (especialmente para mascarar odores corporais).

– O uso excessivo de perfume pode ser tão ofensivo quanto odores corporais desagradáveis.

– Com relação ao uso de joias, a simplicidade é importante. Muitas joias, especialmente no trabalho, ou o uso de vários estilos diferentes demonstram um mau gosto por parte de quem as usa.

– Vale a pena mencionar que piercings faciais (como argolas no nariz) ainda são inadequadas no ambiente de trabalho. Portanto, eles devem ser removidos.

– Sobre tatuagens. A menos que uma mulher trabalhe em um estúdio de tatuagem ou pertença a uma "banda de garagem", as tatuagens devem ser cobertas.

- **Sentado e em pé:**

– Para uma mulher, a maneira correta de ficar em pé é unir as pernas, com uma ligeiramente à frente da outra, de modo que não apareça espaço entre as partes internas superiores das duas coxas (se usar calças).

– Quando uma mulher se senta, deve manter as pernas juntas, ao contrário de um homem, que pode se sentar com as pernas ligeiramente afastadas. A postura correta e a posição das pernas ao se sentar são cruciais.

– Se uma mulher se senta em uma poltrona baixa, ela não deve colocar uma perna sobre a outra, mas mantém os joelhos próximos um do outro e as pernas paralelas.

– Ela também pode adotar o que é chamado de "cruzamento de Cambridge" colocando um pé atrás do outro e cruzando os tornozelos (posição de tornozelo travado).

– Quando uma mulher se senta cruzando as pernas (posição de perna sobre perna), independentemente do que estiver vestindo, ambas as pernas devem ir um pouco para trás, ao contrário do homem, que consegue manter os joelhos levemente abertos, sem estender muito as pernas.

- **Entrar e sair de um carror:**

Independentemente do que está vestindo, quando uma mulher entra em um carro, após abrir a porta, ela se senta na lateral do banco e, em seguida, levanta as duas pernas unidas em direção ao interior do carro (este procedimento não é exigido para um homem, que pode levantar as pernas dentro do carro uma de cada vez).

Da mesma forma, ao sair de um carro, ela deve manter as pernas unidas.

Etiqueta para idosos

"Com a idade, as falhas da primeira infância reaparecem." [5]

Mostrar respeito pelos idosos, em todas as culturas, é um dever moral, social e até religioso.

Além disso, o idoso tem experiências de vida, devendo ser ouvido e compreendido.

> *A sabedoria das pessoas mais velhas pode realmente enriquecer nossa vida.*

Mesmo que não concordemos com parte do que estão dizendo, é bom, ao menos, ouvi-los, pois podemos adquirir um importante ensinamento para o futuro.

> **Dicas de etiqueta:**

– Ser educado com todos, independentemente da idade, mostra o verdadeiro caráter de uma pessoa.

– Os idosos devem ser tratados de forma apropriada, sendo chamados pelo nome que preferirem.

– A menos que digam o contrário, eles devem ser chamados de Sr. ou Sra., seguido do sobrenome.

– Cumprimentar um idoso com um aperto de mão, ao encontra-lo pela primeira vez ou após um longo período sem vê-lo, é um gesto simples, porém amigável, que demonstra boas maneiras.

---

[5] Provérbio do Burundi.

– Ao conversar com um idoso, deve-se manter a voz mais clara possível, usar uma linguagem adequada (evitando gírias) e estar disposto a falar mais alto caso a pessoa não escute bem.

– Ao se aproximar ou cumprimentar o idoso, o contato visual e o sorriso devem sempre ser feitos. Isso demonstra reconhecimento pela presença deles.

– Os idosos podem falar algo que pareça sem sentido, mas devemos ouvir com interesse, ser gentis e demonstrar respeito.

– Algumas idosos, principalmente os mais velhos, podem agir ou se comportar de maneira peculiar. É inadmissível ridicularizá-los ou demonstrar indiferença.

– De maneira geral, os idosos se sentem felizes ao receber ajuda dos outros e, muitas vezes, esperam essa iniciativa.

– Quando uma pessoa idosa se aproxima da entrada de um prédio, é cortês segurar a porta e permitir que ela entre primeiro. Esse comportamento simples e diplomático os deixa feliz e quem faz isso será apreciado.

– Quando há escada, um idoso pode precisar de ajuda. Ele deve receber uma mão para apoiá-lo.

– Os idosos, às vezes, podem ter dificuldade em seguir direções. Devemos perguntar para onde estão indo ou ajudá-los ou orientá-los gentilmente.

– A maioria dos idosos enfrenta alguns problemas com os aparelhos tecnológicos e, muitas vezes, precisam de ajuda.

– A ajuda pode ser fornecida através da explicação das complexidades tecnológicas de forma simples.

– Se um idoso derrubar algo, não deve ser culpado ou olhado com pena. A situação pode ser corrigida. É adequado pegar o objeto e devolvê-lo silenciosamente.

– É natural que alguns idosos tenham perda de memória. É necessário dar-lhes tempo suficiente para relembrar coisas, em vez de insistir para que se lembrem.

– Algumas pessoas idosas podem sofrer de dificuldades de audição, visão ou fala, e devemos estar atentos a essas condições. Não devemos pedir para repetir palavras ou frases.

– Vale lembrar que os idosos podem estar melancólicos ou angustiados pela solidão. Geralmente, se sentem felizes ao encontrar outras pessoas. Portanto, é nossa responsabilidade acolhê-los e interagir com eles.

– Em reuniões e eventos formais ou informais, os idosos devem ter certa precedência.

– Normalmente, devem ser reservados assentos prioritários para idosos nos transportes públicos.

– Infelizmente, em alguns países, ainda não existem tais assentos nos transportes públicos. Neste caso, os jovens devem se lembrar de ceder os seus assentos a essas pessoas.

ASSENTOS PRIORITÁRIOS

– Da mesma forma, em alguns países, não há prioridade na fila ou preferência para idosos em locais públicos ou estações de transportes públicos. Os jovens devem se lembrar de oferecer seus assentos nessas situações também.

Etiqueta para pessoas com necessidades especiais

*"A correção faz muito,
mas o encorajamento faz mais."*[6]

Devido a certas deficiências inerentes ou adquiridas, algumas pessoas são incapazes de fazer uso completo de suas habilidades físicas, comportamentais ou mentais. São pessoas com necessidades especiais.

Dentro de seus potenciais e capacidades, essas pessoas têm os mesmos direitos e responsabilidades que os outros. Governos, associações da sociedade civil e organizações internacionais geralmente têm programas e planos especiais para cuidar deles e utilizar ao máximo suas capacidades.

As pessoas com necessidades especiais não são responsabilidade apenas de suas famílias, mas de todas as pessoas, a qualquer hora e em qualquer lugar.

Muitos países forneceram o ambiente e a infraestrutura necessários para integrar pessoas com necessidades especiais em suas comunidades. No entanto, muitos outros ainda não fizeram o necessário nesse sentido. Pessoas com necessidades especiais nesses países podem sofrer muito, pois não há rampas preferenciais para cadeiras de rodas, assentos, elevadores, passarelas ou banheiros em locais públicos, incluindo bancos, centros comerciais e transporte público.

Vale ressaltar que a proporção de pessoas com necessidades especiais em qualquer sociedade não é é pequena. Estima-se que 10% da população mundial tenha algum tipo de deficiência, e muitos deles vivem em países em desenvolvimento, onde praticamente não desfrutam da integração necessária e

---

6 Johann Wolfgang von Goethe (1749-1832), poeta, romancista, dramaturgo e filósofo alemão.

são incapazes de viver e exercer suas vidas em um padrão digno de qualidade.

Entre eles, há pessoas talentosas e até geniais, que apenas precisam de uma oportunidade e, talvez, de algum treinamento e reabilitação. O produto de sua criatividade e habilidades, então, seria plenamente realizado.

Deve-se reconhecer suas diferenças, da mesma forma que se reconheceria a singularidade de qualquer outra pessoa considerada "normal". Não se deve falar mal de pessoas com necessidades especiais.

▷ Dicas de terminologia:

– Vários termos estão desatualizados, como "inválido", "deficiente", "aleijado" ou "retardado". Esses termos pressupõem a falta de capacidade ou a inferioridade de pessoas com necessidades especiais, que não é verdade, e tais expressões são ofensivas. Tais palavras devem ser totalmente evitadas.

– Dizer que alguém é "deficiente" significa que a pessoa é completa e fisicamente incapaz de fazer qualquer coisa, o que é errado e não corresponde à realidade.

– Pode-se dizer que alguém "usa cadeira de rodas" em vez de " é deficiente em cadeira de rodas".

– Dizer que alguém "tem uma deficiência visual" mostra que ele é saudável e capaz, mas possui uma deficiência específica na visão.

– Deve-se sempre colocar a "pessoa" em primeiro lugar e dizer "pessoa com deficiência".

– Por exemplo, dizer "pessoa com síndrome de Tourette" ou "pessoa com paralisia cerebral" é o mais apropriado.

– É inadmissível chamar uma pessoa com deficiência mental de "louca", "maluca","insana" ou "idiota". Outras expressões semelhantes que não refletem o caso real. "Insano", por exemplo, significa que alguém é completamente irracional, o que não é sempre o caso de pessoas com deficiência mental.

– As deficiências mentais têm muitos graus e tipos, alguns dos quais são perceptíveis e outros nem são aparentes.

– A tabela a seguir mostra quais palavras e frases devem ser evitadas e quais devem ser usadas:

Evitar	Usar
afetado por (nome da condição) vítima de (nome da condição) sofre de (nome da condição)	tem (nome da condição)
confinado a uma cadeira preso a cadeira de rodas	usa uma cadeira
paciente mental insano louco	pessoa com condição de saúde mental
o cego	pessoa com deficiência visual uma pessoa cega ou com visão parcial
corpo capaz	Capaz não portador de deficiência

espástico	pessoa com paralisia cerebral
depressão maníaca maníaco depressivo	pessoa com distúrbio bipolar
deficiente mental retardado atrasado	Tem uma deficiência de aprendizagem
mongol mongolóide mongolismo	pessoa com síndrome de down

Vale a pena mencionar que, na presença de pessoas com necessidades especiais, é aceitável usar frases que se refiram à visão, audição e movimento, como "até mais", "tenho que andar até lá", "prefiro correr para me juntar aos meus colegas", "ela falou alto, mas eu não ouvi nada". Tais frases geralmente não incomodam quem não tem algumas das capacidades mencionadas.

> **Dicas de etiqueta:**

– Algumas pessoas com necessidades especiais requerem um certo tratamento, mas, essencialmente, são pessoas normais e devem ser tratadas com base nisso.

– Pessoas com necessidades especiais não devem ser encaradas. Esse comportamento é insultuoso e carece da mínima noção de cortesia. É irritante para elas e seus familiares, além de pressupor que elas sejam estranhas.

– Se uma determinada pessoa com necessidades especiais é lenta em seus movimentos ou em reações, outras pessoas devem ser pacientes e não reclamar. Essa pessoa tem razões reais para ser assim.

– Ao conhecer uma pessoa com necessidades especiais, não se deve assumir que ela precisa de ajuda. Ela está acostumada com sua condição e sabe como agir na maioria das situações.

– Recomenda-se pedir permissão a uma pessoa com necessidades especiais antes de ajudá-la.

– Qualquer tipo de ajuda deve ser feita da maneira que a pessoa com necessidades especiais decida. É importante lembrar que qualquer ajuda deve ser oferecida sem piedade.

– Uma pessoa com necessidades especiais pode recusar uma oferta de ajuda. Isso deve ser compreendido e aceito.

– Deve-se falar naturalmente com uma pessoa com necessidades especiais, exatamente como acontece com qualquer outra pessoa. Não há necessidade de recorrer a voz mais alta ou mais lenta, a menos que seja necessário.

– A fala deve ser direcionada à pessoa com necessidades especiais e não por meio de outra pessoa.

– É inadmissível fazer perguntas a uma pessoa com necessidades especiais sobre a causa de sua condição ou algo relacionado.

– É inadequado dar conselhos a uma pessoa com necessidades especiais sobre o tratamento de sua condição.

– Para cumprimentar uma pessoa com necessidades especiais, espera-se que ela dê um aperte a mão gentilmente, mesmo que ela tenha uma mão protética (a menos que ela pareça não gostar do aperto de mão).

- **Comportamento em relação a uma pessoa com deficiência auditiva (parcial ou total):**

Ao falar com uma pessoa que usa aparelho auditivo, em um ou ambos os ouvidos, a voz deve ser mantida em volume normal. Vozes altas podem confundir a recepção do aparelho auditivo de alguém que está usando-o.

Quando uma pessoa tem deficiência auditiva em um ouvido, deve-se sentar ao lado do ouvido com audição preservada para ser ouvido.

Ao conversar com uma pessoa com deficiência auditiva total, o movimento dos lábios deve ser normal, caso contrário, ela pode se confundir.

Para permitir que uma pessoa com deficiência auditiva total leia os lábios e interprete as expressões do rosto e dos olhos, o rosto do interlocutor deve estar iluminado e voltado para ela.

É possível dar uma tapinha gentil, no ombro de uma pessoa com deficiência auditiva ou acenar com a mão, a fim de chamar sua atenção.

Deve-se ter paciência, pois pode ser necessário repetir as palavras para que a pessoa com deficiência auditiva possa ler os lábios.

Ao conversar com alguém com deficiência auditiva por meio de um intérprete de linguagem de sinais, a comunicação visual deve ser mantida com o destinatário em vez de com o intérprete.

Uma pessoa com deficiência auditiva pode se tornar menos sociável; portanto, ela deve ser incentivada a participar da vida social e das atividades da família.

Um ambiente barulhento ou muitas pessoas falando ao mesmo tempo podem causar desconforto à pessoa com deficiência auditiva ou levar a reações contrárias ao que se pretende. Isso deve ser compreendido e aceito.

A deficiência auditiva completa está frequentemente associada a alguma deficiência na fala.

Para se comunicar com uma pessoa que tenha deficiência auditiva e de fala total, pode-se recorrer à linguagem de sinais ou à escrita, caso a leitura labial não tenha funcionado.

- **Comportamento em relação a uma pessoa com deficiência parcial ou total para falar:**

Ao tentar se expressar, uma pessoa com deficiência de fala deve ter tempo suficiente para concluir as frases sem interrupção.

Quando a pessoa está fazendo o possível para falar deve continuar sem a interferência de alguém em seu nome. Não é necessário afirmar que se entendeu o que foi dito, caso o que foi falado não esteja claro.

Se a passoa não for compreendida, pode-se pedir para repetir o que foi dito, desde que o pedido seja feito sem ressentimento, desprezo ou sarcasmo.

Se, mesmo após a repetição, a pessoa ainda não for entendida, pode-se pedir para que ela escreve o que deseja comunicar.

- **Comportamento em relação a uma pessoa com deficiência visual (total ou parcial):**

Geralmente, os outros sentidos de uma pessoa com deficiência visual funcionam de maneira muito eficiente e talvez mais aguçados do que os sentidos das outras pessoas. Portanto, uma pessoa com deficiência visual fala geralmente com volume e tom normais.

Ainda assim, ao conversar com uma pessoa com deficiência visual, é preferível reduzir o ruído, porque ela depende de capacidade auditiva para entender.

Não é apropriado bater na mesa à sua frente, por exemplo, pois isso pode distraí-la e confundi-la.

Se a pessoa estiver na rua, devido ao barulho de carros e transeuntes, deve-se falar com ela a uma distância um pouco menor.

Ao conversar com uma pessoa com deficiência visual, deve apresentar-se e, se possível, fornecer os nomes das outras pessoas presentes.

Em uma sala ou salão, é preferível descrever o local o máximo possível.

Uma pessoa com deficiência visual geralmente é competente em andar na rua e se move livremente com uma bengala branca ou um cão-guia.

▷ **Ao guiar uma pessoa com deficiência visual, deve-se:**

· Apresentar-se e perguntar à pessoa se ela precisa de ajuda.

· Não insistir em oferecer ajuda se a oferta for recusada.

· Oferecer-lhe o braço (preferencialmente dobrado) para ela segurar ou permitir que ela coloque a mão no seu ombro.

· Guiá-la com meio passo de diferença.

· Deixar a mão dele livre. Caso contrário, ela pode perder o equilíbrio;

· Informá-la com antecedência ao aproximar-se de um pavimento, canto, meio-fio, degraus, escadas (diga se sobem ou descem) ou porta.

· Ajudá-la, nas escadas, para que encontre o corrimão e localize a borda do primeiro degrau antes de prosseguir;

· Usar palavras como "sempre em frente", "vire à esquerda", "à sua direita";

· Não apontar e dizer: "Vá por ali" ou "É ali".

· Mencionar quaisquer perigos potenciais à frente.

· Não pegar na bengala ou no arnês do cão-guia, pois são parte da privacidade da pessoa.

· Se ela se sentar e colocar sua bengala de lado, não se deve mover o objeto a menor que ela solicite.

· Não acariciar, alimentar ou distrair um cão-guia. Ele não é um animal de estimação, mas um companheiro de trabalho do qual a pessoa depende.

· Ao caminhar ao lado dela na rua, deve-se andar do lado oposto ao do cão-guia.

· Ao despedir-se, a pessoa com deficiência visual não deve ser deixada no meio de um quintal ou em um local aberto. Em vez disso, ela deve ser acompanhada para um dos lados do local ou para a parede mais próxima.

· Normalmente, quem está com deficiência visual parcial é incapaz de ler alguns sinais, indicadores ou quadros de instruções. Ela precisa de ajuda, se esses sinais não estiverem acesos ou escritos em letras grandes e legíveis.

▷ **Para ajudar uma pessoa com deficiência visual a se sentar em uma cadeira:**

· Segure a mão da pessoa, coloque-a no braço e nas costas da cadeira.

· Mova sua mão até o assento da cadeira para que ela possa sentir a profundidade e ter uma noção completa da cadeira.

▷ **Para ajudar uma pessoa com deficiência visual a entrar no carro:**

· Segure a mão dela, colocando-a na maçaneta da porta do carro.

· Diga a ela se é a porta da frente ou traseira.

· Coloque a mão dela na borda superior do teto do carro (quando a porta estiver aberta), para que ela perceba sua altura antes de entrar.

- **Comportamento em relação a alguém que usa cadeira de rodas:**

  - **Ao conversar com uma pessoa em cadeira de rodas:**
    - Não se aproximar demais.
    - Não se incline excessivamente em sua direção.
    - Na medida do possível, não coloque a mão na cadeira de rodas, pois faz parte do espaço pessoal da pessoa.
    - Quando a conversa for longa, recomenda-se agachar ao nível dos olhos do usuário de cadeira de rodas. Caso contrário, ele precisará erguer a cabeça por um longo tempo para olhar para o falante, o que pode causar cansaço físico.

  - **Para ajudar alguém que usa uma cadeira de rodas que deseja descer uma rampa íngreme:**
    - Segure os dois apoios das costas da cadeira de rodas.
    - Vire a cadeira de rodas para trás.
    - Empurre-a para trás, descendo a rampa;
    - Segure a cadeira de rodas com firmeza para evitar deslizar.

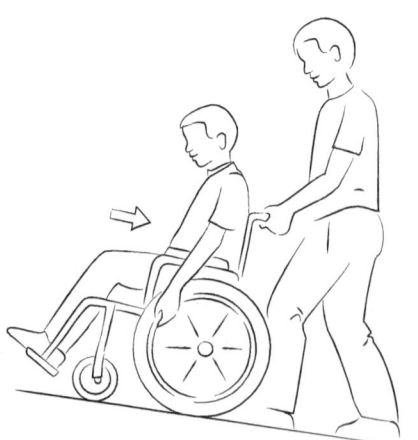

- **Para ajudar uma pessoa que usa uma cadeira de rodas a subir uma rampa:**
  - Segure as duas alças das costas da cadeira de rodas.
  - Empurre a cadeira de rodas para cima.
  - Segure firmemente na cadeira de rodas para evitar deslizamentos.

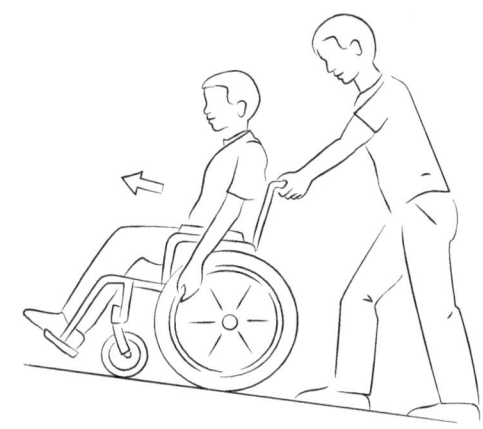

- **Para ajudar alguém em cadeira de rodas a subir degraus ou escadas:**

  ▷ Uma pessoa ajuda:
  - Independentemente de quantas pessoas estão ajudando, o mais importante é ter cuidado para que o usuário da cadeira esteja seguro.
  - Use o cinto de segurança para evitar que ele se mova, causando um acidente.
  - Coloque a parte traseira da cadeira de rodas manual contra o primeiro degrau.
  - Segure as alças da cadeira de rodas com firmeza e pressione as rodas traseiras contra o degrau.
  - Coloque o pé direito no primeiro degrau e o pé esquerdo no terceiro degrau.

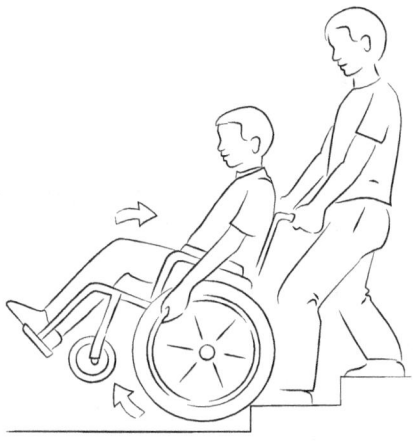

- Dobre a perna, ajoelhe-se um pouco.
- Incline a cadeira para que as rodas dianteiras se levantem do chão.
- Puxe a cadeira de rodas para cima lentamente e com firmeza, mantendo as rodas dianteiras elevadas durante todo o processo, até alcançar o último degrau.
- Repita isso e lembre-se de que a melhor maneira de ajudar a pessoa a subir as escadas é mover a cadeira um degrau de cada vez.
- Ao passar o último degrau e chegar ao topo da escada, a cadeira deve ser inclinada suavemente para a frente, de forma que as rodas dianteiras toquem o chão com segurança.

▷ **Duas pessoas ajudam:**
- A pessoa mais forte deve ser aquela atrás da cadeira de rodas segurando as alças traseiras, enquanto a outra está na frente.
- Coloque as costas da cadeira de rodas manual contra o no primeiro degrau.
- O pé da pessoa mais forte deve estar um degrau acima e ela deve estar pronta para levantar a cadeira de rodas pelas alças.
- A outra pessoa deve ficar em pé na frente da cadeira segurando a estrutura da cadeira, logo acima das rodas dianteiras da cadeira, evitando qualquer parte removíveis.
- As duas pessoas devem inclinar a cadeira para trás e garantir que apenas as rodas traseiras toquem o chão.
- Simultaneamente, os dois ajudantes devem levantar a cadeira e movê-la para cima, de modo que as rodas traseiras fiquem no primeiro degrau.

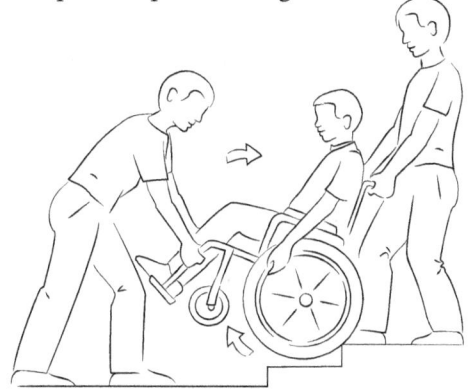

- Repita esse procedimento para os outros degraus que se seguirem.
- Os dois ajudantes devem certificar-se de que, após cada degrau, parem e encontrem o ponto de equilíbrio antes de passar para o próximo degrau.
- Ao ultrapassar o último degrau e chegar ao topo da escada, a cadeira deve ser inclinada suavemente para a frente, para que as rodas dianteiras toquem com segurança no chão.

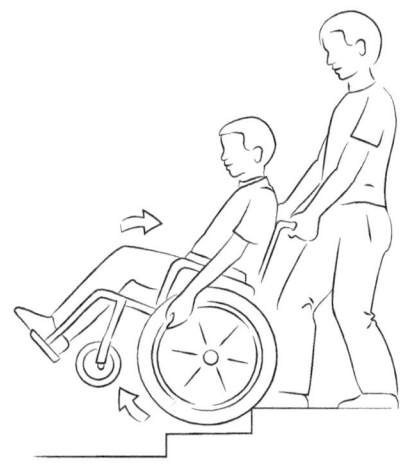

▷ **Várias pessoas ajudam:**
- Para subir vários degraus em um único movimento, é fundamental contar com a ajuda de várias pessoas.
- A cadeira deve ser levantada pela estrutura, à medida que os ajudantes sobem as escadas.
- Nesse caso, eles podem subir vários degraus ao mesmo tempo.

- **Para ajudar alguém em cadeira de rodas a descer degraus ou escadas:**

▷ **Uma pessoa ajuda:**
- Segure as alças traseiras da cadeira de rodas com firmeza e mova cuidadosamente a cadeira para a frente perto da borda do primeiro degrau.
- Coloque o pé direito no segundo degrau e mova o pé esquerdo para trás para manter o equilíbrio e controlar o movimento da cadeira.

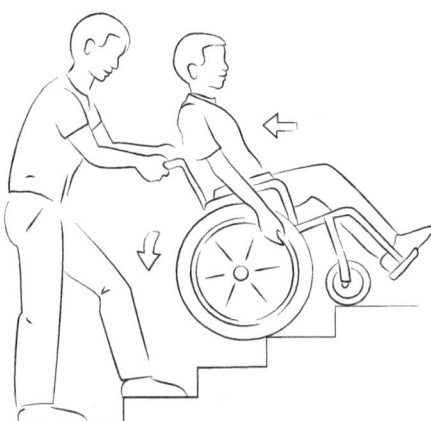

- Incline a cadeira para que as rodas dianteiras se levantem do chão.
- Lenta e firmemente, empurre a cadeira, deixando as rodas traseiras tocarem o segundo degrau.
- Repita o processo, descendo um degrau de cada vez, mantendo as rodas dianteiras elevadas até alcançar o último degrau.

▷ **Duas pessoas ajudam:**
- A primeira pessoa deve ficar atrás da cadeira, segurando as duas alças traseiras, inclinando-a levemente para que as rodas dianteiras se levantem do chão.
- O segundo deve segurar e levantar a cadeira perto das rodas dianteiras;
- Simultaneamente, o primeiro empurra lenta e firmemente a cadeira de rodas para a frente enquanto as rodas grandes descem o degrau;
- O segundo move-se para trás, apenas segurando e levantando a cadeira (perto das rodas dianteiras);
- Ambos devem tentar sincronizar, tanto quanto possível, os movimentos ao descer os degraus, para garantir a segurança do usuário da cadeira.

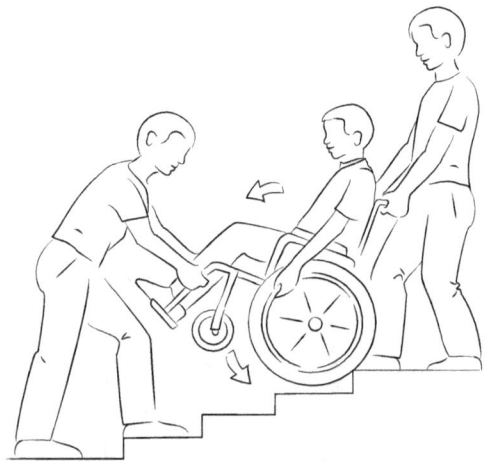

- **Para ajudar uma pessoa que usa uma cadeira de rodas no elevador:**
  - Para entrar no elevador, anteceda a pessoa que usa cadeira de rodas.
  - Mantenha pressionando o botão "abrir" no painel de controle.
  - Peça à pessoa para entrar.
  - Ao ter certeza de que a pessoa na cadeira de rodas entrou no elevador, pressione o botão do andar desejado.

- **Se uma pessoa cair da cadeira de rodas:**
  ▷ **Pode-se ajudar da seguinte forma:**
  - Pedir às pessoas para se afastarem por um momento.
  - Perguntar à pessoa sobre a maneira correta de ajudá-la.
  - Agir de acordo com o que ela disser para evitar machucá-la fisicamente.

- **Comportamento em relação a uma pessoa com deficiência invisível:**

Algumas pessoas podem ter condições que não podem ser vistas, por exemplo, doenças cardíacas, câncer, asma ou Alzheimer. Não se deve demonstrar impaciência.

Não é fácil saber que alguém tem uma deficiência invisível, a menos que ela diga isso ou faça uma solicitação que indique isso. Por exemplo, ela pode pedir para sentar-se em uma cadeira, ao invés de ficar em pé na fila.

Pessoas com deficiências invisíveis devem ser tratadas com cuidado, gentileza e respeito.

Pessoas com deficiências invisíveis devem ter preferência.

Algumas pessoas possuem outros tipos de deficiências invisíveis, como a epilepsia.[7]

Uma pessoa com epilepsia pode repentinamente sofrer uma crise epiléptica, ficando inesperada e temporariamente doente.

Durante a crise epiléptica, não há nada que se possa fazer, a não ser evitar que a pessoa bata a cabeça em algo sólido. Por esse motivo, deve-se tentar proteger a cabeça da pessoa e virá-la de lado.

Além disso, não há necessidade de RCP (ressuscitação cardiopulmonar) e ela não deve receber nada para beber ou comer.

Quando a crise epilética terminar, a pessoa ficará exausta e confusa sobre o que aconteceu.

Ela deve ser tratada com o máximo cuidado até recuperar suas forças.

- **Etiqueta e comportamento em relação a crianças com necessidades especiais:**

Muitas pessoas não sabem como interagir adequadamente com crianças com necessidades especiais. Alguns até sentem medo.

As pessoas devem se lembrar que crianças com necessidades especiais são sensíveis e precisam de cuidados e carinho.

---

[7] Alguns intelectuais, incluindo o escritor russo Fiódor Dostoiévski (1821–1881), tiveram epilepsia.

Estas crianças precisam de muito cuidado e atenção para adquirir habilidades e linguagem.

Eles precisam de interação social para desenvolver as habilidades mentais e físicas.

Não é fácil para as crianças expressarem seus sentimentos e emoções.

A tarefa mais importante é fazê-las sentirem que são como as outras crianças.

Uma criança com necessidades especiais precisa de encorajamento, bondade e ternura, mas não de piedade.

Deve-se lembrar que uma criança com necessidades especiais, geralmente, concebe suas ideias sobre si mesma através da maneira como os outros a tratam. Se as pessoas agirem com gentileza, delicadeza e respeito, ela se sentirá valorizada pelo que é e retribuirá esse apreço aos outros.

As crianças com síndrome de Down geralmente têm a capacidade de se mover de forma independente, subir e descer escadas, comer, ir ao banheiro e trocar de roupa.

As crianças com síndrome de Down podem expressar seus sentimentos e, na maioria dos casos, conseguem se integrar à sociedade.

O que as crianças com Síndrome de Down precisam dos outros não é mais do que uma pessoa paciente que lhes dê as oportunidades adequadas.

> **Dicas de etiqueta:**

- O processo de amadurecimento e desenvolvimento da habilidade de adquirir novas competências pode ser um pouco lento entre algumas crianças com necessidades especiais.
- Uma criança com necessidades especiais deve ser ouvida sem reclamações.
- Uma criança com necessidades especiais deve ter tempo suficiente para se expressar como quiser, mesmo que parte do que diz não seja entendido.
- Uma criança com necessidades especiais não deve ser tratada com indiferença.
- A falta de esforços para integrar uma criança com necessidades especiais pode levá-la a se afastar socialmente, se retrair e se tornar uma criança mais calada.
- Ao crescer, uma criança com necessidades especiais, assim como outras crianças, precisa ser incentivada a seguir e a fazer o que é positivo. Enquanto isso, os adultos podem corrigir seus erros de maneira cuidadosa e respeitosa.
- Deve-se dirigir a uma criança com necessidades especiais com um tom de voz normal e aguardar sua reação.
- Deve-se esperar e aceitar que algumas das reações de crianças com necessidades especiais possam ser inapropriadas.
- Ao encontrar ou receber uma criança com necessidades especiais, deve-se se apresentar, apertar a mão e sorrir para fazê-la se sentir confiante e segura, especialmente, se ela responder ao contato físico.
- Calmamente e de forma natural, pode-se perguntar o nome da criança. Se ela não responder, não se deve insistir, mas sim perguntar aos acompanhantes dela.
- Se alguém estiver acompanhado de crianças, é esperado que peça para que elas se comportem com gentileza e ajudem a quebrar quaisquer barreiras de medo que possam ter em relação à criança com necessidades especiais
- Para evitar que qualquer criança se sinta sozinha e isolada, as crianças devem ser incentivadas a brincar com aquelas com necessidades especiais.

- **Comportamento em relação a crianças com autismo.**[8]

O autismo é geralmente caracterizado por:
- Interação social prejudicada.
- Comunicação verbal e não verbal prejudicada.
- Comportamento restritivo e repetitivo.

▷ **As crianças com autismo podem ter as seguintes características:**
- Vivem em seu próprio mundo repetitivo.
- Têm dificuldade em adquirir linguagem e de se comunicar, até mesmo com seus pais.
- Não interagem socialmente e tentam evitar os outros.
- Não conseguem diferenciar coisas perigosas de coisas seguras.
- Precisam de um ambiente seguro.
- Não sabem como se proteger.
- Podem ter dificuldade em compreender as palavras.
- Eis algumas diretrizes para interagir com crianças com autismo:
- Devem ser abordadas com frases simples, na medida do possível, sem a inclusão de novas palavras.
- Deve-se usar um tom de voz consistente, bem como expressões faciais e gestos.
- É necessário conhecer os sons, expressões e gestos que atraem sua atenção e aprender a usá-los sem repeti-los excessivamente.
- As crianças não devem ser expostas a novas situações sem a presença de seus pais. Novas situações causam tensão e, possivelmente, gritos ou explosões.
- A rotina das crianças não deve ser interrompida ou quebrada, pois isso pode gerar tensão, raiva e gritos.
- Não se deve ignorá-las, mas sim tentar compreendê-las da melhor forma possível. Ignorá-las ou negligenciá-las pode causar irritação e raiva.
- Apesar de sua condição, elas ainda são crianças e precisam de orientação para aprender e amadurecer.
- Desenvolver maneiras de incentivá-las a socializar, ser alegres e rir.
- Deve-se prestar atenção aos sentidos táteis dessas crianças.
- Muitas delas têm hipersensibilidade à luz, som, toque, sabor e cheiro.
- O contato físico mais simples, como tocar ou abraçar, pode perturbá-las.
- Algumas crianças com autismo são talentosas em atividades que dependem de repetições, como tocar música, pintar e esculpir.

---

8 De acordo com a National Autistic Society do Reino Unido, o padrão específico de 'comportamento anormal descrito pela primeira vez por Leo Kanner é também conhecido como 'autismo infantil precoce'. Kanner não fez nenhuma estimativa do número possível de pessoas com essa condição, mas achou que era raro (Kanner, 1943).
Mais de 20 anos depois, Victor Lotter publicou os primeiros resultados de um estudo epidemiológico de crianças com o padrão de comportamento descrito por Kanner em Middlesex, que deu uma taxa de prevalência global de 4,5 por 10.000 crianças (Lotter, 1966).

Etiqueta do paciente

"Não há doenças incuráveis - apenas falta de vontade."[9]

A doença é uma condição temporária e provisória, à qual todos são vulneráveis a experimentar. Este capítulo não abordará a "etiqueta entre médico, enfermeiro e paciente", mas sim o comportamento do visitante em relação ao paciente, bem como o comportamento do paciente em relação aos outros.

> **Dicas de etiqueta para visitar um paciente:**

- Visitar um paciente oferece encorajamento e apoio, fortalecendo os laços sociais e de amizade.
- O visitante deve lavar as mãos antes e depois de visitar um paciente, para não levar germes para dentro ou para fora do hospital.
- A maioria dos hospitais têm regras de visitação expostas na recepção ou próximo a ela. O visitante deve lê-las antes de fazer a visita.
- Os visitantes devem oferecer apoio ao paciente.
- A menos que seja cônjuge, pai ou filho do paciente, o visitante não deve exceder o limite de tempo determinado pelo médico ou hospital. Geralmente, são cerca de 15 a 20 minutos. Isso garante que a visita não interfira na necessidade de descanso do paciente.
- Se um paciente mostra que quer ficar sozinho, seu desejo deve ser respeitado.

---

9   Avicenna (Ibn-Sina) (980-1037), filósofo e médico árabe-persa, cujo trabalho médico "Qanun" teve grande influência na medicina medieval na Europa até o século XVII.

- Se, por qualquer motivo, os médicos venham para realizar exames, os visitantes devem sair do quarto e aguardar com paciência.
- Se um visitante sentir que precisa chorar ou se tiver emoções confusas, ele deve sair da sala por um tempo, respirar fundo e voltar quando se sentir melhor.
- O visitante deve manter o volume de voz baixo e caminhar silenciosamente, especialmente se o paciente estiver em um quarto semi-privativo com outro paciente.
- É importante lembrar que o hospital não é um lugar para vozes altas e gargalhadas estrondosas.
- Se o paciente estiver dividindo o quarto, deve-se evitar conversar sobre assuntos pessoais.
- A pena é inaceitável e não tem relação com simpatia ou espírito de solidariedade com o paciente.
- A menos que o paciente peça, o visitante não deve sentar-se ao lado dele na cama.
- Normalmente, beijos e abraços devem ser evitados, pois o paciente pode estar fraco e ser mais suscetível a doenças, infecções ou outras complicações.
- O celular do visitante deve ser colocado no modo silencioso ou para vibrar.
- O visitante deve manter as mãos longe de todo o equipamento médico. Nunca é permitido tocar ou redefinir nada.
- Como alguns pacientes podem ter alergias ou reações adversas a fragrâncias, um visitante não deve usar perfumes muito fortes ou cosméticos com cheiro intenso.
- No hospital, o visitante deve ser o mais positivo possível e sorrir quando for apropriado. Ele não deve compartilhar experiências negativas de visitas anteriores ao hospital.
- O paciente não deve ser estimulado emocionalmente. Sentimentos e excitação repentinos podem atrapalhar a recuperação e até mesmo agravar a condição.
- A conversa deve ser leve, evitando temas como negócios, política ou qualquer assunto que possa prejudicar a recuperação do paciente.
- Ao perguntar sobre o estado de saúde de um paciente, as perguntas devem ser gerais, sem entrar em detalhes.
- O paciente pode não saber muito sobre sua doença, pois alguns detalhes podem envergonhá-lo.
- O envio de flores ao paciente é uma das escolhas mais comuns, mas não devem ser buquês grandes.
- Recomenda-se que as flores sejam inodoras (ou artificiais), pois algumas pessoas podem ter alergia ou sensibilidade aos pólens e aos odores.
- As flores podem ser substituídas por outros presentes como chocolates, doces, livros e revistas.
- O paciente não deve ser chamado por telefone, a menos que seja permitido.
- Exceto em alguns casos especiais, as administrações hospitalares impedem a visita de pacientes internados na unidade de terapia intensiva (UTI). A saúde dos pacientes, nesta área, é delicada e o contato com visitantes é proibido.

- **Comportamento do paciente:**

Independentemente das condições de saúde do paciente, existem algumas expectativas em relação ao seu comportamento com os visitantes:

· Ninguém espera que o paciente esteja alegre no hospital. Se ele não sentir vontade de sorrir, os visitantes, os médicos, as enfermeiras e os terapeutas vão entender isso.

· O paciente deve tentar ficar calmo e limitar, ao máximo, as mudanças intensas de humor.

· O paciente deve tentar tolerar a dor física da melhor forma possível, para não aumentar a ansiedade da família, parentes e amigos.

· O paciente não deve envolver todos os outros nos os detalhes explícitos de sua doença e dor.

· O paciente ainda deve cooperar com a equipe médica e fazer tudo o possível para participar de sua cura.

· Ele deve obedecer às instruções de médicos, enfermeiras e terapeutas.

· O paciente não deve tirar proveito de sua fraqueza para sobrecarregar os outros com pedidos.

· O paciente deve mostrar total respeito pelas enfermeiras e respeitar sua competência, lembrando que elas não são babás.

· Espera-se que o paciente agradeça e seja grato tanto aos profissionais do hospital quanto aos visitantes.

Etiqueta
em relação à má conduta

"Quem está sem pecado lance a primeira pedra."[10]

As pessoas, sejam de inteligência comum ou geniais, jovens ou velhas, estão sujeitas a cometer falhas e deslizes. Um provérbio árabe diz:

> *Aquele que pertence à linhagem de Adão comete erros.*

Neste capítulo, não tentarei lidar com os aspectos éticos, legais ou filosóficos deste assunto, nem a classificação das pessoas como moral, imoral, boa, pecaminosa, etc. Prefiro deixar esse assunto complicado e todos os seus emaranhados detalhes, para filósofos, reformadores e especialistas em ética.

De qualquer forma, o que é importante considerar neste capítulo é que todas as culturas geralmente incentivam a tolerância, o perdão e o bom tratamento em relação aos erros dos outros. Abu Hayyan al-Tawhidi[11] disse:

> *Quem gosta de tolerância e perdão pode desfrutar da companhia dos outros.*

---

[10] Jesus Cristo, a Bíblia Sagrada.
[11] Abu Hayyan al-Tawhidi (923-1023), um pensador iraquiano que foi um dos intelectuais mais influentes do século 10. O historiador Yaqut Al-Hamawi o descreveu como "o filósofo dos literatos e o literato dos filósofos".

De forma similar, Leo Tolstoy[12] afirmou: "Quanto mais as pessoas estão perto da verdade, mais tolerantes são os erros dos outros."

> **Dicas a considerar:**

- Com boa vontade, alguns erros óbvios podem ser corrigidos, enquanto outros mais sutis, às vezes, podem ser ignorados. Cícero[13] disse: "Não devemos dizer que todo erro é tolo".
- Ao lidar com o erro de outra pessoa, deve-se evitar longos debates.
- A atenção ao erro deve ser dada sem expandir o erro além daquele incidente específico. Caso contrário, o infrator pode vincular o erro à sua dignidade, tentando defender ambos, em vez de corrigir o erro.
- Se o infrator se sentir subestimado, poderá ser provocado e reagir de maneira hostil.
- Culpar o infrator geralmente não leva a um resultado positivo, sendo, portanto, algo a ser evitado. Parafraseando o poeta Bashar Ibn Burd : "Se você sempre culpa os amigos, chegará o dia em que não encontrará ninguém para culpar".
- Ao abordar o erro de alguém, é possível aplicar táticas simples, como usar a frase "Ouvi dizer que você fez isso, mas não acho que isso seja verdade" e outras frases semelhantes, em vez de acusar alguém diretamente alguém de cometer este ou aquele erro.

▷ **Dicas de etiqueta sugeridas:**

Nas frases a seguir que dizem que uma pessoa está "errada", as opções de palavras variam de severas a amigáveis.

1. Isso está errado.
2. Você está errado.
3. Não, está tudo errado.
4. Você cometeu um erro.
5. Você cometeu uma falha.

As expressões de 1 a 5 são muito severas. No entanto, você ainda pode usá-las em emergências ou situações de segurança, em que a correção rápida do problema é mais importante do que o relacionamento.

— As expressões de 6 a 11 começam com uma frase de suavização:

6. Lamento discordar, mas...
7. Receio que você esteja equivocado em relação a isso....
8. Na verdade, acho que você descobrirá que...
9. Na verdade, não acho isso certo.
10. Receio que isso não esteja certo.
11. Não acho que você esteja certo sobre isso.

Estas expressões ajudam a permitir que o infrator entenda a sua mensagem sem se ofender.

— Nas expressões de 12 a 16, ao referir-se ao erro como falha, obstáculo, contratempo, percalço ou deslize, chama-se a atenção para a necessidade de corrigir o erro e não apenas para quem cometeu o erro.

---

12 O conde Lev Nikolayevich Tolstoi (1828 - 1910), geralmente referido em inglês como Leo Tolstoy, um escritor russo que é considerado um dos maiores autores de todos os tempos

13 Marco Tullius Cícero (106-43 aC.), O maior orador de Roma, político, filósofo, escritor e orador.

12. Há um pequeno obstáculo para discutirmos.
13. Levaremos apenas um minuto para corrigir esse deslize.
14. Existem alguns pequenos contratempos para corrigirmos.
15. Vamos cuidar de alguns percalços aqui.
16. Há uma pequena falha a corrigir.

Tais palavras sugerem que qualquer pessoa pode cometer esse tipo de erro e, portanto, não reflete negativamente sobre quem o cometeu, protegendo seu ego.

— Nas expressões de 17 a 20, você começa com uma pergunta, seguida da informação correta que deseja contribuir:

17. Você estaria aberto a uma abordagem diferente para este problema?
18. Onde você ouviu/encontrou essa informação?
19. Por que você acredita/pensa nisso?
20. Estou curioso sobre isso. Poderíamos dar outra olhada nisso?

— Ao usar essas expressões, você pode sorrir e fazer contato visual.

— As expressões de 21 a 24 usam o verbo modificador "pode" ou expressões como "parece ser" ou "dá a impressão de" para indicar a possibilidade de um erro e sugerir uma segunda olhada no problema.

21. Talvez tenha ocorrido alguma confusão aqui.
22. Isso parece um descuido.
23. Parece ser um erro.
24. Você pode ter cometido um erro.

Com estas expressões, evita-se o constrangimento para ambas as partes.

Etiqueta em relação à inimizade

"Você não deve ter inimizade com o crocodilo se estiver vivendo na água."[14]

Em caso de inimizade, as diferenças entre algumas pessoas podem atingir um ponto tão agudo que a brusquidão e, talvez, o ódio possam se tornar comportamentos profundamente enraizados e habituais. Como alguém deve se comportar em uma situação como essa quando encontra um antagonista?

> **Dicas de etiqueta:**

- O abuso não deve ser enfrentado por um contra-ataque ou vingança.
- Deve-se controlar o humor e o temperamento, conter a raiva e ignorar a presença do adversário.
"A raiva pode nos destruir individualmente", disse Sêneca.[15]
- Ao convidar algumas pessoas para um banquete, o anfitrião não deve convidar pessoas que sejam antagonistas de outros convidados, para evitar constranger ou incomodar os participantes do evento.
- Se for convidado para uma determinada reunião e se surpreender com a presença de um antagonista, deve-se manter a calma e não demonstrar desconforto.
- A etiqueta geralmente exige que alguém finja gostar de ver pessoas que ele prefere não ver, assumindo temporariamente o disfarce de amizade. Essa "hipocrisia" leve é preferível a ferir os sentimentos daqueles que, por engano, reúnem antagonistas.
- Uma das habilidades que podem ser empregadas é a capacidade de não per-

---

14 Provérbio hindi.

15 Lucius Annaeus Seneca (4 AC - 65 DC), um filósofo estoico romano, estadista e dramaturgo.

ceber a presença do inimigo. Não é necessário socializar com a pessoa nem fazer uma cena. É melhor olhar além dele para não o cumprimentar.
- Outra tática é dizer "Com licença" e se retirar, como se estivesse sendo chamado.
- Se for obrigado a apertar a mão de um antagonista, recomenda-se fazer isso de forma breve. Nesse caso, não é necessário manter o contato visual durante o cumprimento, o que demonstra desrespeito implícito.
- Se alguém é obrigado a sentar ao lado de um antagonista, deve fazê-lo com calma. Mostrar certa indiferença é suficiente.
- Caso ocorram comentários inapropriados por parte do antagonista, é melhor ignorá-los o máximo possível.
- Em qualquer circunstância, é importante lembrar que, se uma disputa ou briga ocorrer entre duas pessoas na casa de alguém, isso seria um incidente lamentável para ambas as partes, além de uma ofensa ao anfitrião.

Etiqueta para visitantes e estrangeiros

"Que bom quando estrangeiros se tornam amigos e que horror quando amigos se tornam estrangeiros de repente."[16]

Um estrangeiro é uma pessoa pertencente a um país estrangeiro. A pessoa pode ser um visitante (por tantas razões), um turista, um imigrante, um refugiado etc.

> **Dicas de etiqueta:**

O comportamento dos habitantes em relação aos estrangeiros:
- Supõe-se que os estrangeiros sejam bem recebidos e recebam um tratamento especial em algumas situações.
- As tradições e costumes dos países estrangeiros devem ser respeitados, independentemente da opinião de alguém sobre alguns deles.
- Não devemos nos surpreender com alguns comportamentos de estrangeiros que podem parecer desconhecidos ou inusitados.
- Os idiomas e sotaques de estrangeiros e turistas não devem ser ridicularizados. Alguns erros desse tipo podem ser facilmente ignorados.
- As posições políticas do país dos estrangeiros não devem ser criticadas, a menos que o relacionamento com o estrangeiro tenha se tornado tão próximo e permita esse tipo de divulgação.
- Qualquer crítica deve ser direcionada ao governo e não ao povo do país do estrangeiro. É inadmissível insultar ou desrespeitar os sentimentos do estrangeiro sobre o seu país.

---

16 Naguib Mahfouz (1911 - 2006), escritor egípcio que ganhou o Prêmio Nobel de Literatura de 1988. Ele publicou 34 romances, mais de 350 contos, dezenas de roteiros de filmes e cinco peças.

- Não se exige um cuidado excessivo com o estrangeiro, a ponto de abrir mão dos costumes e tradições locais para agradá-lo.
- Tentar criar um ambiente para o estrangeiro que corresponda ao seu próprio país é um cuidado desnecessário.

▷ **O comportamento dos estrangeiros em relação aos habitantes:**

É importante que o estrangeiro se lembre de que está em um país estrangeiro e trate a população local com total respeito.

Espera-se que um estrangeiro se comporte de maneira apropriada e utilize expressões educadas como "por favor" e "obrigado", ou seus equivalentes traduzíveis, quando necessário. Essas frases são concisas e diretas, mas seu impacto pode ser profundo.

- É preferível oferecer para um estrangeiro comidas típicas locais. Isso representa uma experiência cultural adicional, proporcionando uma ideia sobre estilos alimentares e culinárias que podem ser diferentes do que ele está acostumado.

Um estrangeiro não deve presumir que seja dever da população local se adaptar aos seus próprios valores e cultura. É aconselhável adotar uma atitude um pouco mais modesta.

Em todos os casos, o estrangeiro deve seguir a regra de ouro da etiqueta: "Quando estiver em Roma, faça como os romanos."

Seção Nove

Etiqueta policial

"Costume e lei são irmãs."[1]

Todas as forças policiais e de segurança, com seus diversos órgãos e agências, como a Polícia Militar, Polícia Civil, Polícia Rodoviária, Agentes da Receita Federal, etc., têm tarefas específicas, nos termos das leis e regulamentos pertinentes, para manter a segurança e a proteção de todas as pessoas, e para capacitá-los a conduzir seus negócios de vida, bem como para preservar a ordem pública.

Não há espaço suficiente para elaborar muitos detalhes relativos às forças policiais e de segurança.

O mais importante é destacar alguns dos comportamentos relevantes que se aplicam às forças policiais e aos cidadãos.

- **Comportamentos das forças policiais em relação aos cidadãos:**

· A polícia não deve discriminar pessoas, independentemente do gênero, raça, status e posição social.

· Ao aplicar a lei e a ordem, todos os policiais devem observar a dignidade de todas as pessoas, independentemente de suas infrações ou ações.

· Os policiais devem ter a capacidade de manter o contato intenso com cidadãos, além de possuir habilidade para aplicar as leis de maneira eficaz.

· Em locais públicos movimentados, como aeroportos, centros de fronteiras e portos, os policiais devem manter os mais altos padrões de profissionalismo.

---

1 Provérbio eslovaco.

- Policiais devem saber lidar com diferentes tipos de visitantes e estrangeiros de diversas origens e culturas.
- Se um oficial de alfândega descobrir uma infração menor e não intencional cometida por um cidadão ou estrangeiro, o policial pode adverti-lo gentilmente, para que tal infração não se repita.
- Se a violação for deliberada, injustificada e em clara violação da lei, a polícia certamente deve recorrer aos procedimentos e regulamentos legais sem hesitar, mas sem violência ou insultos ao infrator.
- Os policiais devem conhecer as imunidades e privilégios diplomáticos, estipulados por acordos e convenções internacionais.
- A imunidade diplomática não significa que os diplomatas sejam isentos de responsabilidade legal caso cometam uma infração ou violem as leis do país onde estão credenciado.
- Se um cidadão violar regras de trânsito, um policial de trânsito deverá solicitar que o condutor pare o veículo antes de aplicar as regras pertinentes. O oficial se aproximará, se identificará e dirá ao cidadão o motivo da parada. O oficial pedirá a carteira de motorista, o registro e, possivelmente, o cartão do seguro.
- Não é mais aceitável que alguns policiais e agentes de segurança não respeitem os direitos humanos básicos concedidos a todas as pessoas, como o direito constitucional de viver com dignidade, mesmo que alguém viole a lei. Os meios para lidar com irregularidades, de todos os tipos, são estipulados em todas as leis nacionais de todos os países.
- Nenhuma das leis dá o direito de qualquer policial, por quaisquer razões ou pretextos, desrespeitar, insultar, ou violar os direitos humanos das pessoas.

▪ Etiqueta dos cidadãos para com os policiais:

Os cidadãos devem demonstrar respeito pelos policiais, que mantêm o prestígio e a autoridade do Estado.

Em geral, as pessoas devem ajudar as forças policiais e de segurança a cumprirem seus deveres.

Se algum dos policiais cometer um erro, isso deve ser considerado um ação pessoal e não como uma prática geral.

Aquele que comete uma violação de tráfego e recebe um sinal do oficial de trânsito para encostar, é obrigado a:

– Desligar o motor e esperar até que o oficial se aproxime.
– Ficar dentro do veículo.
– Ligar a luz interior (luz de teto) do carro se estiver escuro.
– Abrir a janela completamente.
– Mostrar a carteira de motorista ou o registro do veículo quando solicitado pelo oficial. Não é necessário entregar, se o policial não pedir.
– Manter as mãos visíveis e posicionadas no volante.
– Evitar qualquer comportamento suspeito.
– Responder às perguntas educadamente, sem ser ofensivo.
– Aceitar comentários, sem se envolver em discussões e objeções.

Etiqueta Secretarial

"Um chefe de sucesso precisa de uma secretária talentosa."[2]

Em qualquer local de trabalho, os secretários são membros importantes da equipe. Suas funções estão relacionadas a tarefas significativas, que não se limitam mais a atender chamadas para o chefe ou a organizar reuniões e compromissos. Muitas funções executivas e de prioridade passaram a ser responsabilidade do secretário.

Embora o escopo e o conteúdo das funções dos secretários dependam do status de seus chefes, eles ocupam cargos de grande responsabilidade.

O secretário de um executivo-chefe terá responsabilidades naturalmente mais amplas do que aquele que trabalha para o chefe de um departamento.

Para ser bem-sucedido, o secretário no ambiente de trabalho atual deve possuir boas maneiras, além das habilidades adequadas e compreensão das políticas e procedimentos internos da empresa.

De qualquer forma, neste contexto, não falarei sobre as várias atribuições e responsabilidades do secretário, mas sobre o comportamento dele em relação à etiqueta, especialmente quando em contato com clientes e outros visitantes importantes.

> **Dicas de etiqueta:**

– A prática de algumas regras comuns de etiqueta nos negócios pode ajudar o secretário a criar a impressão mais positiva de um supervisor e da empresa.

---

2 O autor.

- A conduta de um secretário afeta diretamente a credibilidade de um supervisor e a do local de trabalho.
- Nem sempre as maneiras simples no local de trabalho são notadas, mas as maneiras ruins certamente são. Para avançar e permanecer à frente, uma simples cortesia pode fazer com que um secretário se destaque.
- Seja pessoalmente, por telefone ou por e-mail, um secretário sempre deve saber quando e como dizer "por favor" e "obrigado".
- O secretário deve aderir ao código de vestimenta do local de trabalho. Caso não exista tal código, o secretário deve manter uma aparência respeitável e saber escolher trajes conservadores (formais ou casuais) e elegantes. O secretário deve dar o exemplo para o resto da equipe.
- Uma secretária deve evitar roupas apertadas ou reveladoras, bem como saias curtas. Roupas inadequadas são um convite para que outras pessoas não considerem suas habilidades.
- É necessário que uma secretária mantenha a maquiagem e o cabelo arrumados.
- De acordo com o código de vestuário do local de trabalho, uma secretária pode, às vezes, ser obrigada a usar sapatos baixos e fechados. No entanto, em todos os casos, ela deve evitar tênis ou chinelos.
- O secretário deve prestar atenção à higiene e aos cuidados pessoais.
- Para parecer profissional, o secretário deve ter proficiência para atender telefonemas, distinguir vozes, e lembrar nomes, datas importantes e eventos.
- Para manter um ambiente de trabalho profissional e ser produtivo, o secretário deve ter habilidades básicas de comunicação, inclusive em conversas telefônicas ou presenciais. Ele deve usar expressões profissionais, escrever e responder a e-mails com eficiência, coordenar agendas e preparar correspondências.
- O secretário deve conhecer a ordem de precedência e a posição de todos com quem se comunica ou lida.
- Em todos os momentos, o secretário deve sorrir e cumprimentar os visitantes de maneira amigável, cortês, apropriada e profissional.
- O secretário precisa gerenciar suas emoções com cuidado, especialmente a raiva, para parecer calmo, educado e respeitoso.
- Além do conhecimento completo de etiqueta à mesa, o secretário deve saber como os banquetes são realizados. Um chefe pode convidar pessoas para jantar de tempos em tempos e designar um secretário para organizar isso.
- Para fins de etiqueta de negócios, é necessário que crie uma primeira impressão positiva, mantendo um local de trabalho limpo e bem-organizado.
- É necessário que um secretário crie a primeira impressão correta, mantendo um espaço de trabalho limpo e bem-organizado.
- Um secretário não deve deixar papéis ou revistas espalhados por toda a área de trabalho.
- Um secretário precisa manter todos os itens pessoais e arquivos confidenciais fora da vista dos visitantes.

- Um secretário tem que ser franco, sincero e manter os segredos do chefe e do local de trabalho.
- Um secretário deve ter o espírito de serviço e a capacidade de ajudar e aliviar o trabalho do chefe.
- Um secretário deve ter iniciativa e não esperar passivamente pelas ordens do chefe.
- Com o chefe, uma secretária deve ter relacionamentos amigáveis, mas impessoais.
- Com seus colegas de trabalho, um secretário deve ser gentil o suficiente, mas sem ter muito relacionamento pessoal.
- Caso o chefe não tenha tempo para se encontrar com outras pessoas, por qualquer motivo, um secretário deve encontrar os meios adequados para pedir desculpar a clientes, funcionários e outros.
- Um secretário que diz a alguém "O chefe não quer receber ninguém" ou "O chefe tem um trabalho importante e não quer receber ninguém", definitivamente não reconhece os limites mínimos de etiqueta de um secretário.
- Profissionalmente, um secretário pede desculpas, por exemplo, dizendo: "O chefe gostaria de receber você, mas está ocupado com uma reunião que levará muito tempo. Dê-me seu número de telefone para ligar mais tarde" e muitas outras respostas semelhantes.
- Qualquer comentário não profissional feito por um secretário prejudicaria o chefe e mostraria a inexperiência do secretário.
- Se o chefe estiver em uma reunião que demorou muito tempo à custa de outras reuniões programadas, o secretário deve reconhecer possíveis maneiras de ajudar a encerrar uma reunião. Uma das táticas é entrar na sala de reuniões e entregar um bilhete escrito ao chefe.

Etiqueta
dos locais de trabalho

*"Fazer bem as pequenas coisas é um passo em
direção a fazer melhor as grandes coisas."*[3]

Devido às exigências da vida moderna e a todos os seus aspectos sociais, econômicos e administrativos, os escritórios, tanto no setor público quanto privado, empresas, bancos e outros locais tornaram-se uma característica fundamental do dia a dia das pessoas.

Em todos os lugares, uma grande parte da população é composta por funcionários. Aqueles que não são empregados frequentam os escritórios de vez em quando para diversos fins.

Existem dias em que empregadores e funcionários passam mais tempo em seus escritórios do que em casa. Portanto, é importante lembrar que o trabalho não é um lugar para esquecer as boas maneiras.

A etiqueta no local de trabalho é essencial para promover um ambiente profissional e civilizado para quem interagem lá.

A etiqueta no local de trabalho é um conjunto de padrões de comportamento com colegas, chefes, parceiros de negócios e clientes.

- **Etiqueta do funcionário:**
- Independentemente do cargo, qualquer funcionário deve se lembrar de que ele está designado para o trabalho e está re-

---

3   Vincent Van Gogh (1853 a 1890), um pintor pós-impressionista holandês que se tornou muito influente na história da arte ocidental. Suas pinturas são caracterizadas por cores fortes e pinceladas expressivas.

cebendo um salário para servir o local de trabalho, empresa, cidadãos e clientes.
- Um funcionário deve ser pontual e chegar a tempo. É uma má forma (e possivelmente motivo de demissão) chegar atrasado com frequência. Certamente, algumas circunstâncias imprevistas podem causar um atraso ocasional, mas isso não deve ser a norma. De qualquer forma, é importante ligar com antecedência para avisar as pessoas quando estiver atrasado.
- No trabalho, deve-se lidar igualmente com todos os clientes, independentemente de seus diferentes status e posições.
- Deve-se seguir o código de vestimenta do escritório. Se o código de vestimenta for "casual", os funcionários ainda assim devem ir ao trabalho bem-vestidos. As roupas devem estar limpas, bem conservadas e não sem logotipo.
- Nas reuniões, se o funcionário não tiver certeza de qual código de vestimenta seria adequado, a opção mais segura seria optar por roupas de negócios clássicas com cores como preto, azul escuro ou cinza escuro.
- No trabalho, é preciso conhecer a etiqueta de apresentações e cumprimentos, etiqueta telefônica, etiqueta de correspondência, etiqueta de conversação, etiqueta de vestimenta, etiqueta para banquetes e habilidades de comunicação em geral.
- Ao entrar no escritório todas as manhãs, o funcionário deve ser amigável, e cumprimentar os colegas de trabalho é uma norma comum.
- No ambiente de trabalho, deve-se manter a calma, ser mente aberta e jamais demonstrar arrogância ou nervosismo diante dos outros. Não se deve ultrapassar os limites.
- Independentemente de trabalhar em um escritório particular, em cubículos de escritórios ou em um escritório aberto com dezenas de colegas de trabalho, um funcionário deve respeitar todos os outros.
- No trabalho, deve-se fazer contato visual, prestar atenção e se voltar para as pessoas quando elas estão falando.
- No trabalho, deve-se estar em alerta. Sonolência parece ruim no local de trabalho.
- No trabalho, deve-se interagir com os outros com gentileza e sorrir genuinamente. Não há razão para alguém agir de maneira esnobe. Bondade e cortesia são essenciais!
- Durante as reuniões, o funcionário deve falar sem interromper os outros e estar atento ao revezamento. Deve-se permitir que cada pessoa conclua seu pensamento e intervir apenas quando tiver algo construtivo a dizer.
- Como regra geral, deve-se deixar o celular de lado ou no modo silencioso no trabalho. Caso precise atender a uma chamada pessoal, o melhor é se afastar da mesa para evitar distrações aos colegas. Usar um celular durante as reuniões é uma grande distração para os outros. Além disso, faz com que a pessoa que está usando o telefone pareça distraída e sem consideração.
- O funcionário deve ser um bom membro de equipe. Seus colegas e supervisores irão apreciar isso, tornando-o um candidato mais valioso para promoções futuras.

- Ao trabalhar em um ambiente de escritório aberto, o funcionário deve manter seu computador e telefone no modo mudo, para que o som de cada e-mail ou mensagem não perturbe todos os colegas de trabalho.
- A maioria das empresas realiza grandes esforços, de várias maneiras, para fornecer uma imagem clara sobre sua sede, bem como sobre os serviços oferecidos a seus clientes, colegas e todos com quem interagem. Tais esforços serão em vão se os clientes encontrarem um recepcionista mal-humorado ou funcionários indiferentes e ríspidos.
- Com os ambientes de escritório aberto se tornando a norma, os espaços de trabalho pessoais são mais públicos do que nunca.
- O escritório do funcionário deve estar limpo, agradável e arrumado, independentemente da disponibilidade de móveis de luxo ou não. Tais coisas não precisam de grandes recursos financeiros. Pode-se imaginar como seria chato entrar no escritório de alguém e encontrar um funcionário descuidado com documentos e papéis espalhados aqui e ali, poeira sobre as prateleiras e cortinas sujas que não são lavadas há muito tempo.
- Se ele tiver em um cubículo de escritório, também é bom que um funcionário esteja atento a seus colegas de trabalho quando se trata de manter esse espaço. Ele deve manter o mínimo de bagunça.
- Embora seja bom promover relacionamentos positivos entre os supervisores e subordinados, um funcionário não deve ultrapassar alguns limites profissionais.
- Tentar ser o melhor amigo de seu chefe geralmente não é uma boa ideia. Outras pessoas podem perceber isso como demonstração de favoritismo. Isso pode prejudicar a carreira dos melhores funcionários.
- Semelhantemente, mesmo que um funcionário seja amigável com seus colegas, ele deve estar ciente de que não deve ultrapassar limites. Compartilhar detalhes de sua vida pessoal não é profissional, não importa a quão próxima seja a equipe.
- O funcionário não deve fofocar sobre colegas de trabalho ou superiores. Ao fazer isso, ele só prejudica a si mesmo. Além disso, na era das redes sociais, o funcionário deve lembrar que nada é realmente "privado". Não se deve reclamar de colegas ou do trabalho nas redes sociais. Mesmo que a conta seja privada, o que é postado pode chegar aos colegas.
- Se um funcionário está enganado ou comete um erro, ele deve ser humilde o suficiente para assumir a responsabilidade e pedir desculpas. O chefe o verá como uma pessoa honesta e humilde que não tenta encobrir seus rastros.
- A maioria dos locais de trabalho e negócios exige certo nível de confidencialidade. A confiabilidade é uma das qualidades mais valiosas que o funcionário pode ter, e ele será mais valorizado por manter a discrição.
- Ao entrar no escritório do chefe, o funcionário deve estar vestido formalmente (se não houver uniforme especial).
- Quando entrar no escritório do gerente, é inadmissível que um funcionário do sexo masculino esteja com o paletó

sobre os ombros ou com as mangas da camisa dobradas.

- A menos que seu chefe, no escritório dele, peça que se sente, espera-se que o funcionário continue de pé.
- Não é permitido que um funcionário se sente em uma postura relaxada ou de pernas cruzadas na presença de seus chefes.
- Quando um chefe está discutindo e dando instruções, um funcionário não deve interrompê-lo, mesmo que saiba mais do que o chefe. Seja em uma reunião ou individualmente, o chefe deve ter a chance de terminar o que está dizendo.
- Se o funcionário não estiver convencido ou mesmo não concordar com o chefe, ele deve esperar o momento adequado para falar e expressar sua opinião de maneira educada.
- Em todas as condições, um funcionário não deve brigar com nenhum de seus colegas na presença de seu chefe. A crítica pode ser feita de outra forma civilizada.
- Quando se trata de abrir portas e entrar e sair de elevadores, um funcionário deve mostrar respeito pelas pessoas que são mais seniores do que ele no local de trabalho.
- Ao entrar em um andar ou no elevador ao mesmo tempo que o chefe, o funcionário deve segurar a porta e permitir que o chefe entre primeiro.
- Se o elevador estiver cheio, quando alguém estiver tentando sair, um funcionário que estiver no caminho não deverá bloquear a porta do elevador. Ele deve simplesmente sair do elevador e entrar novamente.

- **Etiqueta do chefe:**

  Um chefe deve entender que todas as áreas da sede devem ser elegantes, limpas e bem-organizadas.

- Não basta ter um escritório luxuoso para causar uma boa impressão sobre a empresa se os escritórios dos subordinados estiverem em completo desordem.
- Um chefe deve sempre estar bem-vestido no ambiente de trabalho e deve se vestir apropriadamente ao seu local de trabalho. Nesse quesito, a aparência importa.
- Um chefe, quer goste ou não, deve dar o exemplo e ser um modelo. Os funcionários vão observar os atos, roupas e outras importantes qualidades profissionais.
- Um chefe deve ser modesto, calmo e oferecer uma saudação amigável todos os dias, estar sinceramente interessado em tudo o que seus subordinados dizem sobre o trabalho e mostrar empatia durante a conversa. No entanto, ele deve manter um comportamento profissional.
- Se um chefe, diretamente ou através de sua secretária, receber uma ligação de alguém, ele não deve deixar a pessoa esperando muito tempo no telefone, mesmo que ele seja de uma posição inferior. Esse comportamento não tem nada a ver com etiqueta e requer desculpas.
- A menos que haja uma emergência, um chefe eficiente não cancela reuniões com subordinados ou outras pessoas no último minuto. Isso é especialmente aceitável quando se trata de viagens para reuniões. Cancelar por qualquer motivo é uma forma de mostrar aos subordinados que o tempo deles não importa.

- Se um subordinado cometer um erro, o chefe não deve achar isso estranho. A melhor forma de lidar com o erro é chamar o funcionário sozinho para chamá-lo à atenção para o erro cometido e informar a maneira correta de proceder. Assim, o funcionário manterá respeito pelo chefe e terá menos chances de se sentir insultado ou envergonhado.
- Caso um erro seja cometido deliberada e intencionalmente, existem procedimentos administrativos e legais específicos a serem aplicados.
- Em todas as circunstâncias, um chefe não tem o direito de repreender, advertir ou gritar com subordinados na frente de outros. Esse tipo de comportamento nunca refletirá força, apenas fará com que os subordinados percam o respeito, pois perceberão uma clara evidência de fraqueza, falta de habilidades de liderança e insegurança.
- É natural que um chefe fique atrás de sua mesa para reuniões, relatórios, conversas sobre trabalho e afins. Mas para qualquer coisa que não faça parte da rotina diária, como encontrar um cliente, uma entrevista, é melhor se levantar e cumprimentar as pessoas. Alguns executivos de negócios mantêm uma mesa separada em escritório para ocasiões como esta.
- Da mesma forma, é aconselhável que um chefe, às vezes, peça aos funcionários que se assentem em um sofá ou cadeiras laterais, puxe sua cadeira de trás da mesa e tenha conversas mais relaxadas com eles. Isso pode remover a barreira que possa intimidá-los.
- Um chefe deve dar feedback (comentários) positivo aos subordinados. Ele deve oferecer mais elogios do que reclamações e chamar a atenção para os erros.
- O chefe deve incentivar e reconhecer os talentos dos subordinados sempre que algo for realizado bem, tendo em mente que funcionários felizes geram sucesso nos negócios. Sem elogios aos funcionários, qualquer chefe acabará com uma equipe insatisfeita.
- Um chefe não deve esquecer suas expressões faciais e trabalhar em seu rosto o "sorriso de chefe". Um chefe que faz uma careta, ou tem uma aparência severa, afasta os funcionários. No entanto, um chefe que sorri demais incentiva uma atmosfera excessivamente relaxada.
- Um chefe não deve fofocar ou compartilhar muito de sua vida pessoal e, da mesma forma, evitar perguntas pontuais aos funcionários sobre assuntos pessoais, como casamento, finanças e filhos. Um chefe fofoqueiro pode parecer insincero e até indigno de confiança.
- Um chefe deve manter o foco nas discussões sobre o mundo dos negócios, concorrência e outros tópicos mais amplos. E, se um boato sobre o funcionamento interno da empresa surgir, o chefe deve abordá-lo diretamente.
- Um chefe deve estar disponível quando necessário. Ele não deve se esconder e sentar em seu escritório atrás de uma porta fechada o dia todo. Isso dá aos funcionários a impressão de que ele não se importa com eles ou não quer ser incomodado com os assuntos do dia a dia no local de trabalho.
- Diz-se que um patrão que trata os funcionários sem compaixão perderá tanto os funcionários quanto os clientes. Ele é um "chefe tóxico".

- Em eventos sociais, um chefe deve ser o primeiro a sair, em vez de ficar por tempo demais em uma festa. O chefe precisa se comportar de uma maneira que represente seu status, o que significa não exagerar no consumo de bebidas alcoólicas ou contar piadas de mau gosto.

- **Etiqueta do cliente:**

  Espera-se que um cliente entenda que os funcionários estão disponíveis para atendê-lo, mas seu tempo é limitado e valioso. Isso leva em consideração o fato que um funcionário tem muitas tarefas a realizar e também muitos outros clientes. Portanto, qualquer cliente deve ser preciso, breve e cooperativo.

- O telefone celular do cliente deve ser mantido no "modo silencioso" até que ele termine seus negócios e saia. Caso contrário, ele incomodará tanto os outros clientes quanto os funcionários.

- O lema "O cliente sempre tem razão" incentiva os funcionários a darem alta prioridade à satisfação do cliente. No entanto, muitos argumentam que, às vezes, o cliente está certo e outras vezes está errado. Assim, o cliente não deve abusar desse conceito para violar boas maneiras ou criar expectativas irreais.

- Embora não seja justificado, um funcionário pode perder a paciência de vez em quando. Isso pode ser causado por estresse, cansaço ou uma variedade de outros motivos. No entanto, espera-se que o cliente mantenha a calma e talvez tente encontrar alguma maneira de aliviar o estresse da situação.

- Ao ter uma reação calma diante de um comportamento inadequado de um funcionário, o cliente não permitirá que a situação se deteriore e ajudará o empregado a recuperar a compostura, assumir a responsabilidade, pedir desculpas e fazer o possível para cumprir novamente sua função de maneira eficiente.

Etiqueta do elevador

"O elevador para o sucesso está quebrado, suba as escadas."[4]

Assim como outros locais de área comum, por exemplo restaurantes, locais de trabalho, ônibus, trens, aviões etc., um elevador tem seu próprio conjunto de práticas e regras a seguir. Essas regras são para garantir que todos permaneçam seguros, confortáveis e se movimentem no ambiente da maneira mais eficiente possível.

Os passeios de elevador não duram muito, o espaço é pequeno e às vezes a multidão é grande.

Para tornar suportáveis esses passeios curtos em um espaço confinado, todos precisamos ser corteses e atenciosos com todos.

> **Dicas de etiqueta:**

- Evite usar o elevador para um ou dois andares (para cima ou para baixo), a menos que esteja machucado ou incapaz de subir escadas ou carregar objetos pesados.
- Enquanto espera pelo elevador, sempre fique à direita fora das portas (nunca em frente a elas) para que o lado esquerdo e o meio fiquem livres para as pessoas saírem.
- Somente quando todos saírem do elevador, entre. Se houver pessoas na fila à sua frente, permita que elas entrem primeiro. Não corte a fila.

---

4 Jenifer Jeanette Lewis (1957-....) é uma atriz, cantora, comediante e ativista americana.

- Se o elevador estiver cheio, não tente entrar. Mesmo que tenha esperado na fila, espere pacientemente o próximo elevador.
- Não seja a pessoa que "segura" o elevador. Se você não puder entrar antes que as portas do elevador se fechem, espere pelo próximo elevador educadamente em vez de ser rude (pedindo para segurar o elevador). O tempo das pessoas no elevador é tão importante quanto o seu.
- Ao entrar no elevador, entre de forma que os outros possam embarcar atrás de você ou em outro andar.
- Fique o mais longe possível da porta se for a última pessoa a sair. Se você for para o térreo ou para os últimos andares, é melhor ficar o mais longe possível das portas do elevador depois de entrar. Desta forma, você evitará incomodar outras pessoas.
- Se você estiver na frente, segure a porta enquanto as pessoas saem, depois volte para dentro.
- Se você vir alguém correndo em direção ao elevador e o elevador não estiver lotado, mantenha a porta aberta para ele.
- Os homens devem deixar as mulheres entrarem e saírem primeiro, afastando-se e segurando a porta, se possível. No entanto, se o elevador estiver muito cheio, os homens podem sair antes das mulheres.
- Da mesma forma, para manter um ambiente de respeito, é uma boa prática permitir que os idosos e as pessoas com deficiência entrem primeiro nos elevadores.
- Não é adequado ficar muito perto das pessoas. Se o elevador estiver superlotado, aguarde o próximo.
- Se o elevador estiver lotado e você estiver perto dos botões, você deve estar disposto a apertar o botão para o número do andar para as pessoas que não podem alcançar ou não estão perto da porta. Você também pode perguntar a alguém que tenha entrado qual botão do andar ele precisa pressionar.
- Não peça a outra pessoa para apertar o botão para você, a menos que você mesmo não consiga apertar o botão.
- Qualquer passageiro de elevador deve estar atento e respeitar os espaços pessoais e íntimos dos outros em um elevador.[5]
- Se o elevador não estiver lotado, fique distante das outras pessoas, em cantos diferentes.
- Como regra, é melhor ficar de frente para as portas do elevador.
- Se apenas duas pessoas estiverem no elevador, é melhor ficar em lados opostos.
- Se houver três ou quatro pessoas, fique em um canto.
- Se houver cinco ou mais, distribua-as de modo que cada uma tenha o mesmo espaço.
- Mantenha os braços e as mãos ao lado do corpo para evitar o contato, já que você já está no espaço pessoal de alguém.

---

5 Durante pandemias como a do Coronavírus, use uma máscara e não entre no elevador com mais de três pessoas. Durante o embarque, fique em lados opostos do elevador. No entanto, membros da mesma família, e da mesma residência, podem embarcar no elevador, independentemente do número.

- Evite usar perfumes fortes, especialmente se você usa elevadores com frequência. O cheiro em espaços confinados pode incomodar os outros.
- Tente não arrotar enquanto estiver no elevador. Se você fizer isso, peça desculpas.
- Em elevadores, o contato visual rápido, um sorriso e um aceno de cabeça são adequados. Esses geralmente são bem recebidos pelos outros usuários. No entanto, o mínimo contato visual é um padrão.
- Cumprimentos simples, como "Bom dia" ou "Olá", são bem-vindos, especialmente se você estiver com colegas ou vizinhos.
- Ao entrar no elevador, vire-se e olhe para a porta. Ficar de costas para a porta e olhando para os passageiros é um grande erro de etiqueta e pode deixar as pessoas desconfortáveis.
- Depois de entrar, concentre-se em outra coisa dentro do elevador, dando aos outros a chance de desfrutar da viagem sem inconvenientes. Olhar fixamente para alguém pode ser muito desconfortável.
- Evite movimentos desnecessários como mexer as pernas, caminhar, mover os braços ou outros movimentos que possam causar contato com outros passageiros.
- Em elevadores, a maioria das pessoas hesita em conversar. Não há necessidade de iniciar uma conversa com as pessoas no elevador, você pode dizer um "Olá" rápido e aguardar seu andar.
- Segurar a porta do elevador para alguém ou não, tem sido uma questão muito debatida. Por um lado, pode parecer uma questão de compaixão (já que você se sente inclinado a segurar a porta). Por outro lado, você corre o risco de atrasar o elevador para os outros passageiros.
- Logicamente, se você estiver sozinho no elevador, faça o que achar certo (segurá-lo ou não). Quando você estiver viajando com outras pessoas, pense rapidamente se você deve segurá-lo ou não.

— **Ao decidir se deve ou não segurar a porta do elevador, pode ser útil usar as sugestões a seguir:**

- Não segure a porta se estiver em um elevador cheio de pessoas. Você estará atrasando todos no elevador e colocando mais uma pessoa em um espaço apertado.
- Se você está sozinho no elevador, é uma boa etiqueta do elevador segurar o elevador para uma pessoa que se aproxima.
- Não segure a porta para um amigo ou colega que fez uma rápida parada, como para tomar um café ou ir ao banheiro.
- Nunca segure a porta por mais de 15 a 20 segundos em um elevador lotado.
- Se o elevador estiver cheio, não há vergonha em fazer uma expressão de desculpas e deixar as portas se fecharem.
- Se você estiver com alguém, não continue conversando enquanto estiver no elevador com outra pessoa. Coloque a conversa em pausa até chegar ao seu destino.
- Se quiser falar com um colega no elevador, não faça isso em voz alta e mantenha a conversa leve. Nunca fofoque ou discuta informações pessoais ou privadas. Outros passageiros provavelmente não querem ouvir ou fazer parte dessa conversa.
- No elevador, o celular deve estar no bolso. Falar ao celular durante a con-

dução é um ato constrangedor e indelicado. Portanto, encerre todas as conversas antes de entrar no elevador e coloque o telefone no modo silencioso até sair novamente.

- Se você estiver em uma ligação com alguém enquanto se aproxima do elevador, avise que vai ligar de volta assim que sair.
- Da mesma forma, se você receber uma chamada no elevador (se houver um sinal/ cobertura Wi-Fi), você pode atender e dizer que retornará à ligação ou recusar a chamada e enviar uma mensagem de texto informando que retornará à ligação assim que possível.
- Enviar mensagens de texto ou olhar para o telefone é uma forma comum de evitar o contato visual com estranhos. No entanto, não envie mensagens de texto em um elevador lotado. Operar o telefone ocupa espaço, o que é limitado em um elevador, e o movimento pode fazer com que você esbarre nas pessoas.
- Quando o elevador está lotado e cheio de passageiros, as duas pessoas mais próximas das portas devem sair, em qualquer parada solicitada, para permitir que os passageiros que estão na parte de trás saiam sem exigir que eles se espremam.
- Ao sair do elevador para abrir espaço para os que estão saindo, seja atencioso e segure as portas para facilitar a reentrada.
- Se você estiver na parte de trás, anuncie que seu andar está se aproximando. Um simples "Com licença, meu andar é o próximo" é o suficiente. Em seguida, vá para a frente ou espere até que o elevador pare.
- Quando você chegar ao seu andar, saia de forma rápida e ordenada para que aqueles que estão esperando para embarcar possam fazê-lo. Não empurre quem está em seu caminho para fora ou as derrube.
- É quase proibido comer ou beber no elevador, pois isso pode ser perigoso se o elevador estiver cheio.
- Além disso, não leve alimentos que tenha o cheiro forte no elevador. Em vez disso, traga seus alimentos em recipientes.
- Se você estiver carregando uma bolsa ou pasta, ela deve estar colocada no chão à sua frente ou segurá-la perto da sua frente.
- Ao carregar pastas, bolsas, mochilas, sacolas de compras ou outros materiais volumosos, mantenha-os no chão, diretamente à sua frente ou ao seu lado, pois as pernas ocupam menos espaço do que a parte superior do corpo, portanto, há mais espaço para as malas. Anuncie sua saída quando o andar se aproximar e peça licença se você acidentalmente esbarrar em alguém ao sair.
- Dentro do elevador, você pode encontrar pessoas que não se importam com a etiqueta. Ignore-os ou peça educadamente que parem com o que quer que o esteja incomodando.
- Se você estiver com crianças, nunca deixe que pressionem todos os botões.
- Se estiver acompanhado de um cão ou outro animal, solte o elevador e aguarde o próximo, a menos que seja comportado e calmo.
- Se o elevador ficar preso, aperte o botão de alarme, chame o corpo de bombeiros, sente-se e espere pacientemente que eles cheguem.

Seção Dez

Etiqueta da viagem e dos transportes

"Se você ama o seu filho, deixe-o viajar."[1]

Além da etiqueta dentro das várias formas de transporte público, como carros, ônibus, balsas, trens e aviões, a etiqueta se aplica às pessoas nas ruas e estradas. As seguintes regras, padrões e comportamentos são comuns na maioria dos países do mundo.

- **Etiqueta da rua:**

<u>As ruas e estradas são espaços públicos, e todos têm o direito de usá-los, mas não são propriedades privadas onde se pode agir de qualquer maneira.</u>

- Não é apropriado fazer barulho na rua e incomodar os outros.
- É inconveniente falar alto ao telefone e incomodar os outros transeuntes.
- Não é permitido chamar um amigo aos gritos. Esse comportamento é vulgar e pode acordar as pessoas que estão dormindo, assustar as crianças ou simplesmente causar inconveniência.
- Também não é aceitável assobiar para chamar a atenção de alguém. Além disso, é rude caminhar pelas ruas com roupas de dormir.
- Não se deve jogar lixo ou resíduos nas ruas, mesmo que as lixeiras estejam longe. Papéis e outros pequenos resíduos devem ser guardados no bolso até que se chegue a um lugar adequado para descartá-los.
- Também é inaceitável cuspir na rua. Se necessário, deve-se usar um lenço para evitar esse comportamento.
- Não é correto pensar que os tocos de árvores nas calçadas ou as vias são locais para jogar lixo ou bitucas de cigarro.

---

1 Provérbio japonês.

- Embora a etiqueta americana seja mais flexível em alguns casos, não é considerado adequado fumar ou comer na rua, já que as ruas não são restaurantes ou cantinas. Mastigar chicletes na rua também é visto de forma negativa.

  Infelizmente, em muitas cidades, os serviços públicos não consideram as necessidades das pessoas com deficiências, então, se for necessário, deve-se oferecer ajuda a essas pessoas, com a permissão delas.

- É rude ficar parado na beira da estrada, calçada ou perto das portas para olhar as mulheres. Nenhum homem respeitável se comporta dessa maneira.
- Se uma mulher está sem guarda-chuva e surge uma chuva repentina, um homem pode, com a permissão dela, ajudá-la segurando o guarda-chuva.
- Se alguém parar um amigo para falar sobre algo na calçada e o amigo se desculpar por não ter tempo, isso deve ser aceito.
- Se duas pessoas param na rua para conversar, elas devem se afastar da calçada, para que as outras pessoas possam circular e passar livremente.
- Se alguém quiser parar e falar com outra pessoa que está acompanhada por outras pessoas, deve primeiro pedir desculpas às pessoas que a acompanham.
- De acordo com a etiqueta clássica inglesa, um homem, ao encontrar uma mulher que ele conhece, não deve acenar, a menos que ela acene primeiro. Ao contrário, a outra etiqueta europeia afirma que um homem pode acenar primeiro.
- De acordo com a etiqueta americana, homens e mulheres não são obrigados a se cumprimentarem na rua.
- De acordo com os costumes ocidentais anteriores, quando um homem está acompanhado por uma mulher e outro homem a cumprimenta, ele pode responder em seu nome, mesmo que não conheça esse homem, mas essa regra já foi ultrapassada.
- Se um homem encontra uma mulher conhecida do outro lado da rua e deseja caminhar com ela na calçada, ele deve atravessar a rua para se juntar a ela.
- Não se deve hesitar em atender uma mulher ou um idoso que precise de qualquer ajuda na rua. Essa ajuda geralmente é simples, mas reflete uma atitude humana nobre.
- Quando uma pessoa caminha com um ou mais dos filhos na calçada, ela deve estar ciente sobre o movimento deles. Para sua segurança, as crianças não devem ficar ao lado da rua.

- **Etiqueta de direção:**

  Naturalmente, quando alguém possui um carro, significa que ele tem certos direitos e responsabilidades. Nesta parte, não falarei sobre os requisitos legais para dirigir que devem ser cumpridos pelos motoristas, mas sobre algumas regras de etiqueta que devem ser observadas.

- Os limites de velocidade devem ser obedecidos, na presença de câmeras de vigilância ou não. Este comportamento reflete o respeito pelas leis e o cuidado com a segurança de todos.

- Os motoristas devem dirigir dentro das pistas demarcadas com linhas pintadas na estrada.
- Motoristas não devem mudar de faixa sem antes dar a sinalização necessária com tempo e distância suficientes.
- Os motoristas devem parar antes das linhas brancas de pedestres quando o semáforo está vermelho.
- Mesmo que não haja semáforo, os motoristas devem parar antes das linhas brancas de pedestres quando houver pessoas que queiram atravessar a rua, lembrando que os transeuntes têm prioridade.
- A buzina do carro deve ser usada apenas em emergências para alertar sobre um erro ou perigo; caso contrário, ela pode incomodar e confundir outros motoristas, além de perturbar os pedestres.
- É muito importante que um carro esteja limpo não só por dentro, mas também por fora. A visão de um carro sujo incomoda as outras pessoas na rua.
- Quem dirige um carro deve cumprimentar os pedestres que conhece, mesmo que o motorista tenha uma posição hierárquica superior.
- Lixo não deve ser jogado das janelas dos carros. Estradas e ruas não são lixeiras.
- A luz amarela de um semáforo é um sinal para começar a desacelerar, e não para tentar passar no vermelho. Somente a luz verde indica o momento de acelerar.
- **Crianças, especialmente bebês, não devem ser deixadas sozinhas no carro, por mais curto que seja o tempo. Isso é inaceitável e ilegal e representa uma ameaça de "insolação veicular" e possível fatalidade.**
- Deixar uma criança por 14 minutos em um carro quente é o suficiente para que ela sofra lesões cerebrais ou nos rins. A temperatura dentro de um carro pode subir, em um ambiente quente, um grau a cada dez minutos; quando a temperatura do corpo atinge 40 graus, os órgãos internos do corpo começam a sofrer. A 42 graus, a criança pode morrer.
- Os animais de estimação não devem ser deixados sozinhos nos carros, devido ao risco de "insolação veicular". Animais como cães ou gatos não suam, então seus corpos aquecem mais rápido do que o corpo humano.
- Os motoristas e passageiros devem estar atentos antes de abrir a porta do carro; uma porta aberta repentinamente pode atingir uma criança correndo, uma pessoa andando ao lado do carro ou outro carro ou bicicleta que passa.

- **Precedência de assento em carros:**

A pessoa de maior hierarquia tem precedência e ocupa o banco traseiro direito.

Se o anfitrião, um amigo, um colega ou alguém semelhante estiver dirigindo o carro, a pessoa de maior hierarquia ocupa o banco do passageiro da frente.

Uma esposa se senta ao lado do marido se ele estiver dirigindo, enquanto os filhos se sentam nos bancos traseiros.

Com esposa e mãe, a precedência é dada à mãe, que se senta no banco traseiro direito.

No caso de esposa, mãe e sogra, a preferência é dada à mãe, que se senta no banco traseiro direito.

- **Etiqueta nos táxis:**

    Uma grande variedade de pessoas, de diferentes condições, sexos e idades usam táxis, que prestam um serviço importante.

    Embora seja dever das pessoas respeitar os motoristas de táxi e tratá-los com delicadeza e tato, os motoristas, em troca, devem fornecer seus serviços profissionalmente, considerando o seguinte:
    - Os usuários de táxi pagam pelo serviço oferecido; portanto, os motoristas têm que cumprir seu dever para com eles com cuidado e comprometimento.
    - Espera-se que os motoristas de táxi dirijam com calma, observem os limites de velocidade e parem nos locais especificados.
    - Não é permitido que os motoristas gritem ou discutam com os passageiros ou outros motoristas.
    - Se houver um determinado uniforme escolhido por uma operadora, o taxista deve usá-lo e respeitar os regulamentos.
    - A placa deve ser instalada dentro do táxi, incluindo a foto do motorista, nome e número do carro.
    - O monitor de tarifas deve ser mantido em boas condições e instalado em um local que permita ao passageiro vê-lo com clareza.
    - É inadmissível cobrar um valor que exceda o registrado no monitor de tarifas.
    - O taxista deve guardar moedas e pequenas quantias de dinheiro para fazer o troco; alguns passageiros podem ter apenas grandes quantidades de dinheiro em espécie.
    - Quando o passageiro paga um valor que exceda a tarifa, ele ainda tem o direito de pedir o restante de volta. O motorista não deve ignorar isso.
    - Se o passageiro oferecer dinheiro ao motorista voluntariamente como gratificação, o motorista pode aceitá-lo.
    - Os motoristas não devem falar ao celular enquanto dirigem; é contra a lei e põe em risco a segurança.
    - Os taxistas devem levar em consideração os gostos dos passageiros ao ouvir música; em qualquer caso, é preferível manter o volume do estéreo baixo; por razões de segurança, é prioritário prestar atenção aos sons fora do carro.
    - Enquanto dirige, o taxista não deve manter um diálogo extenso com os passageiros, pois falar pode distrair sua atenção.
    - O motorista não deve sobrecarregar o porta-malas do carro deixando a tampa aberta.

- **Etiqueta em ônibus, balsas, metrôs e trens:**

    O transporte público como ônibus, balsas, metrôs, trens e aviões tornaram-se parte integrante da vida cotidiana, submetendo-nos a algumas das suas circunstâncias e desafios. O transporte público pode ser uma experiência confortável, se todos observarem algumas regras de etiqueta relevantes.

    › **Dicas de etiqueta:**
    - Nas estações de ônibus, metrô e trem, bem como em aeroportos, espera-se que as pessoas façam filas para comprar cartões de viagem, verificar documentos, obter passagens de embarque etc.
    - Os passageiros que desembarcam de ônibus, balsa, metrô e trem têm sempre prioridade; portanto, os novos passa-

geiros devem esperar dos dois lados das portas para não impedir os passageiros que estão desembarcando. O tempo de parada é limitado, portanto, é essencial agilizar a movimentação.
- O passageiro que estiver desembarcando deve sair pela porta mais próxima. Eles não devem parar na plataforma perto das portas, para facilitar a entrada dos novos passageiros.
- Normalmente, os ônibus possuem botões de parada que os passageiros que se aproximam do destino pressionam para alertar o motorista para parar.
- A prioridade é que pessoas com necessidades especiais entrem e saiam de todos os meios de transporte.
- Devem ser reservados lugares para grávidas, pais com crianças, pessoas com necessidades especiais, idosos (mais de 60 anos) e pessoas que apresentam sinais de doença.[2]
- É inadmissível usar palavras obscenas ou discutir com alguém rude ou bêbado; isso podem piorar o problema.
- Alimentos são proibidos a bordo do transporte público, exceto para alguns alimentos leves e secos que não emitem odores.
- Bebidas, armazenadas em recipientes com tampas que não permitam o derramamento, são permitidas.
- A bordo, o celular deve ser mantido no modo silencioso ou vibração, para não incomodar os demais passageiros.
- É proibido fumar em todos os transportes públicos e nas estações.
- Lenços de papel ou similares devem ser usados para espirrar e tossir.
- Nas estações de ônibus e trem, o passageiro deve manter silêncio, exceto para perguntar sobre a direção ou destino.
- Em viagens curtas, é aconselhável manter o silêncio, pois não há garantia de que os outros passageiros tenham tempo ou vontade de falar.
- Em viagens longas de trens, balsas e ônibus, alguns viajantes preferem o silêncio, mas a maioria dos viajantes, não. As viagens de longa distância são exaustivas e tediosas, e é possível reduzir fardos com algumas conversas.
- Um passageiro pode iniciar uma conversa com outro próximo, de forma tática, apresentando-se como uma maneira de descobrir se o outro gostaria de conversar.
- Não é apropriado falar alto com amigos e conhecidos nas estações ou no transporte público.
- Não é permitido ultrapassar a linha de segurança colorida especificada nas plataformas de ônibus, balsa, trens ou metrô. Por razões de segurança e proteção, os passageiros só podem ultrapassar a linha após as portas dos vagões estarem abertas.
- Após o embarque, deve-se sair de perto das portas e ir para o lado mais interno do transporte, a fim de facilitar o movimento dos outros.
- Os passageiros devem ter cuidado para que suas malas e outros objetos não esbarrem nos outros.
- Para não impedir a movimentação dos passageiros, as malas não devem ser

---

[2] As recomendações das Nações Unidas, bem como as leis pertinentes na maioria dos países, estipulam a atribuição de 20% dos assentos do transporte público para pessoas com necessidades especiais, grávidas e pais com crianças e idosos.

deixadas nos corredores dos ônibus ou trens.
- Quando um passageiro parar, por qualquer motivo, na escada, na escada rolante e no corredor de uma estação, ele deve ficar do lado direito (na maioria dos países) para dar espaço para que as pessoas com pressa passem pelo lado esquerdo.
- Em caso de emergência, os passageiros devem seguir as instruções impressas e anunciadas.
- Em caso de acidente ou queda de pessoa na pista, por exemplo, alguém deve apertar imediatamente um dos botões de emergência e aguardar a chegada da equipe de segurança para ajudar.
- Animais de estimação e pássaros geralmente não são permitidos no transporte público, mas alguns animais de estimação pequenos podem ser permitidos, se estiverem em caixas de transporte para animais de estimação.

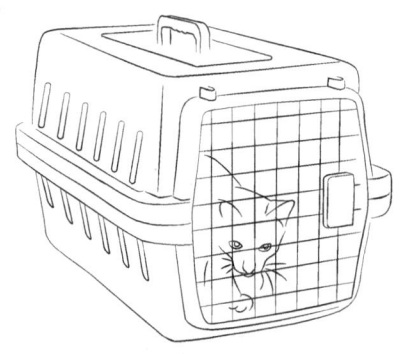

- É aconselhável evitar olhar para os outros, ou mostrar surpresa com roupas, cores, penteados, etc.
- Homens devem oferecer ajuda às mulheres para levantar suas bolsas para prateleiras e compartimentos superiores.
- As regras de etiqueta indicam que um homem deve perguntar à mulher ao seu lado qual assento ela prefere, entre o dele e o dela.
- Se algo cair do bolso ou da bolsa de alguém, é aconselhável ajudá-lo ou, pelo menos, não obstruí-lo ao pegar o item.
- Se um passageiro sem atenção perder algo, deve ser gentilmente alertado ou o item deve ser entregue.
- Trens ou ônibus iniciam e finalizam seus movimentos de maneira repentina, o que faz com que os passageiros percam o equilíbrio. Portanto, os passageiros em pé devem segurar as alças superiores ou as barras verticais e horizontais, em vez de se apoiar nas pessoas próximas.
- É natural pedir desculpas quando alguém bate em outra pessoa dentro de um vagão ao entrar e sair, ou ao se movimentar em uma plataforma lotada.
- Infelizmente, muitos homens se sentam em transporte público com as pernas separadas e ocupam mais espaço do que o necessário. Esse comportamento inadequado deve ser evitado.
- A postura ideal para um homem sentado é manter os pés cruzados e os joelhos ligeiramente afastados (posição de tornozelo trancado); ou com as solas dos sapatos no chão, as pernas combinadas e as duas mãos nos joelhos.
- Lixo, restos de alimentos e demais resíduos devem ser descartados somente em lixeiras para manter limpos os bancos, vagões e estações.
- Não é permitido escrever nas paredes dos transportes ou causar danos a assentos e placas de sinalização.

- Os vagões de transporte público costumam estar lotados e podem encorajar os batedores de carteira oportunistas. Portanto, os turistas não devem dar a impressão de serem estrangeiros, tirando fotos e abrindo mapas. Se alguém não mora na região ou não fala o idioma, pode se tornar um alvo.
- Algumas estações podem não ter elevadores ou escadas rolantes, ou podem estar fora de serviço. É bom e educado ajudar as pessoas que precisam disso, como uma mulher com uma levantando o carrinho do bebê pelas escadas.
- Em muitas estações, há músicos ou pintores (muitos deles são talentosos), que agradam os passageiros e são recompensados com dinheiro. É gentil dar dinheiro a esses artistas, se possível.
- Ao dar dinheiro para músicos e pintores nas estações, o doador não deve jogar as moedas, mas se curvar para colocá-las no chapéu, no estojo do instrumento ou em outro recipiente colocado para esse fim. O respeito é sempre necessário, com todas as pessoas.

– Etiqueta de viagem aérea:

Diz-se: "Aquele que viu apenas seu próprio país, teria lido apenas a primeira página do livro do universo"[3]. Com efeito, a viagem por si só é considerada uma escola, e muitos escritores mencionaram a ligação entre viagem e conhecimento, incluindo o escritor egípcio Mustafa Amin[4], que sugeriu:

"Uma viagem ao estrangeiro equivale a mil livros."

Viajar expande o conhecimento e experiências das pessoas sobre outras culturas. Diz um provérbio angolano: "Quem vive muito pode ver muitas coisas; mas quem viaja pode ver muito mais."

As viagens aéreas se tornaram comuns e várias companhias aéreas tentam convencer os passageiros de que oferecem os melhores serviços. No entanto, as viagens aéreas, que às vezes proporcionam prazer, ainda incluem muitos desafios e tensões.

A simples espera na fila, a verificação de documentos e malas, a inspeção pessoal, o escaneamento e até o toque do pessoal de segurança são procedimentos perturbadores e suficientes para deixar qualquer passageiro de mau humor antes mesmo de embarcar. Além disso, um passageiro enfrentaria um desafio maior se estivesse sentado ao lado de uma pessoa mal-humorada.

Em qualquer caso, não há viagens rápidas entre países sem o uso de aeronaves; felizmente, os desafios significativos das viagens aéreas poderiam ser, em grande medida, reduzidos observando-se de algumas dicas de etiqueta.

› Dicas de etiqueta:

- O passageiro deve permanecer otimista e tentar se convencer de que a viagem será boa e que a pessoa ao lado dele será gentil.
- O espaço próximo às saídas laterais da cabine é o mais amplo. Portanto, recomenda-se que passageiros altos ou grandes reservem seus assentos lá.

---

3 Fougeret de Montbrunn (1856 - 1950), escritor e crítico francês.

4 Mustafa Amin (1914 - 1997): Um colunista e jornalista egípcio que gozou de grande popularidade no mundo árabe.

- Muitos passageiros preferem ficar em silêncio, ouvir música ou ler durante os voos. Portanto, é recomendável evitar falar com um passageiro, a menos que ele demonstre desejo de conversar.
- Durante o voo, não se espera que o passageiro fale alto ou faça barulho com os amigos a bordo; isso é uma cortesia para os outros passageiros.
- A bordo, o passageiro com uma mala de rodinhas pode passar pelo corredor puxando a bolsa em direção ao assento ou carregá-la com cuidado, para não bater nas mãos, ombros ou cabeça dos passageiros já sentados.
- Cada passageiro deve colocar sua mala no compartimento superior acima de seu assento, sem utilizar os compartimentos dos demais.
- Usar os compartimentos dos outros passageiros os fará procurar outros compartimentos. Esse comportamento pode atrasar o início do voo e o desembarque dos passageiros após a aterrissagem.
- Se não houver espaço suficiente nos compartimentos dos passageiros, o passageiro deve colocar seus itens abaixo do assento ou entre os pés, em vez de deixá-los no corredor. Caso contrário, o item vai atrapalhar o movimento dos passageiros.
- É possível que um passageiro coloque alguns pequenos objetos no bolso traseiro do assento à sua frente.
- O encosto não deve ser inclinado para trás até que a permissão seja anunciada.
- O encosto do banco deve ser inclinado lentamente, para não incomodar o passageiro atrás dele.
- O passageiro não deve inclinar o encosto do assento se o passageiro atrás de si for alto ou tiver um bebê no colo.
- O encosto do banco deve ser mantido ereto no momento do serviço de comidas e bebidas até que as refeições acabem e o lixo seja limpo.
- Os passageiros com crianças devem prestar atenção para que não segurem ou chutem os assentos à sua frente, podendo causar transtornos aos que estão sentados à frente.
- Recomenda-se trazer alguns livros, brinquedos e possivelmente dispositivos eletrônicos para as crianças, a fim de torná-las ocupadas e diminuir o movimento.
- O passageiro que acompanha um ou mais de seus filhos não deve reservar assentos próximos às saídas laterais.
- Durante a viagem, quando um passageiro quer se levantar, ele deve usar os braços do assento para se apoiar, não o encosto do assento à sua frente; caso contrário, ele perturbará o outro passageiro que pode estar dormindo.
- Ao caminhar pelos corredores do avião, o passageiro pode segurar os compartimentos, para se equilibrar, em vez de segurar os encostos dos assentos.
- Pensar que beber bebidas alcoólicas antes e durante a viagem podem torná-la menos inconveniente é um grande equívoco. Na verdade, isso pode aumentar os problemas tanto para o bebedor quanto para os outros passageiros.
- Se um passageiro próximo se comportar de maneira estranha (talvez por estar bêbado), nunca se deve discutir com ele. Um comissário de bordo pode ser solicitado a encontrar uma solução ou pode oferecer outro assento.
- Por motivos de saúde, os passageiros são recomendados a se locomover e caminhar, de vez em quando, durante

voos de longa distância. No entanto, o excesso de movimento pode causar confusão ou inconveniência para outras pessoas.

- Para reduzir ao máximo o movimento nos corredores de voo, os passageiros devem evitar ir com frequência aos banheiros do avião.
- Um passageiro sentado à janela, ou entre dois ou mais passageiros, deve indicar gentilmente aos seus vizinhos quando desejar sair do seu assento.
- Um passageiro sentado no corredor não deve se inclinar sobre o passageiro sentado no assento da janela para ver a vista de fora do avião.
- O passageiro deve prestar atenção ao movimento de seus cotovelos ao ler um jornal ou usando um notebook. Não se deve atingir os passageiros próximos ou ocupar mais espaço às custas deles.
- Não é apropriado tentar ler algo no jornal, livro ou notebook de um passageiro próximo.
- Os passageiros devem tratar os tripulantes e comissários de bordo com cortesia e requinte, e não fazer solicitações excessivas.
- Os passageiros não devem manter conversas prolongadas com os comissários de bordo, pois os funcionários têm a função de atender a todos os passageiros.
- Enquanto os comissários de bordo servem as refeições, usando carrinhos de serviço, os passageiros devem permanecer sentados.
- Os passageiros devem permanecer sentado até que todos terminem de comer e as bandejas sejam retiradas.
- A bordo, os passageiros devem usar perfumes leves; aromas fortes podem causar transtornos para alguns passageiros, especialmente àqueles que são alérgicos a alguns perfumes.
- Durante o pouso e taxiamento na pista, os passageiros devem permanecer sentados até que o avião pare e o sinal do cinto de segurança seja desligado.
- Ao retirar suas malas e pertences dos compartimentos, os passageiros devem ter cuidado para não deixar cair algo sobre os outros.
- Quando os passageiros têm permissão para deixar o avião, espera-se que eles o façam imediatamente; alguns passageiros em trânsito podem ter pouco tempo para pegar seus próximos voos.
- Se a mala de um passageiro for pesada, ele pode esperar ou ficar sentado até que todos os passageiros desçam. Caso contrário, ele pode impedir o movimento dos outros.

Seção Onze

Etiqueta do banquete

"Em um jantar deve-se comer com sabedoria, mas não muito bem, e falar bem, mas não com muita sabedoria."[1]

" Como já mencionado, os seres humanos, como seres sociais, precisam se comunicar, estabelecer relacionamentos, construir amizades, e desfrutar do tempo com outras pessoas. Banquetes e jantares são encontros importantes para esses fins. "

Embora esses encontros sejam uma necessidade natural para pessoas de todas as classes e interesses, elas são uma exigência e parte integrante do trabalho de diplomatas, empresários e daqueles que trabalham em assuntos públicos.

Vale ressaltar que os almoços e jantares têm se tornado ocasiões importantes para discutir e conversar sobre assuntos políticos, econômicos, sociais e outros, e até mesmo resolver problemas, como expressou o Embaixador Armand-Augustin-Louis de Caulaincourt[2], que mencionou, em uma de suas cartas a Napoleão, que "tantos problemas poderiam ser resolvidos nas mesas de jantar".

- **Procedimentos de convites:**

Antes de entrar na etiqueta do banquete, é prático mencionar alguns itens de procedimento relacionados a convites formais, como aceitar ou recusar, formas de responder, cancelar, alterar a resposta e a nota de agradecimento.

---

1 William Somerset Maugham (1874-1965), foi um dramaturgo, romancista e contista inglês.

2 Armand-Augustin-Louis, Marquês de Caulaincourt (1773 - 19 de fevereiro de 1827), oficial francês, diplomata e assessor pessoal próximo de Napoleão Bonaparte

- **Enviando convites:**

Os convites devem ser enviados com bastante antecedência para que o convidado possa organizar sua agenda e os outros compromissos. Dessa forma, ele poderá aceitar o convite sem hesitar e sem comprometer outros programas já agendados.

Anteriormente, o convite era enviado um mês antes da data prevista para o evento; agora, o período foi reduzido para duas semanas. Com o rápido desenvolvimento da mídia, esse período se aproximou de dez dias ou até mesmo uma semana. No entanto, quanto mais tempo o convite for estendido, melhor.

É inaceitável convidar alguém no mesmo dia ou um dia antes de um evento. Esse comportamento o faria sentir que foi esquecido ou negligenciado até o último minuto.

Você pode convidar novamente uma pessoa que não aceitou seu convite anteriormente, mas não é permitido convidá-la pela terceira vez se o convite tiver sido recusado duas vezes, a menos que haja motivos justificados, como doença ou viagem.

É justificável recusar convites feitos tarde demais.

Independentemente da relação com o anfitrião, não é permitido convidar-se para qualquer ocasião; isso embaraçaria o anfitrião.

Não é permitido ao convidado propor outros nomes ao anfitrião para convidar.

Não é aconselhável convidar um amigo na presença de outros amigos; eles podem pensar que estão todos convidados.

- **Aceitar ou recusar convites:**

Se o código curto francês "RSVP"[3], estiver indicado no cartão de convite, o convidado deve responder ao anfitrião sobre sua aceitação ou pedido de desculpas.

A menos que haja um bom motivo, como doença ou viagem urgente (por exemplo), quando um convite é aceito, ele deve ser cumprido.

Se o convidado recusar, ele deve se desculpar e explicar o motivo.

Se indicado no cartão de convite, o convidado usará o tipo de roupa mencionado (formal, informal ou casual).

▷ **Meios de resposta:**

· Se ''RSVP'' for indicado e nenhum cartão de resposta for inserido no envelope, uma resposta manuscrita deve ser enviada ao anfitrião, no endereço de retorno no envelope.

· Se um cartão de resposta for incluído, o convidado o preenche e o devolve no envelope incluso.

· Se tanto o "RSVP" quanto um número de telefone estiverem listados, o convidado deve ligar para informar ao anfitrião sobre sua aceitação ou desculpas.

· Se tanto o "RSVP" quanto o e-mail forem indicados, o convite pode ser aceito ou recusado eletronicamente.

· É incomum receber um convite sem uma solicitação de resposta; no entanto, é importante informar o anfitrião. Um telefonema seria suficiente.

---

3 RSVP é uma abreviação do francês (Repondez s'il vous plait) e em português significa "responder, por favor". Tem sido usado internacionalmente para indicar que o convidado deve responder dentro de um ou dois dias após o recebimento de um convite, e no prazo máximo de RSVP (se designado).

- **Cancelar ou alterar a resposta:**

Só é aceitável mudar um "sim" (aceitação) para "não" (recusa) em caso de doença, lesão, viagem urgente, morte na família, ou algo semelhante.

É vergonhoso se alguém cancelar um convite porque há outro mais tentador. É um comportamento inaceitável e o anfitrião provavelmente o excluirá de futuras listas de convidados.

Aceitar um convite e não comparecer é inaceitável.

Depois de recusar o convite, só é aceitável mudar para um "sim" se ainda for possível para as providências do anfitrião.

- **Dizendo "Obrigado":**

O convidado deve agradecer ao anfitrião duas vezes, uma antes de deixar o evento e outra por telefone ou bilhete (nota de agradecimento) no dia seguinte.

Banquetes

Banquetes ou jantares são formais, semi-formais ou informais.

- **Banquetes formais:**

Os banquetes formais são eventos de jantar, que seguem as regras de protocolo e etiqueta. Fazem parte das funções sociais de órgãos públicos, privados, empresariais e diplomáticos, que incluem, entre outros:
– Jantares em homenagem a delegações visitantes.
– Jantares em homenagem a um convidado especial que pode ser um político, um empresário, um artista etc.
– Algumas recepções e festas de casamento, caso sejam aplicadas as regras de protocolo e etiqueta de banquetes formais.

> **Dicas de etiqueta em jantares formais:**

Os responsáveis pela organização dos assentos devem observar rigorosamente a precedência.

– Normalmente, os jantares formais são frequentemente precedidos por uma hora de coquetel, em que os hóspedes bebem coquetéis enquanto se socializam e conversam.
– Normalmente, o vinho é servido durante a refeição, muitas vezes com um vinho diferente acompanhando cada prato (isso não se aplica em muitos países muçulmanos).
– No jantar formal, muitos pratos são cuidadosamente planejados e servidos para se complementar gastronomicamente.
– Os diversos pratos são acompanhados de diferentes vinhos, cervejas, licores ou outros destilados.
– Nos jantares formais, a mesa de jantar tem talheres simétricos para os convidados.
– As mesas de jantar devem ter cartões de lugar, cada um com o nome de um convidado.
– Os discursos são geralmente trocados em caso de banquetes oficiais do Estado (se o anfitrião for um chefe de estado, primeiro-ministro, ministro, embaixador ou semelhante).
– Em grandes banquetes formais, se houver uma mesa principal voltada para várias mesas redondas, o número de cadeiras na

mesa principal é ímpar, se o status do anfitrião for superior à do convidado de honra[4], ou par no caso de tanto o anfitrião quanto o convidado de honra pertencerem ao mesmo nível.

– O lugar de honra na mesa de jantar normalmente tem a melhor vista, seja através de uma janela ou para um quadro; isso é observado até no caso de mesas redondas, que alguns podem pensar que não têm um lugar de honra específico.

– Quando o banquete é misto, o marido não senta ao lado de sua esposa na mesa de jantar.

– Geralmente, se a esposa do convidado de honra o acompanha, ele se senta à direita do anfitrião, e sua esposa se senta à esquerda. A esposa do anfitrião (anfitriã) se senta à direita[5] do convidado de honra:

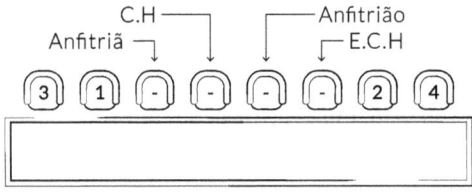

- **Recepção formal:**

Uma recepção formal é uma boa escolha quando há muitos convidados.

As recepções formais geralmente acontecem à noite, às 19h00 ou 19h30.

De acordo com a ordem de precedência, os anfitriões e convidados de honra ficam em uma fila de recepção próxima à entrada.

Cada convidado que chega cumprimenta os anfitriões e os demais membros da linha antes de se juntar aos outros convidados que já chegaram.

Para que a fila de convidados avance sem atrasos, cada convidado deve falar pouco mais que seu nome (se necessário) e oferecer uma saudação ou felicitação convencional a cada pessoa na linha de recepção.

Depois de ficar na fila por cerca de 15 a 20 minutos e receber os convidados, os anfitriões podem circular entre os presentes.

Geralmente, as recepções podem ser acompanhadas por um *buffet*.

- **Banquetes ou festas informais/semi-formais:**

Alguns banquetes e festas informais/semi-formais incluem coquetéis (ou recepções), recepções de casamento, aniversários, festas no jardim, festas de formatura, eventos de caridade etc.

Normalmente, banquetes informais são realizados para amigos e parentes próximos.

Nesses casos, nenhum protocolo e regras de etiqueta são vinculativos.

Telefone, e-mail ou cartões de visita podem ser usados para eventos; como almoço ou jantar, aniversário, aniversário de casamento, festas de chá, coquetel etc.

Assim como as recepções formais, as recepções informais costumam ocorrer à noite, mas tornou-se comum que recepções informais e coquetéis ocorram em outros horários, como um almoço, por exemplo.[6]

---

4 O convidado de honra é uma pessoa especialmente célebre num evento, cerimónia, festa, jantar, festa, confraternização etc. Ele geralmente tem precedência

5 Há muitos outros arranjos, que serão mostrados depois.

6 Em muitos países latino-americanos e europeus, é normal ser convidado para recepções e coquetéis na hora do almoço (ao meio-dia ou às 13 horas).

- **Alguns sistemas de serviço de mesa:**

  ▷ **Sistema de "Pratos já Recheados":**

  Neste sistema, são servidas porções individuais já montadas para cada convidado, sem possibilidade de solicitar algo diferente ou pedir mais do que uma porção. O foco é a apresentação da comida em porções individuais para cada convidado.

  ▷ **Sistema de "Service à la Russe":**

  No serviço formal "Service à la Russe", pratos vazios são colocados à frente de cada convidado, e vários pratos são trazidos à mesa em travessas. Os convidados então se servem das travessas, podendo escolher os itens de sua preferência. Nesse caso, a apresentação dos alimentos é focada nas travessas.

  ▷ **Sistema de "Service à la Française":**

  Este sistema envolve servir todos os pratos de uma vez, permitindo que os convidados se sirvam das comidas compartilhadas na mesa. É semelhante a uma refeição no estilo "familiar".

  ▷ **Sistema Rodízio:**

  Em muitos países, um restaurante de rodízio refere-se a um restaurante ao estilo brasileiro de churrascaria. É um sistema de serviço de "comida à vontade".

  Neste sistema de serviço, o cliente paga um preço fixo, e do balcão de serviço seleciona arroz, feijão, batata frita, couve, banana frita etc. (semelhante ao estilo *buffet*).

  Na mesa, de tempos em tempos, um garçom chega trazendo uma faca e um espeto com cortes de carne de qualidade e amostras de carne grelhada.

  As amostras são cortadas de uma determinada parte do corpo da carne bovina, conforme figura [7] já visível na frente dos clientes, mostrando de qual parte a carne foi cortada.

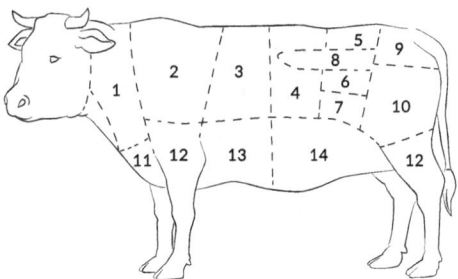

  1. Pescoço
  2. Acém
  3. Costela
  4. Contra Filé
  5. Picanha
  6. Alcatra
  7. Alcatra inferior
  8. Filé mignon
  9. Coxão duro
  10. Coxão mole
  11. Peito
  12. Paleta
  13. Fraldinha
  14. Aba de filé

  O garçom corta a quantidade que o cliente solicitar.

  Outras vezes, o garçom pode trazer vários tipos de carne como a suína (e talvez opções mais exóticas) de acordo com o apetite do cliente.

  Geralmente, cada cliente recebe cartões coloridos de "sim" e "não". O verde, de um lado, indica que o cliente quer mais carne, enquanto o vermelho indica que já terminou.

  Esse sistema foi recentemente desenvolvido para incluir pizzarias. Em vez de carne grelhada, os garçons servem diferentes tipos de pizza, entre os quais é possível escolher o que se deseja.

---

7 A figura representa uma vaca, incluindo partes que representam regiões específicas de seu corpo e os cortes de carne bovina provenientes dessa área.

▷ **Sistema "Comida por Quilo":**

Sistema "Comida por Quilo" ou "Comida a Quilo" é uma combinação de um estilo buffet com o procedimento de cobrança por peso.

Os restaurantes "Comida por quilo" são populares no Brasil, em que os clientes são cobrados pelo peso do alimento selecionada.

▷ **Sistema de Buffet:**

Sistema de Buffet é um sistema eficaz e prático para atender um grande número de pessoas ao mesmo tempo. Nesse sistema, o cliente seleciona o tipo de alimento que deseja consumir e se serve diretamente em bandejas colocadas em um "balcão de serviço".

É um sistema amplamente utilizado em restaurantes ao redor do mundo, onde os clientes pagam um preço fixo (a menos que sejam convidados formalmente por alguém) para comida "à vontade" (All-You-Can-Eat - AYCE). Devido à natureza do sistema de buffet de jantar, geralmente é aceitável começar a comer assim que o cliente se sentar com seu prato.

> Dicas de etiqueta do buffet:

- TO sistema de buffet exige que as pessoas se alinhem em uma fila. É inadequado alcançar ou cortar a frente de outra pessoa na fila.
- Os clientes na fila devem ter espaço pessoal suficiente e liberdade para os cotovelos.
- É aceitável caminhar ao redor do balcão de alimentos e olhar os itens no balcão de alimentos antes de selecionar.
- Os clientes devem manter a fila em movimento. Não se deve ficar parado, tentando decidir se quer algo ou não.
- Não se deve pressionar os outros enquanto se serve.
- No balcão de pratos, por motivos sanitários, não se deve tocar em nenhum prato que não seja o que se está usando.
- Os clientes se movem várias vezes de suas mesas para o balcão de alimentos:
  1. Para pegar sopa.
  2. Para pegar entradas.
  3. Para pegar o prato principal.
  4. Para pegar frutas e doces.
- Não se deve empilhar tudo em um único prato, pois isso é considerado glutonaria.
- É melhor se servir menos e voltar, do que se servir demais e não terminar o que foi colocado no prato.
- É inaceitável comer de seu prato em frente ao balcão de serviço.
- Não se deve usar os dedos para tocar ou pegar algo do balcão de serviço.
- Os utensílios fornecidos no balcão de serviço devem ser usados apenas para colocar comida no prato.
- Por alguma razão, uma vez que um alimento é colocado em um prato, ele não deve ser devolvido ao balcão.
- Não se deve lamber os dedos, tocar o cabelo, espirrar ou tossir em frente ao balcão de serviço.
- Para avisar aos outros que está voltando ao *buffet*, deve-se colocar o guardanapo na cadeira.
- Os pratos usados devem ser deixados na mesa para que os garçons os retirem.
- Toda vez que o cliente sair de sua mesa para o balcão de serviço, ele deve usar um prato limpo.
- Como as crianças pequenas ainda não estão preparadas para se cuidar totalmente e sua higiene pode ser insuficiente, elas não têm permissão para se servir sozinhas.
- Restaurantes estilo *buffet* não permitem levar sobras para casa.

- **Estilos de alimentação**

Na maioria das regiões do mundo, as pessoas usam um ou mais dos seguintes estilos de alimentação:

— O estilo continental.
— O estilo americano.
— O estilo de Hashi.
— O estilo de comer com as mãos.

- **Estilo continental:**

Atualmente, o estilo continental é o mais comum e é utilizado na Europa, América Latina, Rússia, Austrália, partes da África e Ásia, e outros lugares.

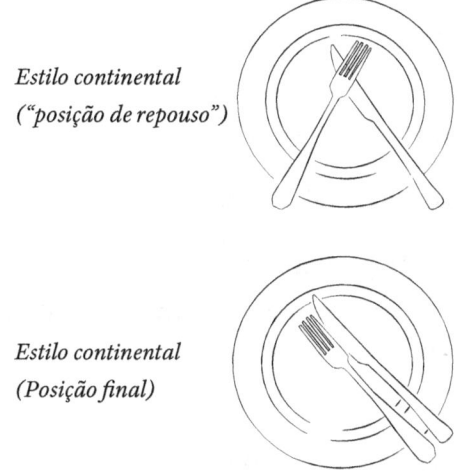

Estilo continental ("posição de repouso")

Estilo continental (Posição final)

No estilo continental (às vezes chamado de estilo europeu), o garfo fica na mão esquerda, com os dentes apontados para baixo, e a faca é segurada pela mão direita. Depois que um pedaço de comida do tamanho de uma mordida é cortado, ele é levado direto para a boca pelo garfo na mão esquerda. Entre as mordidas, a "posição de repouso" é mostrada colocando a faca e o garfo cruzados, com os cabos nas posições 5 e 7 horas, e os dentes do garfo voltados para baixo no prato.

Ao colocá-los juntos com os dentes do garfo voltados para baixo, a lâmina da faca voltada para dentro e os cabos na posição 4 ou 5 horas (ou até 6), é a posição que indica que a pessoa terminou a refeição.

- **Estilo americano**

O estilo americano de comer é aplicado nos Estados Unidos da América e no Canadá. Os colonos britânicos que costumavam usar esse sistema na Europa até meados do século XVIII o levaram para lá.

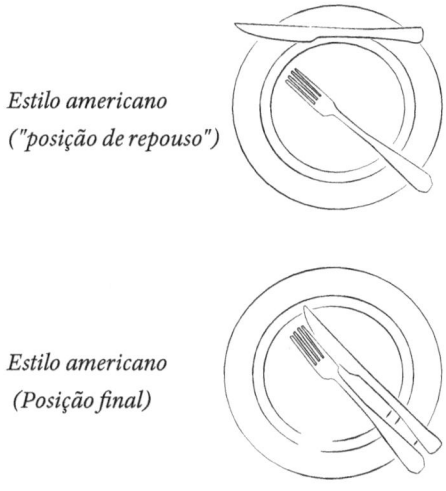

Estilo americano ("posição de repouso")

Estilo americano (Posição final)

O estilo americano, às vezes, é conhecido como "o método do zigue-zague".

Depois que a faca é usada para cortar o alimento segurado pelo garfo, a faca é colocada no prato e o garfo é segurado pela mão direita para levar o alimento à boca para consumo (dentes para cima). O garfo é então transferido de volta para a mão esquerda e a faca é pega com a direita, até que o cliente esteja satisfeito.

Nesse estilo, o garfo é segurado como uma colher ou caneta, uma vez que é transferido para a mão direita a fim de levar o alimento à boca.

Para indicar a "posição de repouso", a faca é colocada no lado direito do prato na posição de 2 horas, a lâmina para dentro e o garfo colocado na posição de 5 horas, os dentes (do garfo) para cima.

Enquanto isso, colocá-los juntos (com os dentes do garfo para cima, a lâmina da faca voltada para dentro) e os cabos na posição 4 ou 5 (até 6) horas é a posição que indica que a pessoa terminou.

- **Estilo de Hashi:**

O estilo de hashis é usado em muitos países asiáticos como China, Japão, Coréia e Vietnã.

Os utensílios alimentares utilizados são os hashis, que se tornaram mundialmente conhecidos, mas é necessária alguma prática para podermos utilizá-los de forma adequada.

- **Estilo de comer com as mãos:**

O estilo de comer com as mãos é uma tradição comum em muitas partes dos países asiáticos e africanos.

Normalmente, um pedaço de pão achatado do tamanho de uma mordida é usado para levar a comida de uma travessa comum (ou de um prato de uma pessoa) para a boca.

Apenas a mão direita é usada.

• Serviço de jantar

Hoje, o jantar mais formal é servido da cozinha.

O serviço do jantar ocorre de acordo com uma prática de direita e esquerda.

Servindo comida à esquerda e à direita:[8]

A. Da esquerda:

O garçom se aproxima do convidado pela esquerda para:

1. Apresentar uma travessa de comida para servir ou para que o cliente se sirva. Ao ficar à esquerda do cliente, o garçom segura o prato longe do cliente enquanto se inclina para alcançar a travessa.
2. Colocar os acompanhamentos (como vegetais, pães e outros) enquanto deixa o lado direito livre para o prato principal.
3. Retirar os acompanhamentos colocados à esquerda.

B. Da direita:

O garçom se aproxima do convidado pela direita para:

1. Servir pratos já preparados (exceto acompanhamentos).
2. Colocar pratos vazios e utensílios limpos.
3. Retirar os pratos.
4. Apresentar e servir vinho e outras bebidas. (Servir do lado esquerdo obrigaria o garçom a alcançar à frente do convidado).

---

[8] A velha regra de "toda comida deve ser servida pela esquerda e removida pela direita" não é mais praticada. Hoje em dia, o serviço de jantares formais caracteriza-se por ter pratos empratados oferecidos aos convidados/clientes diretamente da cozinha. São servidos pela direita e não pela esquerda, como acontecia há muito tempo, quando toda a comida era servida em grandes bandejas e cada convidado era servido individualmente.

- **Etiqueta à mesa:**

Culturas diferentes observam regras diferentes de etiqueta à mesa, e cada cultura, até certo ponto, define seus próprios padrões para a aplicação dessas regras.

De qualquer forma, existem alguns comportamentos comuns, que evoluíram ao longo dos séculos para tornar a prática de comer com outras pessoas agradável e sociável.

As dicas de etiqueta mais comuns:

– Naturalmente, o anfitrião deve chegar ao restaurante antes dos convidados.
– O anfitrião (e esposa) poderá aguardar os convidados no saguão do restaurante (se houver) ou na mesa de jantar.
– Caso o anfitrião esteja à mesa, ele deve informar ao maître para direcionar os convidados até lá.
– Os convidados pontuais podem pedir bebidas e examinar o cardápio, uma vez sentados.
– O jantar normalmente começa após 15 a 20 minutos do horário marcado, para permitir a chegada de atrasados.
– Um cigarro aceso nunca é levado para a mesa.
– Se um coquetel for servido antes do jantar, o copo deve ser deixado no local onde foi servido, e não trazido para a mesa de jantar.
– Os celulares devem ser desligados durante a refeição. Se alguém esquecer e o celular tocar, ele deve ser imediatamente desligado. Verificar chamadas e mensagens deve ser evitado até que a refeição termine, e isso deve ser feito longe da mesa.
– Em jantares informais, os convidados entram na sala de jantar na ordem que for conveniente. Para grandes grupos, os cartões de lugar sempre designam os assentos individuais.
– Normalmente, o anfitrião ou a anfitriã entra primeiro na sala de jantar para dizer a todos onde se sentar, se os arranjos dos assentos não forem designados por cartões de lugar.
– Se o convidado de honra for uma dignitária feminina de alto escalão, ela entra primeiro com o anfitrião, e o marido dela segue com a anfitriã. Se o convidado de honra for um dignitário masculino de alto escalão, ele entra primeiro com a anfitriã, e o anfitrião entra em segundo lugar com a esposa do dignitário.
– Tradicionalmente, o lugar de honra fica à direita do anfitrião, embora outros arranjos de assento possam ser feitos dependendo do evento e da cultura.
– As mulheres devem se sentar primeiro, e os homens devem ajudar, puxando e empurrando as cadeiras.
– É importante manter uma boa postura ao se sentar, evitando se curvar sobre o prato ou se inclinar para trás na cadeira.
– A regra de "não apoiar os cotovelos na mesa" deve ser seguida.
– Além disso, alguns restaurantes sofisticados oferecem toalhas quentes no início e no final das refeições para os convidados limparem as mãos suavemente.
– Caso o convidado de honra tenha outro compromisso, o anfitrião pode pedir ao garçom que traga um prato que possa ser preparado rapidamente, para agilizar a refeição.
– Se o objetivo for prolongar o jantar, o anfitrião pode informar o garçom para que os convidados terminem suas bebidas antes de trazer o primeiro prato.

– Para criar um ambiente mais sociável, o anfitrião pode instruir o garçom a não apressar a troca de pratos entre os cursos, permitindo que todos conversem mais à vontade.

– Os guardanapos devem ser colocados sobre as pernas, não sendo apropriado tê-los dobrados ou presos nas roupas.

– O guardanapo deve ser utilizado apenas para limpar a boca, não sendo adequado para outras finalidades, como limpar as mãos.

– Quando a refeição termina, o guardanapo deve ser colocado sobre a mesa de forma desenrolada, sem ser dobrado.

– Se estiver usando luvas ou carregando um leque, a mulher deve remover as luvas e colocá-las juntas no colo sob o guardanapo. A mesma colocação se aplicaria ao leque.

– Quando estiver comendo em um ambiente fechado, o uso de chapéu não é uma boa educação à mesa.

– Em algumas culturas, é aconselhável tirar o chapéu até mesmo em refeições ao ar livre, especialmente se a refeição for formal.

– Para evitar mal-entendidos ou criar uma impressão errada, os homens devem evitar colocar as mãos abaixo da mesa durante um banquete, especialmente quando há mulheres presentes.

– As mulheres devem evitar reaplicar batom antes de se sentarem à mesa, a fim de evitar deixar marcas na borda dos copos ou nos guardanapos.

– Quando o cliente estiver pronto para fazer o pedido, ele pode sinalizar ao garçom fechando o cardápio e colocando-o sobre a mesa.

– O convidado deve escolher um vinho dentro de uma categoria que o interesse e com um preço razoável, de modo a não exagerar na escolha. (Mais detalhes podem ser encontrados no capítulo sobre "Etiqueta do Vinho").

– Em uma refeição servida em estilo buffet, os clientes começam a comer quando estão prontos, sem a necessidade de esperar que todos se sentem à mesa antes de iniciar a refeição.

– Em banquetes com menos de oito pessoas, a refeição só deve começar depois que todos os convidados forem servidos e o anfitrião ou o convidado de honra iniciarem a refeição.

– Em banquetes informais, a refeição pode começar assim que as pessoas ao lado do convidado estiverem servidas.

– Para aproveitar a companhia e a comida, o convidado deve participar da conversa à mesa, evitando permanecer em silêncio ou isolado.

– Não é educado raspar o prato, mastigar com a boca aberta, estourar a comida ou fazer barulho ao beber ou comer. A paciência é fundamental.

– No início da refeição, o anfitrião normalmente oferece o primeiro brinde como uma saudação aos convidados.

– Os brindes feitos pelos convidados geralmente começam durante a sobremesa, quando todos já se sentiram mais à vontade.

– Ao comer com outras pessoas, é aceitável que o convidado sirva sua própria bebida primeiro. No entanto, é mais educado oferecer-se para servir as bebidas das pessoas que estão sentadas ao seu lado.

– Antes de beber, os lábios devem ser enxugados com um guardanapo, para não deixar restos de comida na borda do copo.

– Ao beber, deve-se olhar para o fundo do copo, não para as pessoas ao seu redor. Caso contrário, poderá ser mal interpretado ou parecer indelicado.

– Ao beber, o copo deve ser segurado com todos os dedos; encurvar o dedo mínimo pode ser considerado algum tipo de sinal.

– À mesa, os talheres devem ser usados aplicando a regra de "fora-para-dentro" (come-se com os talheres mais distantes da borda do prato e vai-se avançando para os mais próximos conforme os pratos são consumidos).

– O garfo é segurado geralmente com os dentes para baixo.

– A faca é usada para cortar alimentos e também para ajudar a guiá-los até o garfo.

– Quando nenhuma faca está sendo usada, o garfo pode ser segurado com os dentes para cima (para comer arroz, por exemplo).

– O garfo não deve ser segurado como uma pá, com todos os dedos ao redor da base.

– A faca deve ser segurada com a base na palma da mão, e não como uma caneta, com a base descansando entre o polegar e o indicador.

– Para evitar sujar o forro da mesa, os utensílios nunca devem tocar na mesa durante a refeição.

– É impróprio permitir que a alça de um utensílio toque a mesa enquanto a outra extremidade repousa sobre o prato.

– Quando um prato é finalizado, os utensílios usados e não usados destinados a esse prato devem ser colocados no prato. Caso contrário, o garçom fará isso.

– Quando um garfo e uma colher são apresentados junto com uma tigela, o garfo é usado para fixar a porção e a colher para cortar e levar a mordida à boca.

– Se cair um utensílio, pode-se pegá-lo e avisar ao garçom que há necessidade de um novo. Se não for possível alcançar um talher caído, pode-se pedir ao garçom para substituir.

– Se um guardanapo cair, o próprio cliente pode pegá-lo. Caso contrário, ele pode pedir uma substituição ao garçom.

– Se parte da comida cair, o cliente pode levantá-la por um utensílio e colocá-la na lateral do prato ou usar o guardanapo para retirá-la da mesa e pedir uma substituição ao garçom.

– Caso um copo de vinho ou água derrame, um guardanapo pode ser usado para limpar o local.

– É impróprio brincar com utensílios ou fazer gestos com uma faca ou garfo nas mãos.

– Adicionar sal e condimentos ou temperos antes de o alimento ser provado pode ser considerado um insulto à capacidade do chef de preparar uma refeição.

– Aconselha-se saborear a refeição e comer devagar; isso incentiva a conversa e o convívio.

– Antes de falar, deve-se engolir a comida.

– Ao comer, a comida é cortada em apenas um ou dois pedaços pequenos de cada vez.

– É aceitável que os convidados peçam que os itens sejam passados para eles na mesa.

– É impróprio inclinar-se para além da pessoa sentada próxima para alcançar um determinado item.

– Quando solicitados a passar o sal, passa-se tanto o sal quanto a pimenta.

– Ao servir, os copos não devem ser enchidos até a borda, mas cerca de três quartos.

– Se o garçom está servindo água ou uma bebida, o convidado deixa seu copo sobre a mesa.

– Se um convidado sentado nas proximidades se oferecer para servir água ou uma bebida, espera-se que o recebedor levante o copo um pouco da mesa.

– Em refeições informais, um pedaço de pão pode ser usado para empurrar a comida desviado para um garfo.

– Se um item desconhecido do menu for servido, o cliente pode perguntar sobre ele.

– Em um jantar formal, se um item desconhecido é oferecido, o convidado observa as pessoas ao redor e procede de acordo, ou evita o alimento.

– Na dúvida se deve usar os dedos ou um utensílio para comer determinado alimento, o convidado pode esperar até que outra pessoa comece a comer. Se ainda estiver em dúvida, ele usa um garfo.

– Alimentos indesejados devem ser removidos da boca com um utensílio.

– Se algo ficar preso entre os dentes, pode-se esperar para removê-lo em particular.

– Se houver uma partícula de comida no rosto de um convidado, pode-se chamar sutilmente a atenção dele. Pode-se usar o dedo indicador para bater levemente no queixo ou na parte afetada do rosto.

– Se o convidado não puder evitar espirrar ou tossir, ele deve cobrir o nariz ou a boca com um guardanapo e proceder o mais silenciosamente possível.

– Não é apropriado que um convidado use o guardanapo para assoar o nariz. Ele deve pedir licença para sair da mesa e usar um lenço.

– Quando um arroto inevitável começa, o convidado cobre a boca com o guardanapo, arrota baixinho e diz: "Com licença".

– Se houver soluços repetidos, o convidado se ausenta da mesa até que os soluços tenham passado.

– Se um convidado não consegue suprimir um bocejo, então, deve cobrir a boca.

– Ao servir, se um garçom cometeu algum erro, deve ser tratado com calma e respeito e calma.

– É aceitável devolver um prato caso ele não esteja conforme o pedido ou se o sabor estiver comprometido.

– Caso haja cabelo ou inseto na comida, o garçom pode ser discretamente solicitado a trazer outro prato.

– Para ir ao banheiro, é melhor se desculpar.

– Não é aceitável lamber os dedos depois de colocar um "finger food" em um prato; em vez disso, um guardanapo pode ser usado.

– Se houver uma tigela de água para os dedos, o convidado pode molhar os dedos nela após comer lagosta, "finger food" ou sobremesa e depois secá-los com o guardanapo.

– Para testar a temperatura de uma bebida quente, é mais seguro tomar um único gole da lateral da colher.

– Para diminuir o efeito da queimadura, ao experimentar uma bebida muito quente, deve-se beber um gole de água.

– Ao comer sopa, deve-se usar a colher para pegar o líquido em movimentos para fora antes de levá-la à boca.

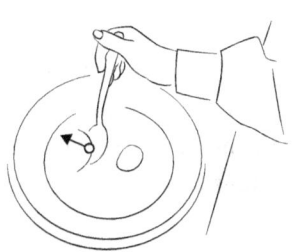 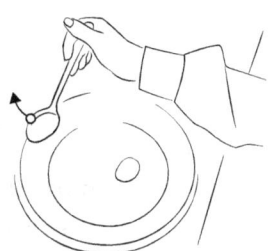 

- A sopa deve ser bebida de lado da colher, não da ponta.
- Numa refeição informal, é possível absorver o molho extra com um pedaço de pão na ponta de um garfo e depois comer o pão embebido.
- O convidado pode mexer a sopa para reduzir o calor, mas não é adequado assoprá-la.
- Após terminar de comer de uma xícara, copo com haste ou tigela, o convidado deve deixar a colher no pires ou prato de sopa, não na tigela ou xícara.
- O queijo deve ser cortado e colocado no prato lateral antes de comer.
- A manteiga deve ser cortada e retirada do prato de manteiga para ser colocada no prato ao lado. Em seguida, ela pode ser espalhada em um pedaço de pão do tamanho de uma mordida.
- Quando o garçom oferece uma travessa, o convidado se serve com o garfo na mão esquerda e a colher na direita.
- De uma travessa, o convidado pega a porção mais próxima a ele.
- Quando uma travessa contém uma combinação de alimentos, o convidado pega uma porção moderada de cada um.
- Para espremer um pedaço de limão sem esguichar no companheiro de jantar próximo, a pessoa perfura a polpa do pedaço com os dentes do garfo, cobre o limão com a mão livre e aperta suavemente a fruta.
- O coador de limão deve capturar todas as sementes, dependendo da espessura da rede.
- Em uma refeição informal, o convidado pode passar os pratos e a cesta de pães ao companheiro de mesa mais próximo.
- Para evitar congestionamento, os pratos e a cesta de pães devem ser passados sempre à direita.
- Para cortar um pedaço de um pão em uma cesta de pão, o convidado usa o pano da cesta para cobrir uma extremidade do pão antes de pegá-lo para cortar algumas fatias.
- Em um jantar formal, é inadequado pedir mais comida.
- Em uma refeição informal, é permitido pedir mais comida.
- Em um buffet, não é apropriado voltar ao balcão de alimento com um prato sujo para reabastecer. Deve-se deixá-lo para a equipe de garçons recolher.
- Em um jantar informal, o garçom pode colocar café ou chá na mesa sem encher as xícaras. Nesse caso, a pessoa mais próxima do pote deve se oferecer para servir, enchendo sua própria xícara por último.
- Geralmente, o anfitrião sinaliza o fim da refeição colocando o guardanapo sobre a mesa.
- Se houver um problema com a conta, deve-se discutir discretamente com o garçom. Se o garçom não for cooperativo, é melhor consultar o gerente.
- Crianças menores de 10 anos não devem participar de banquetes oficiais ou semioficiais.

– Nas refeições em família, muitas vezes espera-se que as crianças peçam permissão para deixar a mesa no final da refeição.

– É aceitável levar comida sobrando ("pedir para embalar") de um restaurante, exceto se o convite for formal, como um encontro ou reunião de negócios.

– Se for permitido fumar, os cigarros podem ser acesos após o prato principal ou imediatamente antes do prato de sobremesa. No entanto, fumar agora é ilegal em muitos restaurantes em todo o mundo.

– Um elogio à culinária é sempre apreciado.

– De acordo com alguma prática diplomática em banquetes formais, quando um diplomata sente que foi cometido um erro, especialmente em relação à sua precedência, ele vira seu prato de base (o prato decorativo grande que serve de base para outros pratos) e não aceita o primeiro prato. É um sinal silencioso de protesto.

Em jantares formais em casa, se um convidado deseja expressar sua impressão sobre a comida e os preparativos das refeições, ele pode usar o seguinte protocolo:

– Para expressar grande apreço, ele coloca o garfo de lado e insere a lâmina da faca entre os dois dentes superiores.

– Para dizer que as coisas eram aceitáveis, ele insere a lâmina da faca entre os dois dentes do meio do garfo.

– Para expressar insatisfação, insere-se a lâmina da faca entre os dois dentes inferiores do garfo. No entanto, é indelicado, e grosseiro recorrer a este sinal de insatisfação, a menos que haja um problema flagrante.

- **Louças e utensílios de mesa**

As louças e utensílios de mesa são principalmente os itens utilizados para montar a mesa, servir a comida e fazer a refeição.

Para alcançar um bom desempenho e elegância, esses itens são usados tanto para fins práticos quanto decorativos. As louças e utensílios de mesa incluem pratos e tigelas, vidros, talheres/utensílios, toalhas de mesa, velas e flores.

- **Montagem da mesa:**

A montagem da mesa diz respeito à maneira de arrumar a mesa para refeição com os utensílios e louças necessários para servir e comer.

- **Arrumação do lugar:**

A arrumação formal do lugar é o arranjo de utensílios para um único convidado.

Para esse propósito, os utensílios são colocados à direita e à esquerda do prato principal seguindo a ordem "de fora para dentro" (fora para os utensílios que são usados primeiro) de acordo com a sequência dos pratos, assim como a forma como o convidado vai usá-los.

Em arrumações informais, geralmente se segue a mesma disposição formal, mas com menos utensílios e pratos.

Mesmo com menos utensílios e pratos, a arrumação da mesa será a mesma, ou seja, formal.

- **Talheres direito e esquerdo:**

À esquerda do prato de base	À direita do prato de base
Os garfos	As facas
O prato e a faca de manteiga	As colheres
O guardanapo (ou no centro da travessa)	Taças e copos
	Xícaras e pires

Os utensílios de mesa são alinhados e ficam à mesma distância da borda da mesa (cerca de dois a três centímetros para os pratos).

Os utensílios na posição mais externa devem ser usados primeiro.

Os utensílios são colocados na mesma linha de base invisível ou na mesma linha de fundo invisível.

Os copos são colocados cerca de dois centímetros e meio acima das facas.

Os copos são colocados na ordem de uso: vinho branco, vinho tinto, vinho de sobremesa e copo d'água.

As bordas inferiores dos utensílios devem ser alinhadas com a borda inferior do prato.

Formalmente, colheres de sobremesa e garfos são trazidos no prato de sobremesa pouco antes de a sobremesa ser servida.

Em um jantar menos formal (não servido da cozinha), o garfo e a colher de sobremesa podem ser colocados acima do prato (o garfo apontando para a direita, a colher apontando para a esquerda).

Embora toalhas de mesa coloridas ou estampadas, jogos americanos e guardanapos possam ser elegantes, o linho branco ainda é considerado o mais formal.

A queda média da cobertura da mesa, em cada extremidade e nas laterais da mesa, é de 30 a 45 cm.

A toalha de mesa não deve cair demais, ou acabar no colo dos convidados.

Jogos americanos (se usados) são colocados na frente de cada cadeira, cerca de 3 a 5 cm da borda da mesa.

Os talheres devem ser uniformemente espaçados ao redor da mesa.

Formalmente, a mesa deve ser estritamente simétrica e ter número par de castiçais e arranjos de flores.

A mesa não deve estar sobrecarregada.

As decorações devem ser dispostas de forma que os convidados sentados um na frente do outro possam se ver.

O quadro a seguir mostra a distribuição de um talher com seus pratos, copos e utensílios:

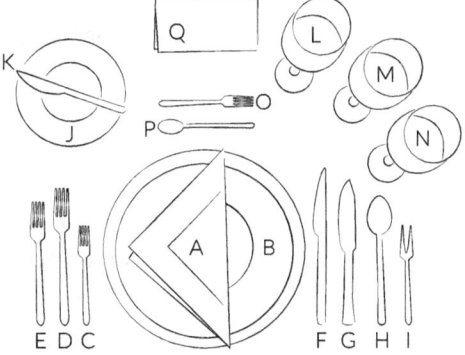

(**A**) Guardanapo, (**B**) Prato de Base, (**C**) Garfo de Salada, (**D**) Garfo de Jantar, (**E**) Garfo de Peixe, (**F**) Faca de Jantar, (**G**) Faca de Peixe, (**H**) Colher de Sopa, (**I**) Garfo de Ostra (se forem servidos crustáceos), (**J**) Prato de Manteiga, (**K**) Faca de Manteiga, (**L**) taça de Água, (**M**) Copo de Vinho Tinto, (**N**) Copo de Vinho Branco, (**O**) garfo de sobremesa, (**P**) colher de sobremesa, (**Q**) cartão de lugar.

> **Algumas considerações:**

- O guardanapo é geralmente colocado em cima do prato de base (se for usado) ou no espaço do prato. Também pode estar à esquerda dos garfos ou sob os garfos se o espaço na mesa for apertado.
- A taça de água é colocada diretamente acima das facas.
- O prato de manteiga deve ser usado tanto para a faca de manteiga quanto para o pão.
- A faca de peixe tem um formato especial.
- O garfo de ostra é o único garfo colocado à direita do prato.
- Se a refeição incluir salada de marisco ou camarão (todos servidos na própria taça ou copo), é colocado um garfo especial (com três dentes) à direita da colher e das facas. Neste caso, o convidado segura a haste do copo com a mão esquerda e come o que está dentro com este garfo especial que segura com a mão direita.

- **Disposição dos assentos:**

Nesta seção vamos discutir:

Quadro dos nomes dos convidados.
- Diagrama de mesa.
- Cartões de assento.
- Cartões de lugar.
- Cartões de números de mesa.

- **Quadro dos nomes dos convidados:**

Em um jantar formal, um quadro de assentos facilita para que os convidados saibam onde estão sentados.

O quadro de assento geralmente tem a forma de um painel retangular de couro.

É uma moldura com fendas laterais através das quais são inseridos pedaços de papel ou cartões finos, com os nomes dos convidados, mostrando a localização dos assentos na mesa de jantar.

Ele é colocado em uma mesa na entrada da sala de jantar para que os convidados possam vê-lo antes de entrar.

O quadro é disponível em uma variedade de modelos e tamanhos que podem acomodar até 30 nomes.

O quadro permite que cada convidado descubra sozinho seu assento na mesa e saiba quem se senta ao lado dele em ambos os lados.

Com a moldura, o anfitrião não precisará dizer ou mostrar a cada convidado onde ele está sentado.

Além disso, cartões com os nomes dos convidados já estão na mesa.

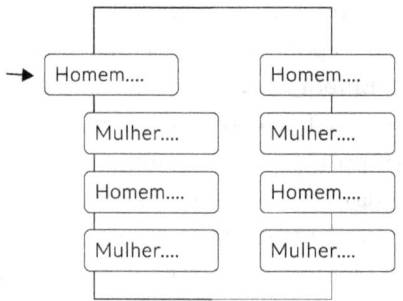

- **Diagrama da mesa:**

Ao utilizar mesas retangulares ou em forma de U para muitos convidados (70 ou mais), um diagrama de mesa facilita para os convidados saberem onde estão sentados. Cada convidado recebe na chegada um cartão com seu nome, que inclui um diagrama em forma de U em um lado com um ponto colorido. O cartão diz: "O ponto vermelho indica seu lugar na mesa".

Quando o convidado se dirige à mesa, não tem dificuldade em conhecer a sua cadeira, lembrando que os cartões de lugar já lá estão.

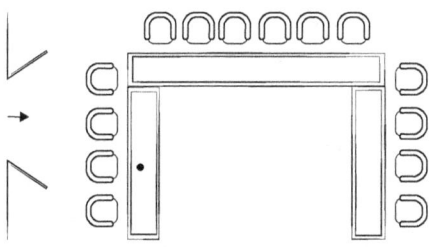

- **Cartões de assento:**

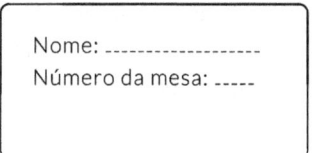

Com muitos convidados (até centenas), a melhor opção de assento é que os responsáveis pelos preparativos do jantar façam a planta dos assentos para seu próprio uso e distribuam os cartões de assentos para todos os convidados à chegada.

Cada cartão inclui o nome do convidado e o número da mesa de jantar.

Quando os convidados são chamados ao salão de jantar, cada um se dirige à mesa indicada na sua carta de assento, e senta-se de acordo com as cartas de lugar ali existentes.

- **Cartão de lugar:**

Em eventos formais, os cartões de lugar usados são geralmente retângulos brancos ou bege (possivelmente com bordas douradas) dobrados. O tamanho do cartão de lugar geralmente não excede o tamanho de um documento de identidade.

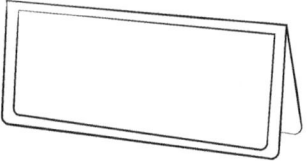

Usa-se o título e o sobrenome. O nome completo e o título são usados.

Em certos casos, um emblema oficial, logotipo ou bandeira pode ser gravado nos cantos superiores ou no centro superior do cartão.

A bandeira ou emblema do estado não é adicionado aos cartões de posição, a menos que o anfitrião seja de uma categoria muito alta (um chefe de estado, primeiro-ministro, presidente do parlamento, ministro, embaixador, etc.).

O cartão de lugar tem como objetivo identificar um indivíduo à mesa e informar os companheiros de jantar sobre sua identidade.

- **Cartões de número de mesas:**

Em um grande jantar, com muitos convidados e mesas de jantar, cada mesa deve ter um número de mesa claro (que possa ser visto pelos convidados) fixado em um porta-cartões ou suporte no meio de cada mesa.

- **Mesas de jantar e arranjos de jantar**

  - **Mesas de jantar:**

  Em restaurantes, casas, jardins etc., as mesas de jantar têm várias formas e capacidades:
  - As mesas quadradas, para um número limitado de pessoas, geralmente de 4 a 12.
  - Mesas redondas, para um número limitado de pessoas, não excedendo 12 assentos.
  - Mesas retangulares, para um número maior de pessoas, mas não mais que 36.
  - Mesas em forma de U ou ferradura são adequadas quando o número de pessoas ultrapassa 30.

  - **Arranjos de assentos:**

  Os arranjos de assentos são importantes para garantir o equilíbrio adequado do protocolo e tornar qualquer tipo de evento agradável e bem-sucedida.

  Em jantares formais, a disposição dos assentos observa a precedência dos convidados.

  Todos os tipos de mesas têm um assento de frente ou assentos que geralmente oferecem a melhor vista.

  O convidado de honra ou a pessoa de mais alto escalão geralmente recebe o assento da frente (com uma vista ideal).

  Deve-se tomar cuidado para que o lugar do convidado de honra, dos demais convidados seniores e dignitários não seja voltado para as portas de serviço ou da cozinha.

  Na maioria das vezes, o convidado de honra é também do mais alto escalão.

  Em jantares informais, os assentos podem ser organizados de acordo com os interesses e origens dos hóspedes.

  Vale a pena lembrar que o clero e os idosos devem ter uma espécie de prioridade.

  Normalmente, o convidado de honra senta-se à direita da esposa do anfitrião e a esposa do convidado de honra senta-se à direita do anfitrião.

  É comum ter o anfitrião e o convidado de honra sentados de frente um para o outro.

  Convidados homens e mulheres sentam-se alternadamente, de acordo com a precedência.

  Tanto quanto possível, as pessoas do mesmo sexo não se sentam lado a lado.

  Nos banquetes formais, para trocar opiniões e experiências e conhecer outras pessoas, não é permitido ao homem sentar-se ao lado de sua esposa.

  Quanto aos arranjos de assentos em grandes banquetes, não é adequado que uma mulher seja alocada no final de uma mesa de jantar. Nesse caso, a regra de "assentos alternados"[9] pode ser desconsiderada.

  - **Diagramas de assentos:**

  Os diagramas a seguir podem nos ajudar a visualizar como os convidados se sentariam de acordo com a precedência:

  ▷ **Quando o número de pessoas é de 2 a 4**, eles podem se sentar à mesa de jantar do jeito que quiserem.

  ▷ **Em uma mesa redonda ou retangular, se o número de pessoas for cinco**, incluindo um homem, ele toma o assento nº 1 e as mulheres sentam de acordo com sua precedência.

---

9 A regra da alternância de assentos estipula que (exceto em casos muito especiais) em banquetes formais, pessoas do mesmo sexo não devem sentar-se lado a lado à mesa.

A mesma ordem é seguida se houver uma mulher e cinco homens. Ela ocupa o assento nº 1 e os homens sentam de acordo com sua precedência.

▷ **Em uma mesa redonda ou retangular, se as pessoas forem dois homens e três mulheres**, a mulher de mais alto nível ocupará o lugar nº 1, os homens ocuparão os lugares nº 2 e 3 e as outras duas mulheres ocuparão os lugares nº 4 e 5.

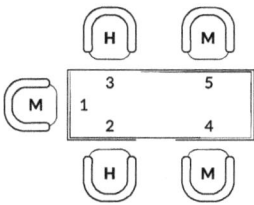

▷ **Em uma mesa redonda ou retangular, se as pessoas forem três homens e duas mulheres**, o homem de maior status ocupará o lugar nº 1, as duas mulheres ocuparão os lugares nº 2 e 3 e os outros dois homens ocuparão os lugares nº 4 e 5.

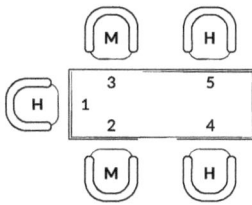

▷ **Em mesas redondas ou retangulares, se o número de convidados for 6:**

O anfitrião e a anfitriã sentam-se de frente um para o outro.

– O convidado de honra senta-se à direita da anfitriã.
– A esposa do convidado de honra senta-se à direita do anfitrião.
– Em seguida, os outros convidados ocupam os assentos restantes.

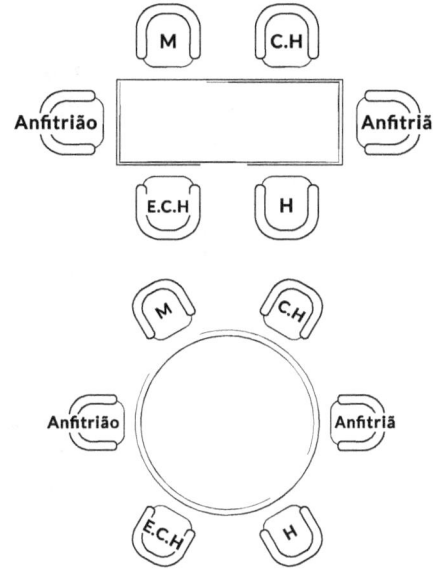

▷ **Em uma mesa redonda, se o número de convidados for 7:**

O convidado de honra e a esposa sentam-se nos dois assentos da frente (a posição ou lugar mais importante com a melhor vista).

– O anfitrião senta-se à direita da esposa do convidado de honra.
– A anfitriã senta-se à esquerda do convidado de honra.
– Em seguida, os outros convidados ocupam os assentos restantes.
– Ao contrário da regra de "assentos alternados", se houver 4 homens e 3 mulheres, dois homens ficarão um ao lado do outro.

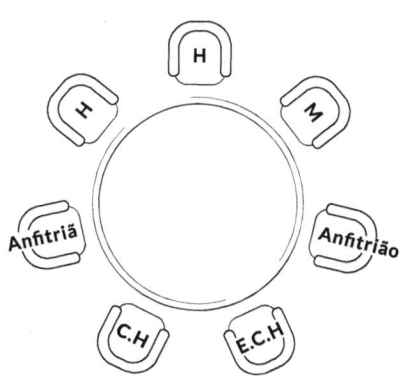

- De forma similar, ao contrário da regra de "assentos alternados", se houver 4 mulheres e 3 homens, duas mulheres ficarão uma ao lado da outra.

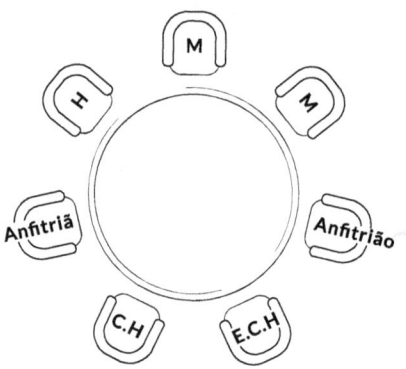

▷ **Em uma mesa retangular se o número de convidados for 7:**

A anfitriã e a esposa do convidado de honra sentam-se nas duas extremidades da mesa, uma de frente para a outra.

- O convidado de honra senta-se à direita da anfitriã.
- O anfitrião senta-se à direita da esposa do convidado de honra.
- Um assento no centro da mesa estará vago.
- Se houver 4 mulheres e 3 homens, uma mulher se sentará à esquerda da esposa do convidado.

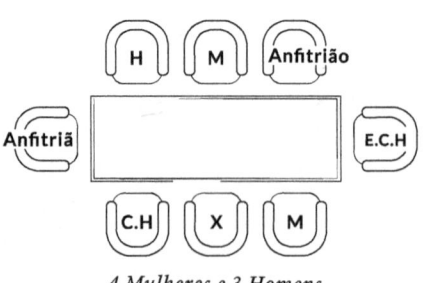

4 Mulheres e 3 Homens

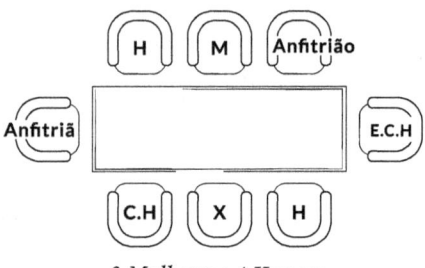

3 Mulheres e 4 Homens

— **Outra opção:**

A anfitriã se senta à cabeceira da mesa.

- O convidado de honra senta-se à direita da anfitriã.
- O anfitrião e a esposa do convidado de honra se sentam à frente, em outra extremidade da mesa, voltados um para o outro.
- Contrariando a regra de "assentos alternados", dois homens ficarão um ao lado do outro.

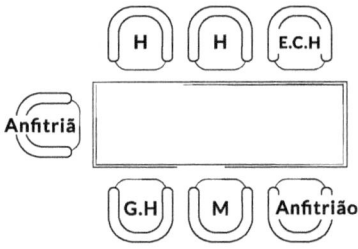

3 Mulheres e 4 Homens

— **Mais uma opção:**

O anfitrião se senta à cabeceira da mesa.

- A esposa do convidado de honra senta-se à direita do anfitrião.
- O convidado de honra e a anfitriã se sentam nas extremidades opostas da mesa, voltados um para o outro.
- Além disso, contrariando a regra de "alternância de assentos," dois homens ficarão sentados lado a lado.

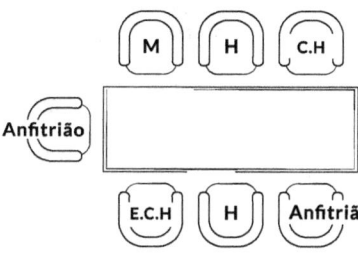

▷ **Em uma mesa redonda ou retangular, se o número de convidados for 8:**

O anfitrião e o convidado de honra sentam-se frente a frente (nas duas extremidades de uma mesa retangular).

- A esposa do convidado de honra senta-se à direita do anfitrião.
- A anfitriã senta-se à direita do convidado de honra.
- Os outros convidados sentam-se de acordo com sua precedência.

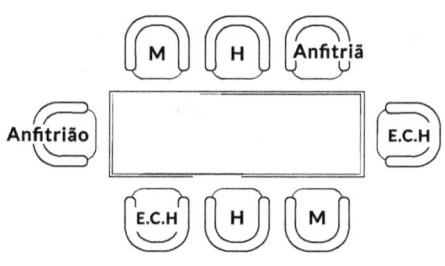

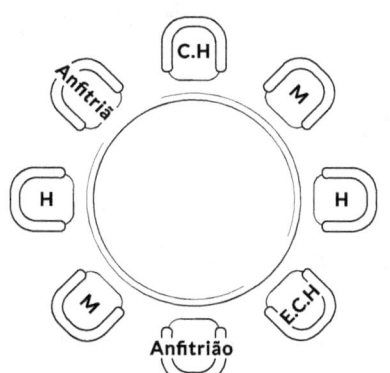

▷ **Em uma mesa redonda se o número de convidados for 9:**

Em uma curva da mesa senta-se o anfitrião e à sua direita senta-se a esposa do convidado de honra.

- Na curva oposta, senta-se o convidado de honra e à sua direita senta-se a anfitriã.
- Os outros convidados sentam-se de acordo com sua precedência.
- Se houver 5 homens e 4 mulheres, dois homens se sentarão um ao lado do outro.
- Se houver 5 mulheres e 4 homens, duas mulheres se sentarão uma ao lado da outra.

* *Nota:*

Com este número de convidados, não há como, em qualquer disposição de lugares, ter duas mulheres ou dois homens sentados um ao lado do outro.

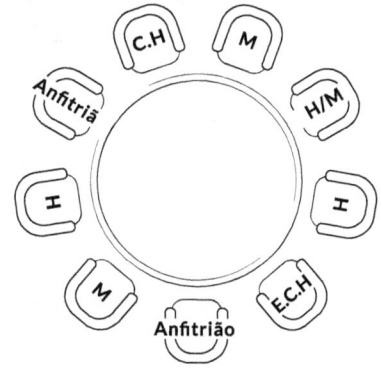

▷ **Em uma mesa retangular se o número de convidados for 9:**

Primeira opção, (5 mulheres e 4 homens):

- A anfitriã senta-se à cabeceira da mesa.
- O convidado de honra senta-se à sua direita.
- A esposa do convidado de honra e o anfitrião sentam-se um ao lado do outro no centro (no lado esquerdo) entre um homem e uma mulher.

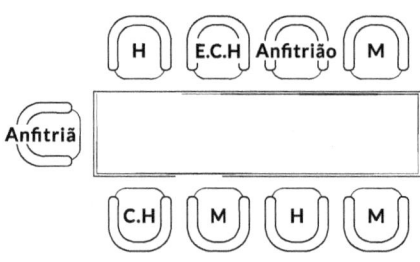

5 Mulheres e 4 Homens

— Segunda opção, (5homens e 4mulheres):
O anfitrião senta-se à cabeceira da mesa.

- A esposa do convidado de honra senta-se à direita do anfitrião.
- A anfitriã e o convidado de honra sentam-se um ao lado do outro no centro (no lado esquerdo) entre uma mulher e um homem.

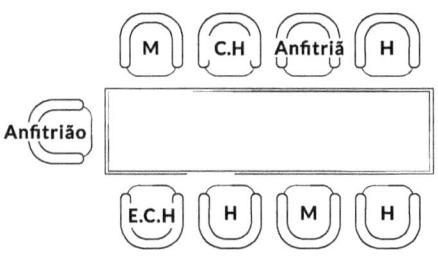

5 Homens e 4 Mmulheres

▷ **Em uma mesa redonda se o número de convidados for 10:**

O anfitrião senta-se em uma curva da mesa.

- A anfitriã senta-se na curva oposta de frente para o anfitrião.
- A esposa do convidado de honra senta-se à direita do anfitrião.
- O convidado de honra senta-se à direita da anfitriã.
- Os outros convidados sentam-se de acordo com sua precedência.

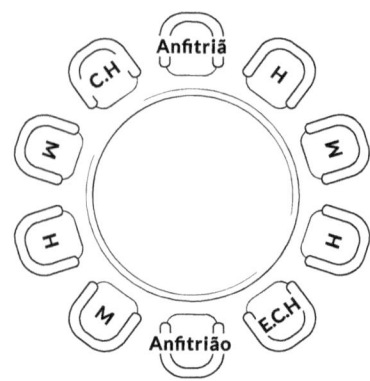

▷ **Em uma mesa redonda se o número de convidados for 10:**

O anfitrião e o convidado de honra sentam-se no centro da mesa, um de frente para o outro.

- A esposa do convidado de honra senta-se à direita do anfitrião.
- A anfitria senta-se a direita do convidado de honora.
- Os demais convidados sentam-se de acordo com sua precedência, aplicando a "Regra de Espaçamento."[10]

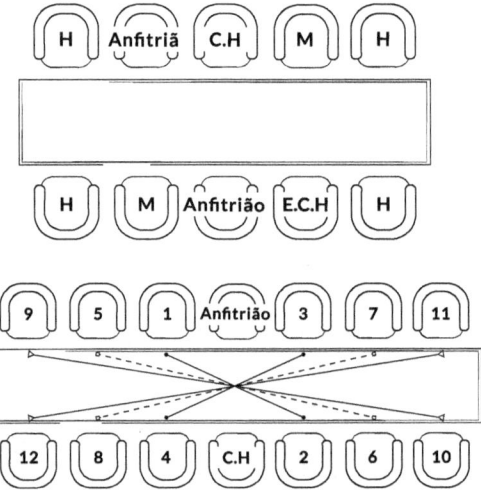

A "Regra do Espaçamento"

---

10 A "Regra do Espaçamento" é uma forma de sinal de multiplicação X X X X repetido do centro para as duas extremidades da mesa (independentemente do número de convidados).

▷ **Em uma mesa redonda se o número de convidados for 11:**

— Primeira opção,
  (6 homens e 5 mulheres):

A anfitriã e o convidado de honra sentam-se um ao lado do outro em uma curva da mesa.

- De frente para eles, o anfitrião e a esposa do convidado de honra sentam-se um ao lado do outro na curva oposta.
- Os demais convidados sentam-se de acordo com sua precedência.
- Neste caso, dois homens sentam-se um ao lado do outro.

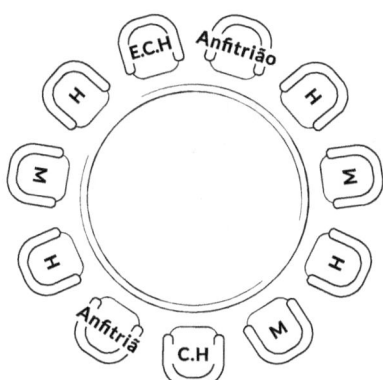

6 Homens e 5 Mulheres

— Segunda opção,
  (6 mulheres e 5 homens):

O anfitrião e a esposa do convidado de honra sentam-se um ao lado do outro em uma curva da mesa.

- De frente para eles, a anfitriã e o convidado de honra sentam-se um ao lado do outro na curva oposta.
- Os outros convidados sentam-se de acordo com sua precedência.

* *Nota:*
Nas mesas redondas, quando há 11 convidados, duas mulheres ou dois homens devem sentar-se lado a lado.

▷ Em uma mesa retangular se o número de convidados for 11:

O anfitrião e a esposa do convidado de honra sentam-se lado a lado no centro da mesa.

- De frente para eles, a anfitriã e o convidado de honra sentam-se um ao lado do outro no lado oposto.
- Os demais convidados sentam-se de acordo com sua precedência, aplicando a "Regra de Espaçamento."

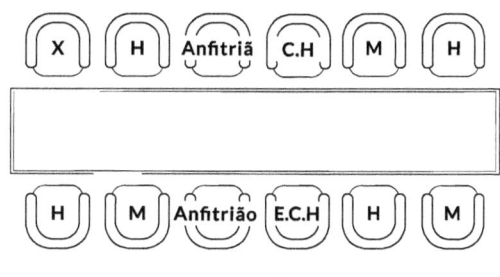

(Um assento está vago).

▷ Em uma mesa redonda se o número de convidados for 12:

O anfitrião e o convidado de honra sentam-se frente a frente.

- A esposa do convidado de honra senta-se à direita do anfitrião.
- A anfitriã senta-se à direita do convidado de honra.
- Os outros convidados sentam-se de acordo com sua precedência.

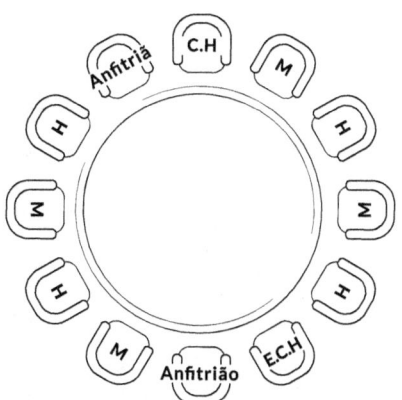

▷ Em uma mesa retangular se o número de convidados for 12:

— Primeira opção:
- O anfitrião e a esposa do convidado de honra sentam-se lado a lado no centro da mesa.
- De frente para eles, a anfitriã e o convidado de honra sentam-se um ao lado do outro no lado oposto da mesa.
- Os demais convidados sentam-se de acordo com sua precedência, aplicando a "Regra de Espaçamento."

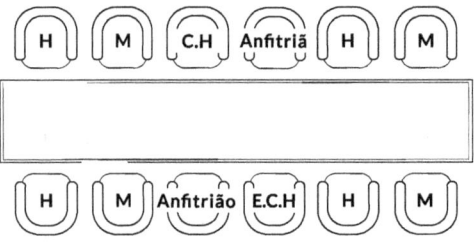

— Segunda opção:
- O anfitrião e o convidado de honra sentam-se frente a frente nas duas extremidades da mesa[11].
- A esposa do convidado de honra senta-se à direita do anfitrião.
- A anfitriã senta-se à direita do convidado de honra.
- Os demais convidados se sentam de acordo com sua precedência, aplicando a "Regra de Espaçamento."

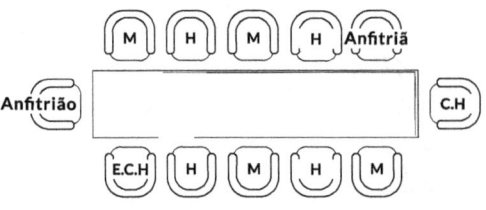

▷ **Convidados do mesmo sexo:**
Se os convidados forem apenas homens ou apenas mulheres, a disposição dos assentos pode ser a seguinte:
Em mesas redondas (até 12 lugares):

— Primeira opção:
- O convidado de honra (homem ou mulher) senta-se em uma curva da mesa.
- O anfitrião/anfitriã senta-se de frente para o convidado de honra na curva oposta.
- Os outros convidados sentam-se de acordo com sua precedência.

— Segunda opção:
- O anfitrião/anfitriã e o convidado de honra sentam-se um ao lado do outro em uma curva da mesa.
- Os outros convidados sentam-se à direita e à esquerda do anfitrião/anfitriã e do convidado de honra de acordo com sua precedência.

* *Nota:*

1 *Normalmente, em mesas retangulares com um número de convidados entre 14 e 36, o anfitrião e a esposa do convidado de honra sentam-se de frente para a anfitriã e o convidado de honra, no qual estão sentados no centro da mesa. Aos outros convidados aplica-se a "Regra de Espaçamento.*

2 *Vale ressaltar que, além do arranjo de assentos mais tradicional e comumente usado, (e dependendo do número de convidados), ainda existem tantos arranjos, por exemplo, as opções de duas mesas separadas. Isso é especialmente útil em residências.*

---

11 Esta disposição dos assentos (com tantos convidados) não é recomendada porque tem uma desvantagem: o anfitrião e o convidado de honra não poderão falar e ouvir um ao outro.

▷ **As opções de duas mesas separadas:**

— **Primeira opção:**

Em uma mesa, o anfitrião senta-se de frente para o convidado de honra, e na outra mesa a anfitriã senta de frente para a esposa do convidado de honra.

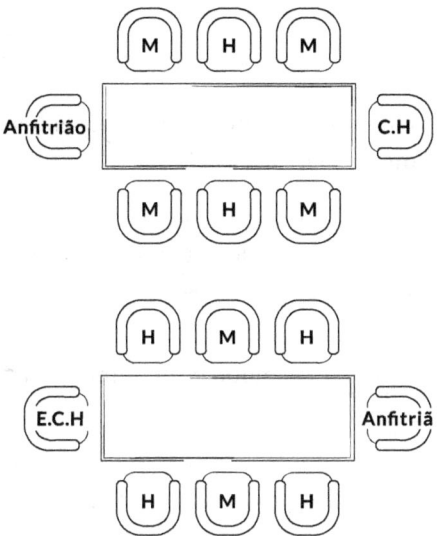

— **Segunda opção:**

Em uma das mesas, o convidado de honra se senta à direita da anfitriã, enquanto em outra mesa sua esposa se senta à direita do anfitrião.

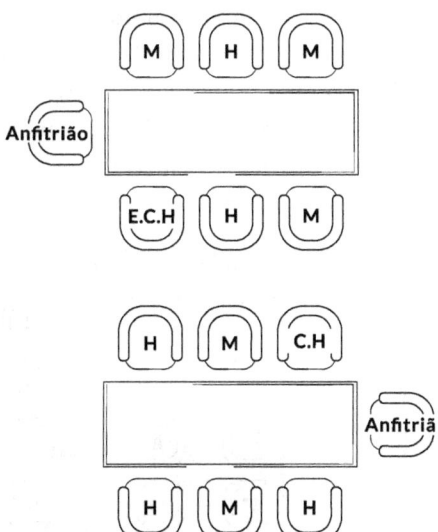

▷ **Arranjos de mesas em forma de ferradura e U:**

Em grandes banquetes formais, mesas em forma de ferradura e U (também chamada de "abertas") são boas opções.

A simples mesa em forma de ferradura, exige que:

▶ **Primeira opção:** O convidado de honra e sua esposa sentam-se do lado de fora do centro curvo (da mesa em forma de ferradura) ou no centro (da mesa em forma de U).
– O anfitrião senta-se à direita da esposa do convidado de honra.
– A anfitriã senta-se à esquerda do convidado de honra.
– Os demais convidados sentam-se, alternadamente, nas laterais da mesa.

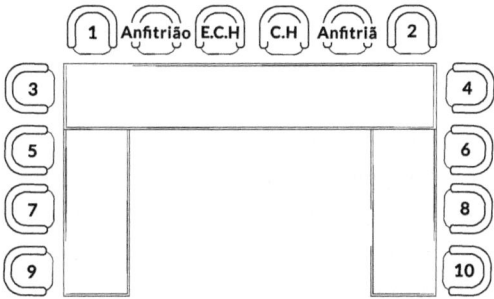

▶ **Segunda opção:** O convidado de honra senta-se à direita do anfitrião do lado de fora do centro curvo (da mesa em forma de ferradura) ou no centro (da mesa lateral principal em forma de U).
– A esposa do convidado de honra senta-se à esquerda do anfitrião.
– A anfitriã senta-se à direita do convidado de honra.
– Os outros convidados sentam-se, alternadamente, nas laterais da mesa.

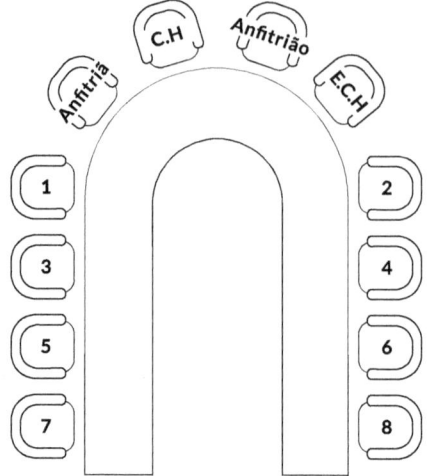

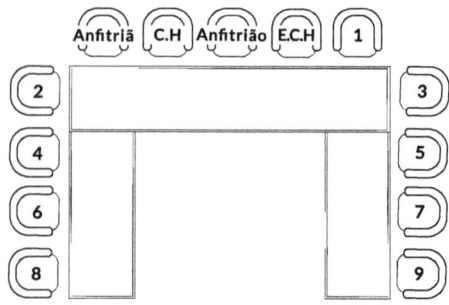

▶ **Terceira opção:** O anfitrião fica no centro da curva externa (da mesa em ferradura) ou no centro (do lado principal da mesa em forma de U).

– O convidado de honra senta-se à direita do anfitrião.
– A anfitriã senta-se à direita do convidado de honra.
– A esposa do convidado de honra senta-se à esquerda do anfitrião.
– Em seguida, os outros convidados sentam-se à direita e à esquerda, de acordo com sua precedência.

Esse arranjo de assentos pode ser usado especialmente quando o anfitrião é a pessoa de mais alto nível entre todos os convidados (incluindo o convidado de honra).

De acordo com esse tipo de disposição de assentos, o número de cadeiras do lado de fora da mesa principal (da mesa em forma de U) é ímpar, e o número de convidados é consequentemente igual à direita e à esquerda do anfitrião.

▷ **Usando os interiores dos dois lados da mesa em forma de U:**

Quando o espaço é limitado e não permite estender os dois lados da mesa em forma de U, os próprios interiores dos lados podem ser utilizados para aumentar o número de cadeiras para acomodar um número maior de convidados.

Nesse caso, devem ser retiradas duas ou quatro cadeiras no interior das laterais internas da mesa em forma de U (uma ou duas de cada lado), devido à proximidade dessas cadeiras com a lateral principal da mesa.

Na verdade, manter as cadeiras ali significa que aqueles que se sentam nelas estarão de costas para os altos dignitários/convidados seniores (incluindo o anfitrião, a anfitriã e seus convidados de honra) no lado principal da mesa. Às vezes, em banquetes formais, é preciso ignorar a regra de alternância de assentos para evitar que uma mulher se sente na ponta de uma mesa.

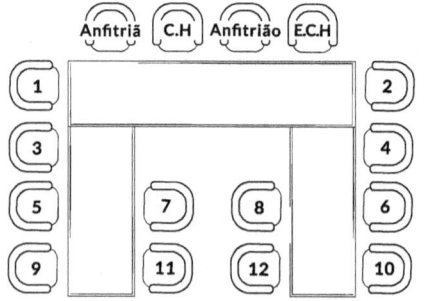

▷ **Mesas principais:**

Para banquetes realizados com um número muito grande de convidados, o arranjo mais comum é ter uma cabeceira/mesa principal retangular voltada para muitas mesas redondas.

As cadeiras da mesa principal não devem exceder 14 ou 15 cadeiras.

As cadeiras da mesa principal ficam apenas de um lado da mesa (de frente para muitas mesas redondas).

As cadeiras da mesa principal são geralmente alocadas para alguns dignitários de alto escalão / convidados seniores (e suas esposas), além do anfitrião e anfitriã, o convidado de honra e a esposa.

As cadeiras da mesa redonda são para os demais dos convidados.

Por uma razão funcional, as duas mesas redondas mais próximas da mesa principal têm pelo menos duas cadeiras a menos que as outras mesas, para que alguns convidados não fiquem de costas para os convidados mais velhos na mesa principal.

Um espaço substancial deve ser deixado diretamente na frente da mesa principal. Portanto, pelo menos duas mesas redondas são removidas de sua frente. Caso contrário, o alcance da visão das pessoas na mesa principal será limitado e eles não poderão ver bem os outros convidados à sua frente.

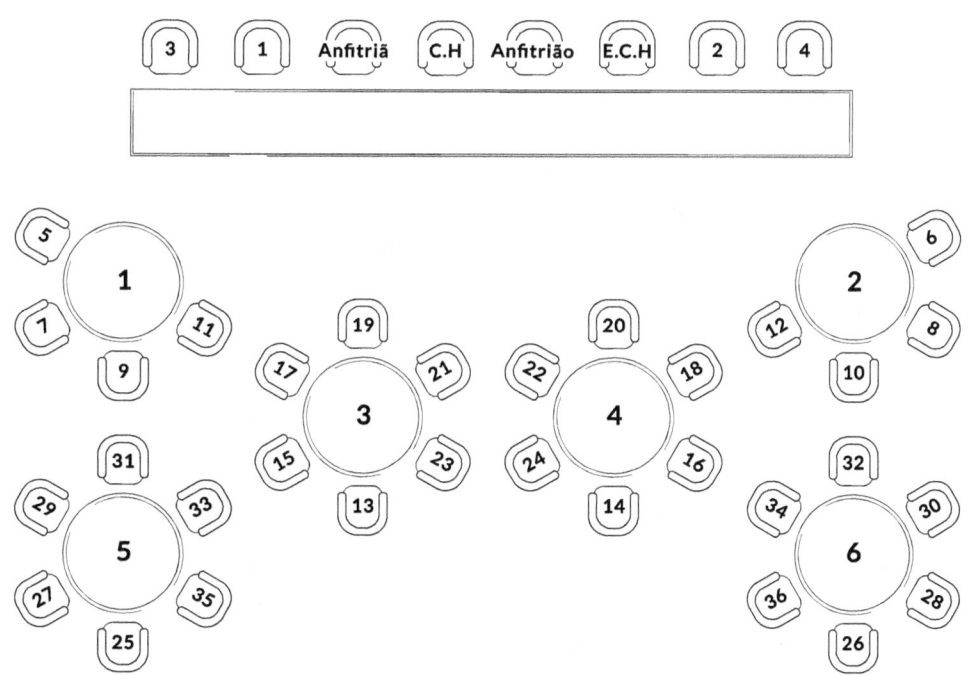

- Se o anfitrião e o convidado de honra têm a mesma patente e, portanto, ambos têm a mesma precedência, o número de cadeiras da mesa principal deve ser par.
- O anfitrião e o convidado de honra estão sentados no centro, e um número igual de convidados está sentado à direita e à esquerda).

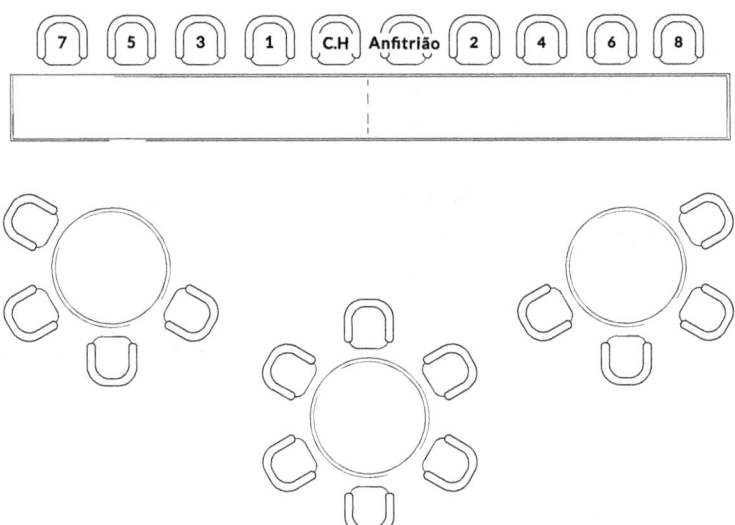

- Se o anfitrião for a pessoa de classificação de alto escalão, o número de cadeiras da mesa principal deve ser ímpar.
- O anfitrião senta-se no centro e o convidado de honra senta-se à sua direita. Consequentemente, o número de convidados à sua direita e à esquerda será igual.

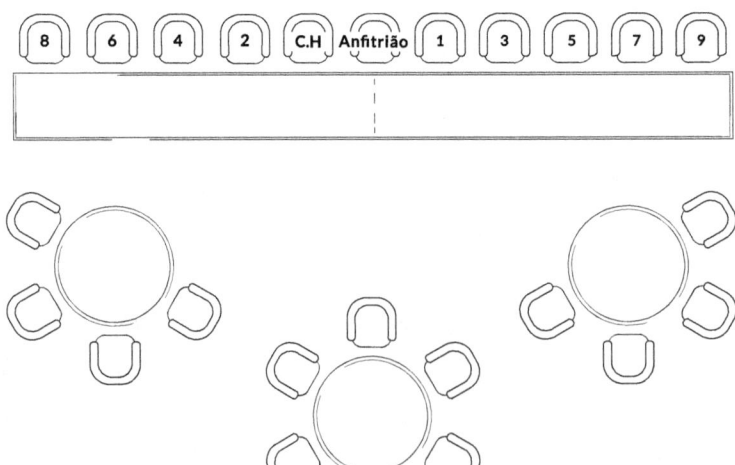

Etiqueta
da alimentação infantil

"As crianças são grandes imitadoras. Portanto, dê a elas algo grandioso para imitar"[12]

" *Os pais e e professores não devem esperar até que as crianças fiquem mais velhas para enfatizar a importância da etiqueta e das boas maneiras à mesa. De fato, os bons modos à mesa são mais bem ensinados para as crianças desde cedo e com frequência, e devem ser explicados com clareza e paciência.* "

Além de demonstrar respeito, as crianças devem saber que as boas maneiras à mesa tornam a partilha de uma refeição uma experiência agradável e organizada para todos.

A seguir estão algumas dicas de etiqueta para as crianças que já sabem usar os utensílios de mesa corretamente.

— Uma criança deve:

- Sentar-se a mesa com as mãos e o rosto limpos.
- Observar o anfitrião para saber quando desdobrar o guardanapo.
- Colocar o guardanapo no colo.
- Esperar até que todos sejam servidos antes de comer.
- Permanecer sentado durante a refeição e manter a postura ereta.
- Não apoiar os cotovelos na mesa.
- Dar pequenas mordidas e nunca encher a boca.
- Mastigar com a boca fechada.
- Não falar até terminar de mastigar e engolir o alimento.
- Não palitar os dentes, não passar a língua nos lábios, nem coçar o nariz.
- Não fazer barulhos rudes como arrotos.

---

12 Anônimo.

- Não lamber os dedos.
- Não queixar-se da comida.
- Pedir educadamente que as coisas sejam passadas se ele não puder alcançá-las, e dizer "Por favor, passe o ..."
- Conversar, pelo menos, com quem está ao lado dele na mesa.
- Não interromper quando alguém estiver falando. É dito: "Ensine seu filho a segurar a língua; ele vai aprender rápido a falar".[13]
- Colocar o guardanapo na cadeira se for se desculpar para ir ao banheiro. Não deve ser colocado no prato ou na mesa.
- Não empurrar a cadeira quando terminar e levantar-se da mesa.
- Pedir desculpas quando terminar de comer e quiser sair da mesa (nas refeições em família).
- Agradecer ao anfitrião.
- Fazer contato visual com o garçom e dizer "obrigado" (em um restaurante).

---

13 Benjamin Franklin (1706-1790) foi um estadista e cientista americano. Ele também foi chamado de "o primeiro americano". Ele foi uma pessoa muito importante na Revolução Americana e ajudou a tornar as Treze Colônias uma nação.

Etiqueta do café

"O café deve ser quente como o inferno, forte como a morte e doce como o amor." [14]

" *O café é certamente uma das bebidas mais populares do mundo, e pode ser preparada e servida de várias maneiras, incluindo Expresso, Prensa Francesa, Café com Leite, Cappuccino, Café Árabe, Café Turco, etc.* "

Depois de preparado, o café pode ser servido quente, embora o café gelado seja uma alternativa popular.

O café coado, percolado ou francês prensado/cafetière pode ser servido como café branco com um produto lácteo, como leite ou creme, ou como café preto sem adição.

Em alguns países árabes como Síria, Líbano, Jordânia, Palestina, Iraque, Egito, pode-se adicionar cardamomo. Em outros, como Kuwait, Arábia Saudita, Emirados Árabes Unidos, Catar e Bahrein, o café é preparado tendo como ingrediente principal o cardamomo, ao qual são adicionadas misturas de tipos de especiarias, principalmente o açafrão.

O café pode ser servido amargo ou adoçado (com açúcar ou adoçante).

---

14 Provérbio brasileiro adaptado.

- **Tamanhos e Formalidades da xícara:** [15]

O café é tipicamente servido em tamanhos de três xícaras.

1. **Xícaras pequenas ou médias**, usadas para servir café expresso e café forte, muitas vezes usadas depois de um jantar formal.
2. **Xícaras de tamanho médio**, conhecidas como xícaras de chá, mais usadas nas refeições.
3. **Grandes xícaras de café**, usadas apenas em refeições informais em família e durante o café da manhã.

Qualquer xícara de café fica sobre um pires, independentemente do seu tamanho. Uma colher deve ser incluída em cada pires. Além das xícaras, pires e colheres de café, um conjunto de café geralmente inclui uma cafeteira, um jarro de creme e uma tigela de açúcar.

- **Servir café:**
  - Tradicionalmente, o café vem no final da refeição.
  - Algumas pessoas assumem que café e sobremesa andam juntos.
  - A opção mais formal é servir a sobremesa primeiro e servir o café depois que os pratos de sobremesa forem retirados.
  - A segunda possibilidade, mais casual, é servir café com a sobremesa. Quem gosta desse jeito acha que o café ajuda a cortar parte da doçura e da riqueza da sobremesa.

- **Etiqueta Informal do Café:**
  - Nas refeições caseiras, os convidados deixam a mesa de jantar e vão para a sala para tomar um café.
  - Os convidados se dirigem a uma mesa onde a bandeja de café é colocada e tomam o café preparado.
  - Se a casa ou apartamento for pequeno, é aceitável servir café na própria mesa de jantar.
  - O anfitrião ou a anfitriã pode colocar a bandeja de café no próprio local e servir a cada convidado depois de adicionar o creme e o açúcar, mediante solicitação.
  - O anfitrião ou a anfitriã também pode optar por passar creme e açúcar depois que as xícaras de café forem distribuídas, permitindo que os convidados se ajudem.

---

15 Xícara de bigode: na década de 1860, o ceramista britânico Harvey Adams inventou o que era chamado de xícara de bigode. É uma xícara de café e chá com uma prateleira semicircular atravessada que possui uma abertura em forma de meia-lua para permitir a passagem do café ou do chá e serve como proteção para manter os bigodes secos. De 1860 a 1916, era obrigatório que os soldados britânicos usassem bigode. Para manter o bigode rígido, foi aplicada cera de bigode. Ao beber líquidos quentes, o vapor da bebida derretia a cera, que pingava no copo. Beber chá ou café quente também costuma manchar o bigode. A prateleira ou saliência do copo do bigode era importante para manter o bigode seguro e seco na proteção enquanto bebia uma bebida quente pela abertura.

- **Etiqueta formal do café:**

  Em uma mesa de jantar formal, o café pode ser servido de várias maneiras:

  1. Um garçom/ uma garçonete apresenta uma bandeja de xícaras cheias para cada convidado que seleciona uma e adiciona açúcar e creme a gosto, da tigela de açúcar e da jarra de creme colocados ao redor da mesa.

  2. Uma bandeja de xícaras vazias é apresentada pelo garçom/ garçonete.
     Cada convidado coloca a quantidade de açúcar em uma das xícaras, em seguida, pega cuidadosamente a opção de café selecionada.
     Um/uma assistente de mesa a preenche. Os convidados na mesa podem acrescentar creme, em um distribuidor de creme convenientemente situado.

  3. Um aparador[16] de café , o café é servido pelo garçom e apresentado a cada convidado por um assistente de mesa.
     Os convidados podem adicionar açúcar e creme, se desejar, das tigelas de açúcar e dos distribuidores de creme, que já estão colocados convenientemente ao redor da mesa.

---

16 Aparador, é um pequeno móvel semelhante a uma mesa usado em uma sala de jantar ou restaurante para servir bebidas e café.

Etiqueta do vinho

*"Se você tem vinho e dinheiro,
seus amigos serão muitos."*[17]

O vinho, com suas muitas marcas e sabores, é geralmente a bebida alcoólica mais popular para servir com o jantar.

Ao contrário de alguns equívocos, o vinho não é tão misterioso, apesar de todas as suas aparentes complexidades. Na verdade, não é necessário ser um conhecedor especializado em vinhos antes de abrir uma garrafa de vinho; simplesmente deve-se saber alguns princípios básicos.

- **Elementos definidores do vinho:**

Quatro elementos básicos definem cada vinho:
- A uva: O provérbio italiano diz: "Uvas ruins não dão um bom vinho".
- A região.
- A safra: O ano em que o vinho, especialmente um de alta qualidade, foi produzido.
- O produtor.

- **Escolhendo o vinho:**

Se as preferências dos convidados não forem conhecidas, o anfitrião deve deixar estocado tanto um tinto quanto um branco.

Devem ser fornecidos vinhos fáceis de beber e que combinem bem com a comida que está sendo servida.

- **Avaliando o vinho:**

O processo de avaliação do vinho começa desde o primeiro momento em que é colocado no copo.

Este processo envolve quatro etapas básicas: olhar, girar, cheirar e degustar.

---

17 Provérbio chinês.

1. **Olhar:**

Para avaliar sua cor e clareza, é necessário manter o copo de vinho contra um fundo branco.

Vinhos tintos geralmente variam em cor de roxo profundo para vermelho marrom. Os vinhos brancos geralmente variam em cor de amarelo pálido para marrom pálido.

2. **Girar:**

Para arejar e liberar seu aroma, é necessário girar o vinho no copo, formando assim, um pequeno redemoinho.

3. **Cheirar:**

Pode-se cheirar corretamente um vinho colocando o nariz no copo e respirando fundo.

Geralmente, os vinhos mais antigos têm aromas mais sutis do que os mais jovens.

4. **Degustar:**

Para degustar um vinho, deve-se encher a metade da boca e sutilmente mover o vinho ao redor dela. Ao fazer isso, o vinho libera seu aroma e reveste a boca.

* *Notas:*
Os vinhos tintos geralmente desaparecem de cor com a idade.
Os vinhos brancos geralmente escurecem com a idade.
Se o vinho estiver descolorido ou turvo, pode ser ruim.

- **Componentes básicos de sabor no vinho:**

Vale ressaltar que os vinhos contêm três sabores – acidez, doçura e amargor – em graus variados, mas não possuem os outros três sabores, como gordura, picância e sal. Assim, os vinhos podem ser agrupados em três categorias gerais diferentes:
- Vinhos tintos que têm mais amargor.
- Vinho branco, rose e espumante com mais acidez.
- Vinhos doces que têm mais doçura.

- **Harmonização de vinho e comida:**

A harmonização do vinho e comida é o processo de criar um equilíbrio entre a comida e a bebida, para melhor degustar e saborear as refeições. No entanto, a questão do prazer e do gosto é muito subjetiva e varia de uma pessoa para outra.

Para a harmonização de alimentos e vinhos, deve-se levar em consideração todos os elementos que interagem entre eles, como textura e sabor, além de açúcar, ácido, álcool e taninos.

O vinho pode ser acentuado ou minimizado quando combinado com certos tipos de alimentos. Portanto, a comida é o fator determinante real, segundo o qual se deve escolher os vinhos e sua sequência de serviço. Assim, o menu de comida deve ser definido primeiro e depois escolher o vinho com base em como ele irá complementar a comida.

Hoje, a velha regra "Vinho branco com peixe e frango e tinto com carne" não é mais aplicável, pois cada prato geralmente é composto por mais de um componente. Frango, por exemplo, não é apenas frango, mas um frango com ervas ou especiarias. Portanto, deve-se ter em mente que há muitas coisas em que pensar ao emparelhar um prato.

De qualquer forma, a maneira mais segura de combinar comida e vinho é escolher qual parte do prato se quer enfatizar e depois combinar o vinho com aquele elemento.

> **Algumas dicas para combinar vinho e comida:**

- O vinho deve ser mais ácido que a comida.
- O vinho deve ser mais doce que a comida.
- É melhor combinar o vinho com o molho do que com a carne.
- O vinho deve ter a mesma intensidade de sabor que a comida.
- Os vinhos tintos combinam melhor com carnes com sabor forte, como carne vermelha.
- Os vinhos tintos amargos são mais equilibrados com gordura.
- Os vinhos tintos criam combinações harmoniosas.
- Os vinhos brancos combinam melhor com carnes leves, como peixe ou frango.
- Os vinhos brancos, espumantes e roses criam combinações complementares.
- A maioria dos queijos combina bem com vinho branco. No entanto, alguns queijos (como queijo Gouda ou Roquefort) combinam melhor com vinho tinto.

- **Mais detalhes:**
  - Os vinhos, que são leves, mas cheios de profundidade saborosa(Savory), têm um sabor excelente com pratos de ingredientes de sabores da terra, como cogumelos e trufas.
  - Vinhos delicados parecem ter um bom sabor quando combinados com peixes leves e pratos de frutos do mar.
  - Vinhos, que são classificados como sedosos[18], são deliciosos com peixe gordo ou peixe em um molho rico.
  - Champanhe e a maioria dos espumantes secos têm um leve toque de doçura e são mais refrescantes quando combinados com alimentos salgados.
  - Vinhos tintos, que têm taninos firmes, são ótimos com bifes de carne vermelha ou costeletas de cordeiro com ervas frisadas.
  - Vinhos energético e alegres (Cheering and energetic wines) são ótimos com alimentos picantes que têm sabor picante e cheiro, bem como com molhos picantes ou não.
  - Vinhos ousados[19] são bons o suficiente para beber com alimentos muito temperado, apimentados e com os molhos de churrasco.
  - Os champanhes semi-secos, que são vinhos espumantes moderadamente doces, combinam com sobremesas de frutas. Isso ajuda a enfatizar a fruta, em vez do açúcar da sobremesa.
  - Os vinhos Syrah[20] combinam bem com pratos altamente condimentados, especialmente com um encontro altamente experiente.
  - Vinhos, que têm um aroma cítrico, são bons quando há muitas ervas frescas em um prato.
  - Vinhos rústicos[21] e ricos, no sabor, podem acompanhar patês, mousses e terrines.[22]
  - Os vinhos, que têm uma doçura sutil, podem ser emparelhados com pratos doces e condimentados.
  - Embora alguns queijos combinem melhor com o vinho branco e outros com o tinto, quase todos combinam bem com o rosé seco, que tem ao mesmo tempo a acidez dos vinhos brancos e a fruta característica dos tintos.
  - Os vinhos espumantes Rose combinam com aperitivos/entradas e alguns pratos de jantar. Eles têm a profundidade de sabor e riqueza para ir com uma ampla gama de pratos principais.

---

18 O vinho sedoso é um vinho macio, suave e frutado, com taninos baixos, mas muito sabor.

19 Os vinhos ousados são fortes e enchem a boca com o seu sabor; são mais ricos, redondos e cremosos do que um vinho elegante. Vinhos de alto teor alcoólico tendem a ter um sabor mais ousado.

20 Syrah também conhecida como Shiraz, é uma variedade de uva de pele escura cultivada em todo o mundo e usada principalmente para produzir vinho tinto.

21 Um vinho "rústico" é aquele que pode ser descrito como saudável, terroso ou áspero. O oposto de um vinho rústico seria aquele refinado, elegante ou suave. "Rústico" também é uma boa maneira de descrever taninos que têm uma textura mastigável ou áspera

22 **Patês:** Uma pasta rica e saborosa feita a partir de ingredientes finamente picados ou purê, normalmente carne ou peixe temperado.

Mousses: Um prato doce ou salgado feito com uma massa leve e cremosa com chantilly e ovo batido com chocolate, peixe ... etc., e tipicamente servido gelado.

Terrinas: Uma mistura de carne, peixe ou vegetais que tenha sido cozida ou preparada de outra forma com antecedência e deixada esfriar, normalmente servida em fatias.

- **Sequência de servir vinho:**

Tradicionalmente, ao servir mais de um tipo de vinho com a refeição, a sequência geral a seguir funciona melhor:

- Vinhos espumantes são servidos antes dos vinhos tranquilos.[23]
- Os vinhos brancos são servidos antes dos vinhos tintos.
- Vinhos leves[24] são servidos antes de vinhos pesados.[25]
- Vinhos secos são servidos antes dos vinhos doces.
- Vinhos comuns ou inferiores são servidos antes de um vinho melhor ou mais fino.
- Vinhos tintos jovens são servidos antes dos vinhos tintos maduros.
- Com salada: Nenhum vinho é servido.

- **Abrindo uma garrafa de vinho:**

- O primeiro passo é remover o papel alumínio do gargalo da garrafa de vinho ou cortá-lo abaixo do lábio da garrafa.
- É mais fácil cortá-lo usando um cortador de folha (alguns saca-rolhas contêm pequenas lâminas para cortar a folha).
- Em segundo lugar, inserindo o parafuso no centro da rolha.
- Em seguida, girar o saca-rolhas seis meia voltas.
- Finalmente, tirar a rolha lentamente.

* *Nota:*
- *Ao abrir uma garrafa de vinho, o anfitrião a abre silenciosamente sem chamar atenção para si mesmo.*
- *Ao servir champanhe no jantar, o anfitrião deve evitar que a rolha saia voando pela sala.*

- **Servindo o vinho:**

Diferentemente de muitas outras bebidas, servir e beber vinho tem um próprio ritual e etiqueta. Isso por si só dá mais atenção ao vinho.

Ao servir, ele segura a garrafa em direção à base.

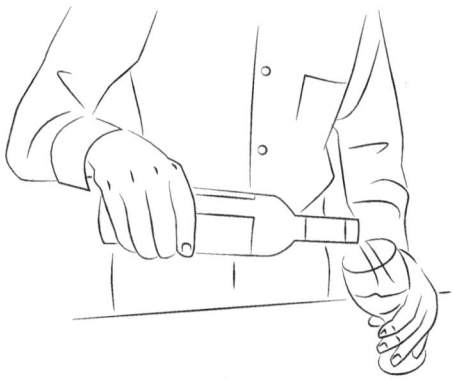

Para evitar pingar ao derramar vinho em copos, a seguinte técnica simples é seguida:

Para isolamento, um guardanapo ou uma toalha é enrolado em volta do gargalo da garrafa ou colocado sobre a mão esquerda.

---

23 O vinho tranquilo é um tipo de vinho de mesa sem dióxido de carbono, o que o torna tranquilo, em vez de borbulhante, espumante ou efervescente.

24 Vinhos leves (geralmente comum teor alcoólico de menos de 12,5% e taninos baixos) são fáceis de beber e combinam bem com uma variedade de alimentos.

25 Os vinhos pesados são um pouco mais pesados, com degustação ousada, sabores complexos e um aroma poderoso. Eles normalmente devem ser saboreados por um período prolongado, pois são muito ousados.

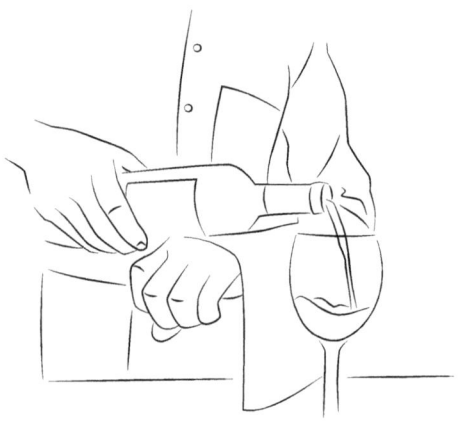
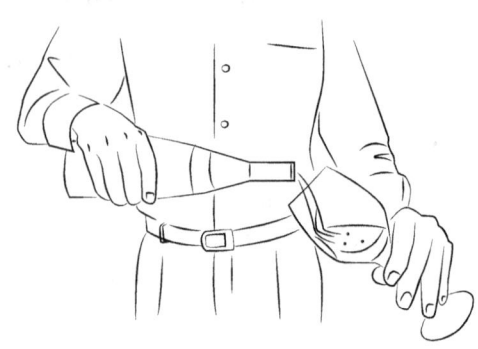

A garrafa é segurada pela mão direita, com o rótulo voltado para fora, para que o convidado possa ver o que é servido.

Depois de servir o vinho, a garrafa é girada meia volta sobre o copo para conter as gotas no lábio da garrafa e evitar respingos. Além disso, o guardanapo irá absorver qualquer gota.

• O vinho tranquilo (sem bolhas) deve ser derramado no centro do copo para deixar o aroma flutuar para cima da taça.
• Caso planeja-se provar muitos vinhos ao longo de uma refeição, menos da metade por copo deve ser servida.
• Para vinho branco e rose, não há problema em derramar cerca menos de de dois terços do copo. Para espumante, deve estar cerca de três quartos completos.

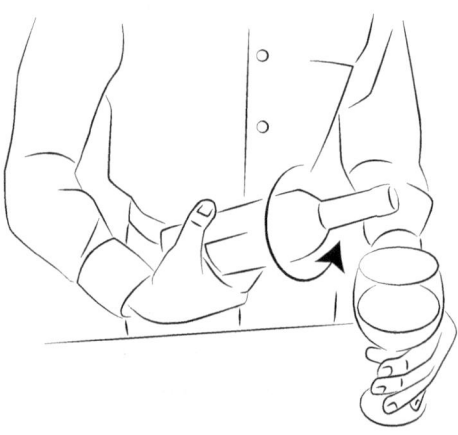

- **A quantidade de vinho para servir:**

Geralmente, os vinhos podem ser classificados em vinhos com bolhas e tranquilos.

• O vinho espumante deve ser servido ao longo das laterais do copo para preservar as preciosas bolhas.

• Para o vinho tinto, é adequado derramar menos de meio copo. Alguns recomendam em derramar vinho até o ponto mais amplo do copo.

- **Taças de vinho:**

A taça de vinho deve ter quatro características importantes:

1. Deve ser um copo transparente, para ter uma boa visão da cor do vinho.
2. Deve também ter uma haste longa, para que o calor da mão não aqueça o vinho.
3. A taça também deve ter um aro fino, para facilitar o gole.
4. Deve ter capacidade suficiente, para dar espaço para rodar o vinho.

- **Diferenças entre as taças / Principais tipos de taças de vinho.**

É importante mencionar as diferenças sutis entre as taças para vinhos tintos e brancos.

Uma taça de vinho tinto tem um bojo largo o suficiente para girar o vinho e cheirar o aroma, que está concentrado ao redor da borda do copo.

Os vinhos tintos encorpados[26], que têm sabor e qualidade fortes e satisfatórios, com taninos mais pesados, são frequentemente servidos em taças grandes e altas que ajudam a "deixar o vinho respirar".

Uma taça de vinho branco tem uma haste mais longa e um bojo mais fino do que as taças de vinho tinto. O bojo esguio ajuda a manter a vivacidade do vinho.

Taças de champanhe e outros vinhos espumantes têm formas estreitas (como flautas), que ajudam a preservar as bolhas e direcioná-las para o vidro.

Os vinhos do Porto[27], tipicamente tintos doces, costumam ser servidos como vinho de sobremesa em taças estreitas e finas que ainda são grandes o suficiente para serem agitados.

O vinho xerez[28] é servido em uma taça pequena e estreita.

---

26 Vinhos tintos encorpados: Qualquer vinho tinto com mais de 13,5% de álcool é considerado um vinho encorpado. Os vinhos encorpados têm sabores mais complexos e uma sensação na boca mais rica.

27 O vinho do Porto é originalmente um vinho fortificado português. É tipicamente um vinho tinto doce, muitas vezes servido com sobremesa, embora também venha em variedades secas, semi-secas e brancas. O vinho do Porto é tipicamente rico, doce, pesado e com alto teor alcoólico (geralmente 19% a 20% de álcool). O Porto é comumente servido após as refeições como vinho de sobremesa em países de língua inglesa, geralmente com queijo, nozes e/ou chocolate; Portos brancos e amarelo-acastanhados são frequentemente servidos como aperitivo. Na Europa todos os tipos de portos são frequentemente consumidos como aperitivos.

28 Os vinhos de xerez são vinhos fortificados, muitas vezes bebidos como aperitivo. Existem três grupos ou famílias de vinhos zeres: os " Vinhos de xerez secos ", os " Vinhos naturalmente doces " e os " Vinhos de xerez doces ". Os vinhos são frescos e crocantes no nariz com um sabor muito seco e baixa acidez. Seu teor alcoólico é geralmente de cerca de 15%.

- **Armazenando vinho:**

I. Armazenamento de garrafas com rolha (garrafas fechadas):

- É um equívoco comum pensar que todos os vinhos melhoram com a idade[29].
- De fato, mais de 95% de todos os vinhos produzidos no mundo devem ser consumidos dentro de 1 a 5 anos.
- Na verdade, menos de 5% dos vinhos do mundo devem ser envelhecidos por mais de 5 anos.
- As garrafas de vinho devem ser armazenadas na posição horizontal, de modo a manter as rolhas úmidas, e impedir a entrada de ar e bactérias nas garrafas.
- Se forem armazenadas na vertical durante um longo período, as rolhas secarão e o ar acabará por chegar ao vinho, estragando-o.
- Todos os vinhos devem ser armazenados longe da luz, especialmente luz solar direta e luminárias fluorescentes.
- Garrafas mais escuras são melhores protegidas e algumas garrafas têm filtros UV embutidos no vidro. Ainda assim, alguns raios UV ainda podem penetrar na garrafa e arruinar o vinho.
- Se não for possível manter uma garrafa totalmente fora da luz, ela pode ser enrolada em um pano ou simplesmente colocada dentro de uma caixa.
- Uma temperatura ideal para armazenar uma coleção variada de vinho é de 12,2 °C. Não deve ultrapassar os 24 °C; caso contrário, começa a oxidar.
- Deixando a temperatura cair abaixo de 12,2 °C não vai prejudicar o vinho; só
- Vinho branco, roses e espumantes são armazenados em temperaturas mais frias do que os vinhos tintos.
- A seguinte tabela mostra as temperaturas adequadas de armazenamento de vinho:

Tipos de vinho	Temperatura (°C)
Espumante	6 a 10
Rose	9 a 12
Branco	9 a 14
Xerez (leve)	9 a 14
Tinto	13 a 20
Fortificado (porto)	13 a 20
Xerez (escuro)	13 a 20

---

29 O envelhecimento do vinho distingue o vinho da maioria dos outros bens consumíveis. No entanto, o vinho é perecível e capaz de se deteriorar devido a reações químicas complexas envolvendo açúcares, ácidos e compostos fenólicos que podem alterar seu aroma, cor e sabor. A capacidade de um vinho envelhecer é influenciada por muitos fatores, incluindo variedade de uva, safra, práticas vitícolas, região vinícola, estilo de vinificação e condições de armazenamento.

II. Armazenando garrafas já abertas:

Se não houver adega, o vinho pode ser colocado na geladeira após a abertura, por três a cinco dias.

Existem algumas maneiras de garantir que o vinho permaneça bom por mais tempo:

- Minimizar sua exposição ao ar.
- Se restar um pouco de vinho, ele pode ser transferido para uma garrafa menor.
- Mantê-lo longe de quantidades excessivas de luz e calor.
- Refrigerar para retardar o processo de oxidação.

- **Defeito dos vinhos:**

· Devido a vários tipos de engarrafar, transporte ou armazenamento, o vinho pode ter falhas que o tornam intragável.

· O vinho pode estar "corcado" (ter cheiro ruim), o que ocorre em 2 a 7% dos vinhos.[30]

· Se oxidado, um vinho pode ficar sem graça ou cozido e cheirar a vinagre.

· Um vinho pode cheirar a podre se o fermento das uvas usadas no processo de vinificação se infiltra no vinho.

· Se um vinho tiver sido exposto a muito calor, poderá parecer marrom e ter cheiro de cozimento.

- **Etiqueta para encomendar vinho:**

· Ao pedir vinho para convidados, a média é de meia garrafa por pessoa.

· Se houver pelo menos três convidados, o anfitrião pode pedir duas garrafas, um tinto e outra de vinho branco.

· Ao fazer o pedido, os convidados devem escolher vinhos com preços decentes.

· Para mostrar a seleção de vinhos para o sommelier[31], o convidado é aconselhado a colocar o dedo no preço, em vez de sobre o nome.

· Se um convidado estiver em dúvida sobre o tipo de vinho pedir, ele pode pedir uma opinião do sommelier.

· Os convidados são aconselhados a selecionar vinhos que combinem bem com quase todos os pratos.

· Ao pedir vinho na taça, deve-se esperar que o vinho seja proveniente de uma garrafa aberta anteriormente; e é aceitável perguntar ao sommelier quando a garrafa foi aberta.

· No caso de pedir vinho na taça, é possível escolher outra seleção se a garrafa tiver sido aberta por mais de um dia.

> **Dicas de etiqueta:**

- Nos banquetes em casa, um anfitrião serve porções iguais de vinho nas copos dos convidados e na sua.

- O anfitrião deixa bastante espaço no copo para o vinho respirar. Em vez de derramar um copo cheio, o anfitrião derrama apenas metade ou um pouco menos, dependendo do tipo de vinho e quantas amostras são oferecidas durante a refeição.

---

30 Um vinho com rolha não significa um vinho com pequenas partículas de cortiça flutuando no copo. Vinho com rolha é um termo para designar um vinho que ficou contaminado com o odor a rolha. O odor da cortiça não é simplesmente o sabor da cortiça. Em vez disso, é causado pela presença de um composto químico chamado TCA (2,4,6 - tricloro anisol). O TCA é formado quando fungos naturais (muitos dos quais residem na cortiça) entram em contato com certos cloretos encontrados em alvejantes e outros produtos de higienização / esterilização de vinícolas.

31 Em restaurantes e afins, profissional especialista em bebidas alcóolicas.

- Antes de se servir, o anfitrião oferece a segunda rodada de bebidas primeiro aos convidados.
- Espera-se que o anfitrião se certifique de acompanhar o serviço para que todos experimentem todas as variedades.
- O copo de vinho é segurado apenas pela haste do copo.
- Ao brindar, segura-se o copo pela haste, tenha certeza de tinir o corpo mais largo de um copo com outro. Isso reduz a chance de quebra e derramamento.

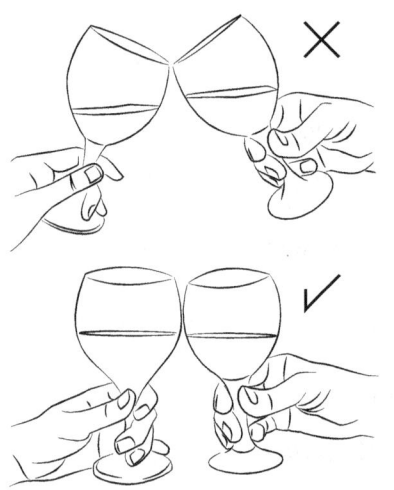

- Aconselha-se que o convidado beba no mesmo local do copo de vinho para evitar marcas na borda do copo, especialmente quando a mulher estiver usando batom.
- Recomenda-se dedicar algum o tempo para cheirar o vinho, a fim de testá-lo, e para apreciar o seu aroma.
- O primeiro sabor do vinho diz muito sobre isso. Portanto, deve-se deixar que suas papilas gustativas captem os sutis sabores do vinho.
- Assim, em vez de beber o primeiro gole de uma só vez, deve-se permitir que o paladar experimente o sabor completo do vinho.
- Ao levar uma garrafa de vinho ao anfitrião, o convidado deve levar na boa se a garrafa não for compartilhada durante a refeição.
- Se o jantar foi planejado com uma combinação de vinho e comida específica, a garrafa de um convidado não pode ser compartilhada se não se enquadrar nesse esquema.
- Quando vazias, as garrafas de vinho não devem ser transformadas no balde de gelo.
- Sorbet [32] é um limpador de paladar; não deve ser considerado como sobremesa
- Em jantares formais, o "sorbet" é normalmente servido após o primeiro prato ou entrada e ser comido antes do próximo prato principal.

- **Etiqueta do brinde:** [33]

- Além de seu principal objetivo de demonstrar gratidão e apreço, honra e boa vontade, o brinde dá um toque festivo e acrescenta um ar de classe.
- Internacionalmente, o brinde é feito como um gesto direto para riqueza, felicidade, amor e amizade, mas mais comumente para a saúde.
- Os brindes geralmente são oferecidos em muitas ocasiões formais, semi-formais ou informais, e em ocasiões de celebrações ou comemorações.
- Deve-se tilintar com as pessoas próximas, não é necessário com todos na mesa. Caso contrário, pode ser cansativo.

---

32 Sorbet, é uma sobremesa congelada feita a partir de água açucarada com aromatizante – normalmente sumo de fruta, puré de fruta, vinho, licor ou mel. Geralmente, os sorvetes não contêm ingredientes lácteos.
33 Desde o início da história registrada, brindar faz parte de quase todas as culturas. O tilintar de copos era tradicionalmente um pensamento comum que se acreditava afastar os maus espíritos.

– O anfitrião deve ser sempre o primeiro a começar a brindar, depois de se certificar de que todos os copos dos convidados estão cheios.

– Tradicionalmente, o primeiro brinde oferecido pelo anfitrião é considerado uma saudação de boas-vindas aos convidados.

– Espera-se que o anfitrião atraia a atenção dos convidados antes de fazer o brinde, levantando-se e erguendo o copo, em vez de batendo em um copo com um utensílio.

– O anfitrião deve perguntar: "Posso ter sua atenção". Ele pode precisar repetir isso várias vezes, de maneira educada, paciente e com um sorriso.

– Quando o anfitrião quer brindar, todos os outros permanecem sentados, a menos que ele peça a todos para "levantar e beber para ...".

– Quando um convidado oferece um brinde, ele se levanta para fazer alguns comentários curtos e simples.

– Informalmente, quem brinda pode permanecer sentado se o grupo na mesa de jantar for pequeno.

– Em um evento formal, o anfitrião e o convidado de honra que fizerem os brindes devem manter os comentários por no máximo três minutos.

– É aceitável que quem brinda prepare notas, mas só olhe para elas ocasionalmente e não as leia.

– Se quem brinda está honrando alguém, a pessoa honrada fica sentada, sorri e agradece sem beber para si mesmo; caso contrário, seria semelhante a se aplaudir.

– A pessoa honrada deve ficar de pé e responder com gratidão ou oferecendo outro brinde.

– Brindes oferecidos por outros geralmente começam durante o ciclo de sobremesa.

– Tradicionalmente, o champanhe é a escolha para o primeiro brinde, mas é possível usar outras bebidas.

– Os não bebedores podem brindar com água, suco ou refrigerante.

– É aceitável participar com uma bebida não alcoólica ou água do que nada. No entanto, para alguns, de acordo com o mundo da superstição[34], seria melhor brindar com um copo vazio do que com água.

– Ao brindar, deve-se fazer contato visual, mas evite tilintar os copos.

– É aconselhável não iniciar o "tilintar" dos copos.

– Se alguém estiver "tilintando" os copos, a outra pessoa não deve retirar o copo.

– Ao brindar, a pessoa toma um gole da bebida em vez de esvaziá-lo.

– Quando brindar, deve-se deixar pelo menos um pouco de vinho no copo, para o caso de um brinde posterior ser proposto.

– É inadequado recusar-se a participar de um brinde.

– Se o convidado tiver apenas um copo vazio, é melhor levantá-lo do que não levantar nenhum copo.

– Em uma recepção de casamento, o padrinho geralmente propõe o brinde.

– Exceto para a noiva e o noivo, todos devem se levantar para os brindes que estão sendo feitos. A noiva e o noivo devem apenas sorrir e agradecer ao povo.

– A noiva e o noivo fazem o brinde de pé, cada um dando um brinde e comentando com poucas palavras.

---

34 De acordo com a mitologia grega, os mortos sempre bebiam do Rio Lethe nas profundezas do submundo, a fim de esquecer suas vidas corpóreas passadas. Como resultado dessa história, os gregos sempre brindavam aos mortos com copos cheios de água para simbolizar sua viagem, pelo rio, ao submundo.

Etiqueta para fumar

"A verdadeira face do tabagismo não é glamour e elegância; é doença e morte."[35]

Alguns anos atrás era permitido fumar, em quase todos os lugares e a qualquer hora. Entretanto, devido aos grandes problemas de saúde que causa, o combate ao tabagismo é, hoje, uma das principais preocupações dos governos, associações e instituições de saúde, bem como, organizações nacionais e internacionais.

Mesmo que países de todo o mundo tenham adotado muitas leis antitabagismo, incluindo a proibição do fumo em locais fechados e outros procedimentos, o número de fumantes ainda é alto na maior parte dos lugares.

Independentemente das diferentes opiniões sobre o fumo, é importante relembrar as regras de etiqueta relevantes.

- **Dicas gerais de etiqueta:**

- **Cigarros:**

– Primeiro de tudo, um fumante deve escolher a hora e o local apropriado para fumar.
– Fumar longe do outros é sempre uma questão de cortesia e segurança.
– Um fumante deve pedir permissão antes de fumar, pois muitas pessoas não conseguem tolerar o cheiro da fumaça e a considera um incômodo.
– Fumar perto de pessoas pode aumentar seus problemas de saúde e a chance de desenvolver câncer de pulmão, infecções respiratórias e asma.
– O fumante deve refrescar o hálito com uma escova de dentes e o uso de menta, enxaguante bucal ou spray de respiração

---
35 O autor.

após fumar. Não há nada pior do que conversar com alguém com mau hálito.

– O fumante não deve dar uma tragada logo antes de falar. Parece estranho quando suas palavras saem misturadas com a fumaça.

– Se solicitado a parar de fumar, o fumante deve se desculpar e encontrar um local diferente ou apagar o cigarro. Reagir mal ou fazer objeções será rude e incômodo.

– Enquanto um fumante está comendo uma refeição ou envolvido em uma atividade social e precisa fazer uma pausa para fumar, ele se desculpa educadamente antes de se levantar ou sair. Isso permitirá que ele se desligue educadamente do anfitrião, dos convidados e das atividades.

– Dizem que "o que está disponível é para todos", e os cigarros não são exceção. Assim, na presença de outras pessoas, e independentemente da qualidade de seus cigarros, o fumante deve oferecer os cigarros aos outros próximos a ele; caso contrário, ele seria considerado egoísta e mesquinho.

– É sempre prudente acender cigarros para outras pessoas, especialmente para mulheres. Realisticamente, é um gesto simples que requer um esforço mínimo, mas causa uma grande impressão.

– Bater um cigarro ou um maço de cigarros na parte superior da mão de alguém é um comportamento vulgar.

– Não se deve pegar um cigarro e colocá-lo entre os lábios sem a intenção de fumá-lo.

– Ao conversar com outra pessoa, é inaceitável manter um cigarro entre os lábios. As palavras proferidas não seriam claras e seriam incompreensíveis, por um lado, e, por outro, é um comportamento inadequado.

– Não é preferível fumar na rua; ao encontrar alguém, o fumante deve se abster de fumar e manter o cigarro na mão esquerda para cumprimentá-lo.

– Na casa de um amigo, os convidados não devem fumar na mesa de jantar antes de pedir a permissão do anfitrião e deve fumar apenas no final do prato principal.

– Nos banquetes oficiais realizados onde é permitido fumar e onde há os cinzeiros sobre a mesa, o fumo deve ocorrer somente após o prato principal.

– Devido ao seu grande dano para as crianças, é proibido fumar na presença delas.[36]

– Fumar perto de crianças deve ser evitado a todo custo.

– Não é permitido fumar em elevadores. Independentemente de quão bom seja o seu sistema de ventilação do elevador, o ar leva algum tempo para mudar, e os outros usuários podem ficar irritados com o cheiro do fumo.

– É inadmissível apagar um cigarro em uma xícara de café ou de chá e similares; esse comportamento inapropriado demonstra desrespeito à pessoa que vai lavá-la.

– A ponta/bituca do cigarro deve ser apagada e descartada em um cinzeiro. Jogá-la fora permite que os restos de cigarro continuem queimando e emitindo odores desagradáveis.

– Ao fumar ao ar livre em um dia em que o movimento do vento esteja um pouco forte, o fumante deve ter muito cuidado e, ao des-

---

36 Fumar pode aumentar o risco de um bebê morrer de Síndrome da Morte Súbita Infantil (SMSI) ou desencadear ataques de asma. Além disso, fumar perto de crianças pode causar uma série de doenças, como bronquite, pneumonia e infecções de ouvido.

cartar a bituca de cigarro, deve garantir que ela esteja totalmente apagada.

– Ao ar livre, para evitar a dispersão e a propagação de cinzas, recomenda-se colocar um pouco de água no cinzeiro.

– Em um restaurante, o garçom geralmente coloca um cinzeiro limpo invertido sobre o usado, para que as cinzas e outros resíduos não se espalhem. Ele leva os dois para a bandeja; depois, ele substitui o limpo na mesa.

- **Charuto:**

– É sabido que fumar um charuto produz mais fumaça e odores do que vários cigarros acesos.

– Mesmo em locais onde é permitido fumar, deve-se garantir que a ventilação na sala ou espaço seja muito boa antes de fumar o charuto.

– Antes de fumar o charuto, sua ponta deve ser cortada com um cortador de charuto em vez de com os dentes.

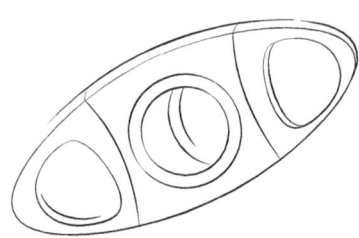

– De acordo com a etiqueta do charuto e as recomendações dos clubes de charutos, este é o único método correto.

– O rótulo do charuto deve ser removido antes de fumar, por dois motivos:
Primeiro, todo o charuto consiste apenas em tabaco e, quando fumado, se a chama atinge o rótulo, que é feito de papel ou celofane, um odor fétido é liberado.

Em segundo lugar, o rótulo refere-se ao tipo de charuto, e sabe-se que o preço dos charutos está relacionado ao seu tipo. Ele pode ser caro, de preço médio e barato. Portanto, remover o rótulo reduz a ostentação para alguns e constrangimento para outros.

– Os fumantes de charutos devem evitar (o máximo possível) fumar em banquetes oficiais, mesmo que seja permitido fumar. O forte odor pode até perturbar os fumantes.

– Fumar na rua é geralmente indesejável, e fumar um charuto é definitivamente inapropriado se uma mulher acompanha o fumante.

- **Cachimbo:**

– O cachimbo implica um certo tipo de privacidade.

– Geralmente, é mais apropriado fumar o cachimbo na área designada para fumantes ou no lounge de uma casa do que em locais públicos.

– Fumar cachimbo é inadmissível em banquetes oficiais. O odor do cachimbo é mais forte que o de cigarros e charutos, especialmente quando os restos de tabaco são removidos.

– Não é permitido usar o cachimbo nas recepções e coquetéis; caso contrário, as duas mãos do fumante estarão ocupadas se houver um copo na outra mão. Além disso, o fumante de cachimbo com as duas mãos ocupadas ficaria incapaz de cumprimentar e apertar a mão de outras pessoas.

– Se o fumante de cachimbo fuma em um escritório, deve certificar-se de que o espaço está bem ventilado, e não deve retirar o resto do tabaco na presença de outras pessoas. Novamente, o odor do cachimbo e do tabaco queimado pode ser incômodo.

- **Narguilé:**

Em muitos países do mundo, o fumo de narguilé aumentou nos últimos anos, principalmente entre os jovens. Anteriormente fosse usado apenas para adultos, idosos e homens aposentados.

Embora o narguilé não seja considerado uma prática favorável em algumas partes do mundo, agora é uma tendência incomparável na Síria, Líbano, Turquia, Irã, Iraque, Estados do Golfo, Arábia Saudita, Egito e nos países árabes do norte da África, além de em países onde existem expatriados e imigrantes desses estados (América Latina, por exemplo).

Pesquisas confiáveis mostram que fumar um narguilé equivale a fumar um maço de cigarros.

Não é permitido fumar narguilé em banquetes oficiais, mesmo que seja permitido fumar.

Quando alguém apresenta um narguilé em um restaurante, o bocal (mangueira) deve ser oferecido virado para a direção da pessoa que está recebendo, para não parecer falta de educação.

Nas casas, os narguilés só devem se usados em varandas e salões bem ventilados.

Etiqueta em relação à obesidade e às pessoas que fazem dieta

"A obesidade afeta todos os aspectos da vida de uma pessoa, da saúde aos relacionamentos."[37]

Embora a obesidade exista muito antes do mundo globalizado de hoje, ela se tornou uma grande preocupação.

Em muitos países do mundo (Por exemplo, cerca de 30% dos americanos são obesos), isso foi exacerbado por hábitos alimentares, fast food, tipo de trabalho, obsessão de tela, ambiental poluição, etc.

A base das boas maneiras e da etiqueta é a bondade, respeito e consideração por todo ser humano indiscriminadamente. A exibição dessas características geralmente depende de nossa crença na dignidade de todos os indivíduos e da nossa capacidade de nos colocar no lugar da outra pessoa.

Infelizmente, todos nós sabemos o quão rudes algumas pessoas podem ser quando se trata de aparições físicas; e quanto mais obesa a pessoa, mais pessoas parecem se sentir no direito de julgar ou desprezar.

Devido ao fenômeno da obesidade, a questão da dieta tornou-se uma característica comum em todo o lado. Muitas pessoas aplicam certos sistemas de dieta e limitam-se a tipos especiais de alimentos para perder peso.

Portanto, a etiqueta pode ajudar a tratar essa questão com o objetivo de ajudar tanto os obesos quanto os que estão em dieta, assim como outras pessoas a se comportarem adequadamente.

---

[37] Jane Velez-Mitchell (Nascido em 1956): Autora e jornalista americana de televisão e mídias sociais.

> **Dicas de etiqueta:**

- É impróprio parecer surpreso ao encontrar uma pessoa obesa.
- Durante a conversa, é inadmissível concentrar-se na dieta de uma pessoa, especialmente nas mesas de jantar.
- Não é apropriado perguntar a um obeso sobre a causa de sua obesidade.
- Com uma pessoa seguindo uma dieta, não é apropriado dizer a ela o que comer ou evitar.
- Cadeiras sem braços facilitam o movimento de sentar e levantar de uma pessoa obesa.
- Como anfitrião, deve-se evitar lugares onde haja apenas cadeiras dobráveis.
- Como anfitrião, deve-se verificar se o restaurante tem cadeiras sem braços.
- Estar em uma dieta é uma coisa puramente pessoal.
- Quando convidado para um jantar ou almoço, uma pessoa com dieta pode comer um pouco, pedir desculpas (se necessário) e explicar ao anfitrião que ele está de dieta.
- Uma pessoa em uma dieta não deve informar ao anfitrião que prefere um tipo de alimento a outro.
- Uma pessoa em dieta não deve pedir um tipo especial de comida se o evento for na casa do anfitrião.
- Em um restaurante, uma pessoa em dieta pode dizer ao garçom "eu estou em uma dieta, o que você pode me oferecer?"
- Uma pessoa em dieta não deve criticar nem comentar negativamente sobre os tipos de alimentos fornecidos.

Seção Doze

Etiqueta
do animal de estimação

*"Quanto melhor eu conheço os homens,
mais me encontro amando cães."*[1]

Os conceitos e comportamentos relacionados a esse assunto variam de uma região e cultura para outra. O rigor e as reservas que prevaleciam nesta ou naquela parte do mundo em relação à aquisição de animais diminuíram. Consequentemente, o desprezo não é mais uma reação comum a alguém que acompanha um cachorro na rua ou no jardim, ou o tem em seu apartamento.

Apesar da mudança gradual nesse sentido, é preciso reconhecer que as visões das sociedades não são os mesmos.

Muitas pessoas, em todo lugar, ainda não se sentem confortáveis para a aquisição de cães dentro de casas, considerando que esses animais devem estar em quintais, jardins e fazendas, para fins de segurança e guarda.

No que diz respeito aos gatos, os conceitos predominantes geralmente aceitam sua presença dentro e fora das casas, embora precisem dos mesmos requisitos de cuidados dos cães.

Algumas pessoas estão interessadas na aquisição e criação de animais não domesticados, como macacos, esquilos, tartarugas, lagartos, camundongos, ratos etc.

As reações das pessoas, nesse sentido, são variadas, incluindo consentimento, espanto, desdém, repulsa e até nojo.

---

[1] Charles De Gaulle (1912 - 1970), um oficial do exército francês e estadista que liderou a França Livre contra a Alemanha nazista na Segunda Guerra Mundial e presidiu o Governo Provisório da República Francesa de 1944 a 1946. Em 1958 foi nomeado Presidente do Conselho de Ministros (primeiro-ministro) e em 1965 ele se tornou presidente da França até sua renúncia em 1969.

> **Algumas considerações gerais:**

<u>A inclinação para gostar ou não gostar de animais de estimação, bem como a decisão de adquiri-los, não é indicativa de uma mente fechada ou aberta, ou de qualquer outro critério usado para avaliar pessoas e sociedades. Portanto, é importante aceitar e respeitar opiniões e atitudes diferentes.</u>

- A aquisição de animais de estimação deve ser considerada parte da liberdade pessoal, que lhe permite certos direitos e exige certas obrigações.
- A aquisição de animais de estimação, especialmente cães e gatos, requer atenção especial em relação às condições de higiene, consulta regular ao veterinário e a capacidade de fornecer tipos específicos de alimentos em uma base rotineira.
- Os cães devem ser mantidos sob controle o tempo todo.
- Sem coleira, os cães podem agir além do controle verbal.
- Quer o cão seja bem-comportado ou não, o proprietário deve usar uma coleira perto de pessoas, especialmente perto de crianças, idosos, outros cães e animais.
- A coleira em cães é obrigatória em todos os lugares e existem leis fortes contra ataques de cães, com sérias consequências ao animal agressor e seu dono.
- Nos parques e jardins, se houver uma "área sem coleira", ou seja, uma área em que os cachorros podem ficar sem coleiras, a coleira do cão poderá ser removida nessa área.
- Os proprietários são obrigados a não deixar seus cães urinarem nos gramados, arbustos, árvores, caixas de correio ou qualquer outro item de propriedade de outras pessoas.
- Os proprietários devem limpar os resíduos à medida que ocorrem e sempre levar sacolas plásticas extras.
- Para que seja um prazer estar com eles, os cães devem ser ensinados as maneiras básicas de sentar, ficar, deitar, dormir e ficar quietos.
- O anfitrião, antes da chegada dos convidados, deve manter seu animal de estimação em um local separado. Caso contrário, se for bem treinado, poderá permanecer em seu próprio tapete à vista de seu dono.
- Devido à possibilidade de se irritar com ruídos ou com a presença de pessoas desconhecidas, cães podem latir, gatos podem arranhar roupas e meias e assim por diante. Esses animais não esquecem seus instintos, não importa quão bons/bem-comportados sejam.
- Os cães devem ser ensinados a sentar-se quando a campainha tocar ou quando alguém entrar pela porta, e só devem ser permitidos a se levantar quando estiverem claramente no controle de sua excitação.
- Os cães devem ser treinados para cumprimentar os outros de maneira calma, em vez de pular e lamber.
- Durante as refeições, os cães sempre devem ser separados do grupo e afastados da mesa de jantar para que não fique embaixo dos pés, pois os cães podem ser intimidadores para alguns convidados e irritantes para outros.
- Cachorros mendigando na mesa de jantar é má etiqueta dos animais de

estimação e podem embaraçar ou irritar os convidados, mesmo que eles sorriam indulgentemente, ou ofereçam bocadinhos de seus pratos aos animais.

- Na verdade, se o dono criou um mendigo por comida, o cachorro sempre será um mendigo.
- Se os cães não forem convidados ou anunciados, não se deve visitar outras pessoas e seu cão consigo, e não é justo pedir permissão.
- Os animais de estimação têm suas próprias necessidades, e os proprietários devem ter certeza de que os lugares aonde vão com seus animais de estimação oferecem a possibilidade de atender a essas necessidades. De qualquer forma, os proprietários devem sempre levar sacos plásticos com eles e limpar qualquer sujeira.
- Quando se vai a um determinado lugar acompanhado por um animal de estimação, geralmente é permitido levar parte de sua comida.
- Animais de estimação e pássaros geralmente não são permitidos nos meios de transporte público, mas alguns pequenos animais de estimação podem ser permitidos se estiverem em as próprias caixas de transporte.
- Não é preferível falar muito sobre o animal de estimação e suas características. Esse tópico não é necessariamente importante para os outros.
- Algumas pessoas têm um medo inato de cães, gatos e outros animais de estimação, podendo chegar a um certo grau de fobia. Portanto, os medos das pessoas devem ser levados em consideração.
- O dono de um animal de estimação não deve monstrar espanto ou não aceitação das reações e medos das outras pessoas em relação ao animal. Em vez disso, ele deve tentar diminuir o medo segurando o animal.

Apêndice

Por meio de observações repetidas, descobri que os brasileiros e a maior parte da América Latina seguem uma maneira diferente de comer (diferente dos estilos mencionados na página 217) que chamei de "Estilo Brasileiro".

De fato, pesquisei muitas referências em inglês e português e não consegui encontrar nenhuma menção a esse estilo, embora ele seja praticado por milhões de pessoas. Portanto, para ser justo com os povos da América Latina, e com os brasileiros em particular, registro essa revelação na esperança de que ela seja aceita e disseminada como um estilo alimentar real que deve ser reconhecido.

- **Estilo brasileiro:**

  As etapas ou movimentos desse estilo são os seguintes:

— Segurando a faca com a mão esquerda e o garfo com a mão direita, o alimento é cortado e, em seguida, comido diretamente, sem alternar.

— Na "posição de repouso" e na "posição final" aplicam-se os mesmos movimentos do estilo continental detalhados no capítulo "Etiqueta de Banquete".

Posição de repouso

Posição final

Referências

- Alkon, A., 2014. Good Manners for Nice People Who Sometimes Say F*ck. Macmillan.
- Baldrige, L., 1990. Letitia Baldrige's Complete Guide to the New Manners for the 90's. Simon and Schuster.
- Baqer, T., 1973. Introduction to the history of ancient civilizations. House of Cultural Affairs, Baghdad.
- Barnes, J., 2001. Etiquette for Wine Lovers. Copper Beech.
- Black, R., 2014. Dining Etiquette: Essential Guide for Table Manners, Business Meals, Sushi, Wine and Tea Etiquette. CreateSpace Independent Publishing Platform.
- Bolton, M., 1968. Complete Book of Etiquette. W. Foulsham & Co.
- Bowman, J., 2009. Don't Take the Last Donut: New Rules of Business Etiquette. Red Wheel/Weiser.
- Bridges, J., 2012. How to be a Gentleman: A Contemporary Guide to Common Courtesy. Thomas Nelson.
- Bridges, J. and Curtis, B., 2012. 50 Things Every Young Gentleman Should Know: What to Do, When to Do It, & Why. Thomas Nelson Inc.
- Clayton, N., 2016. A Butler's Guide to Table Manners. Batsford.
- Cook, G., 2010. Guide to Business Etiquette. Pearson.
- Cook Ross Inc. (Author), 2012. Disability Etiquette Guide. Cook Ross.
- Dariaux, G.A., 2004. A Guide to Elegance: For Every Woman Who Wants to Be Well and Properly Dressed on All Occasions. Harper Collins.
- Davison, I., 2008. Etiquette for Women: A Book of Modern Manners and Customs. Chancellor.
- Dresser, N., 2011. Multicultural Manners: Essential Rules of Etiquette for the 21st Century. John Wiley & Sons.
- Eberly, S., 2011. 365 Manners Kids Should Know: Games, Activities, and Other Fun Ways to Help Children and Teens Learn Etiquette. Harmony.
- Forgays, D. K., Hyman, I., & Schreiber, J. (2014). "Texting Everywhere for Everything: Gender and Age Differences in Cell Phone Etiquette and Use." Computers in Human Behavior, 31, 314-321.
- Forni, P.M., 2008. The Civility Solution: What to Do When People Are Rude. Macmillan.
- French, A.M.M., 2010. United States Protocol: The Guide to Official Diplomatic Etiquette. Rowman & Littlefield.
- Harrington, R.J., 2007. Food and Wine Pairing: A Sensory Experience. John Wiley & Sons.

- Harshbergern, K.H., 2019. *Etiquette Still Matters*. Berryfield.
- Hartley, F., 2017. *Ladies' Book of Etiquette, and Manual of Politeness*. CreateSpace Independent Publishing Platform.
- Hayes, C.C. and Miller, C.A., 2010. *Human-Computer Etiquette: Cultural Expectations and the Design Implications They Place on Computers and Technology*. CRC.
- Herrington, E., 2008. *Passport Brazil: Your Pocket Guide to Brazilian Business, Customs & Etiquette*. World Trade.
- Hurt, A.E., 2016. *Cross-Cultural Etiquette*. The Rosen Publishing Group.
- Ingram, L., 2005. *The Everything Etiquette Book: A Modern-Day Guide to Good Manners*. Simon and Schuster.
- Innis, P.B., McCaffree, M.J., Sand, R.M. and Höfer, M.D., 2002. *Protocol: The Complete Handbook of Diplomatic, Official & Social Usage*. Durban.
- James, M., 2017. *Elegant Etiquette in the Nineteenth Century*. Grub Street.
- Johnson, D. and Tyler, L., 2013. *Modern manners: Tools to Take You to the Top*. Clarkson Potter.
- Kallos, J., 2004. *Because Etiquette Matters!: Your Comprehensive Reference Guide to Email Etiquette and Proper Technology Use*. Xlibris.
- Lotter, V., 1966. "Epidemiology of Autistic Conditions in Young Children." *Social Psychiatry*, 1(3), pp.124-135.
- Martine, A., 2013. *Martin's Handbook of Etiquette, Guide to True Politeness*. Dick & Fitzgerald.
- Matlins, S.M., Magida, A.J. and Feiler, B., 2010. *How to Be a Perfect Stranger*. Skylight Paths.
- Meier, M. 2020. *Modern Etiquette Made Easy: A Five-Step Method to Mastering Etiquette*. Tantor and Blackstone.
- Miller, S., 2001. *E-Mail Etiquette: Do's, Don'ts and Disaster Tales from "People" Magazine's Internet Manners Expert*. Grand Central.
- Munzenmaier, Cecilia M., 2012. *Write Better Emails*. CreateSpace Independent Publishing Platform.
- O'Doherty, D., 2016. "Manners, Taste, and Etiquette: New Practices of 'Politesse' in Business and Management." *The Routledge Companion to Reinventing Management Education*. Routledge.
- Pachter, B., 2013. *The Essentials of Business Etiquette: How to Greet, Eat, and Tweet Your Way to Success*. McGraw-Hill Education.
- Pachter, B. and Coleman, E.S., 2006. *New Rules @ Work: 79 Etiquette Tips, Tools, and Techniques to Get Ahead and Stay Ahead*. Penguin.
- Patterson, K., 2002. *Crucial conversations: Tools for Talking When Stakes Are High*. Tata McGraw-Hill Education.
- Post, E., 2017. *Emily Post's Etiquette in Society, in Business, in Politics, and at Home*. Open Road Media.
- Powell, M., 2005. *Behave Yourself!: The Essential Guide to International Etiquette*. Globe Pequot.
- Pramezwary, A., Lee, E. and Oktalieyadi, V., 2021. *Etiquette and Protocol in Hospitality*. Penerbit NEM.
- Ramesh, G., 2010. *The Ace of Soft skills: Attitude, Communication, and Etiquette for Success*. Pearson Education India.
- Rucker, D., 2019. *Workplace Etiquette*. Newman Springs Publishing.

- Scapp, R. and Seitz, B. eds., 2012. *Etiquette: Reflections on Contemporary Comportment.* SUNY.
- Shackelford, E.L., 2011. *Disability Etiquette Matters.* Xlibris.
- Sheardy, P., 2015. *Airplane Etiquette: A Guide to Traveling with Manners.* CreateSpace Independent Publishing Platform.
- Shepherd, M., 2007. *The Art of Civilized Conversation: A Guide to Expressing Yourself with Style and Grace.* Crown.
- Sioli, M., 2016. *Rules of Civility and Decent Behaviour in Company and Conversation.* Colonial Williamsburg Foundation.
- Spade, K., 2004. *Manners.* Simon and Schuster.
- Traxler, S.L., 2016. *Office Etiquette: The Unspoken Rules in the Workplace.* Traxler Marketing.
- Vanderbilt, A., 1954. *Complete Book of Etiquette: A Guide to Gracious Living.* Doubleday & Company.
- Visser, M., 2015. *The Rituals of Dinner: The Origins, Evolution, Eccentricities, and Meaning of Table Manners.* Open Road Media.
- Warkentin, T., 2010. *Interspecies Etiquette: An Ethics of Paying Attention to Animals.* Indiana University.
- Winters, C. and Winters, E.A., 2010. *The Official Book of Electronic Etiquette.* Skyhorse.
- Aboushi, Salah, 1990. *Protocol Book.* Publications Company for Distribution and Publishing.
- Ahmed, Jamal El-Din, 2000. *The Art of Successful Business Administration Etiquette.* Ibn Sina Library.
- Al Midan, Aida Abdulkarim. 2018. *Etiquette, the Art of Courtesy and Decorum.* Intellectual Creativity Company.
- Fareed, Mona. 2012. *Social and Diplomatic Etiquette.* Osama Foundation for Publishing and Distribution.
- Hassan, Kamel Sarmak, 2003. *Protocol Administration.* Yazodi Foundation.
- Hilal, Mohamed Abdul Ghani Hassan. 2012. *Reference in Protocol Management, Etiquette, and Ceremonies.* Performance Development Center for Publishing and Distribution.
- Samouhi, Fauq Al-Adeh. *Diplomacy and Protocol.* Dar Al-Yaqza for Authorship, Translation, and Publishing.
- Shammo, Daoud Soliman, 2013. *Etiquette and the Art of Communication.* Al-Warraq Foundation for Publishing and Distribution.
- Nofal, Riad, 2008. *Public Relations and Protocol.* Al Wahda Establishment for Printing, Publishing and Distribution.
- Al-Alam, Safwat Mohamed, 2017. *Etiquette and Protocol,* Dar Al-Maaref.

Riad Nofal

Uma carreira acadêmica, profissional e diplomática por cerca de 35 anos, como alto funcionário, diplomata, conferencista, formador e professor visitante em muitos países, em várias universidades, institutos superiores, institutos diplomáticos e centros de formação.

Uma longa experiência que foi aprofundada através de visitas acadêmicas e profissionais a cerca de 60 países e da participação em cerca de 40 conferências regionais e internacionais (parlamentares e governamentais). Assim, foi possível integrar o conhecimento científico com experiências práticas, ensinando a outros por um lado e aprendendo com eles por outro.

- Doutorado de Artes em Relações Internacionais, Universidade LaHaye, Haia, Holanda.
- Bacharel em Língua e Literatura Inglesa, Universidade de Damasco, Faculdade de Letras, Síria.
- Universidade George Mason, Arlington, Virgínia, EUA - Diploma em Diplomacia, Negociações e Resolução de Conflitos.
- Instituto Britânico de Relações Públicas (CIPR), Londres - Diploma em Relações Públicas.
- União Interparlamentar (IPU), Genebra - Diploma em Organização de Conferências.
- Instituto Indiano de Estudos Parlamentares, Nova Deli - Diploma em Estudos Parlamentares.

WASHINGTON, DC
UNITED STATES
www.khayatpublishing.com
www.khayatbooks.com

www.ingramcontent.com/pod-product-compliance
Lightning Source LLC
Chambersburg PA
CBHW062137160426
43191CB00014B/2305